大法鼓經講義

——第三輯

平實導師　述著

ISBN：978-626-96703-8-3

佛法是具體可證的，三乘菩提也都是可以親證的義學，並非不可證的思想、玄學或哲學。而三乘菩提的實證，都要依第八識如來藏的實存及常住不壞性，才能成立；否則二乘無學聖者所證的無餘涅槃即不免成爲斷滅空，而大乘菩薩所證的佛菩提道即成爲不可實證之戲論。如來藏心常住於一切有情五蘊之中，光明顯耀而不曾有絲毫遮隱；但因無明遮障的緣故，所以無法證得；只要親隨眞善知識建立正知正見，並且習得參禪功夫以及努力修集福德以後，親證如來藏而發起實相般若勝妙智慧，是指日可待的事。古來中國禪宗祖師的勝妙智慧，全都藉由參禪證得第八識如來藏而發起；佛世迴心大乘的阿羅漢們能成爲實義菩薩，也都是緣於實證如來藏才能發起實相般若勝妙智慧。如今這種勝妙智慧的實證法門，已經重現於臺灣寶地，有大心的學佛人，當思自身是否願意空來人間一世而學無所成？或應奮起求證而成爲實義菩薩，頓超二乘無學及大乘凡夫之位？然後行所當爲，亦不行於所不當爲，則不唐生一世也。

——平實導師

如聖教所言，成佛之道以親證阿賴耶識心體（如來藏）爲因，《華嚴經》亦說**證得阿賴耶識者獲得本覺智**，則可證實：證得阿賴耶識者方是大乘宗門之開悟者，方是大乘佛菩提之眞見道者。經中、論中又說：證得阿賴耶識而轉依**識上所顯眞實性**、**如如性**，能安忍而不退失者即是**證眞如**，即是大乘賢聖，在二乘法解脫道中至少爲初果聖人。由此聖教，當知親證阿賴耶識而確認不疑時即是開悟眞見道也；除此以外，別無大乘宗門之眞見道。若別以他法作爲大乘見道者，或堅執**離念靈知**亦是實相心者（堅持意識覺知心離念時亦可作爲明心見道者），則成爲實相般若之見道內涵有多種，則成爲實相有多種，則違**實相絕待**之聖教也！故知宗門之悟唯有一種：親證第八識如來藏而轉依如來藏所顯眞如性，除此別無悟處。此理正眞，放諸往世、後世亦皆準，無人能否定之，則堅持離念靈知意識心是眞心者，其言誠屬妄語也。

——平實導師

自序

佛法之修證義學淹沒已久，肇因於時局混亂而致外道法猖獗，是故末法時世仍有九千年而竟失傳，三十年前平實出世弘法而舉出標竿：佛法實證之標的即是第八識如來藏。於正覺同修會提出此項主張之後，引起兩岸佛教界側目，致有毀謗及謾罵正覺爲邪魔外道者；嗣後經由正覺不斷以經典的講解整理成書而梓行，加之以禪宗公案的拈提及公開流通，繼之以阿含聖教中的八識論聖教依據而作說明，佛教界才終於確認正覺的主張爲正確。但這項成果的顯示而獲得佛教界不得不的認同，已是正覺弘法將近三十年後的事了；由此可見第八識大法如 佛所說：眾生難信難以接受，是不可思議的勝妙法而難以生忍。是故證第八識的本來無生而能於此生忍者，即名證得大乘無生忍者。

今此《大法鼓經》中則以法與非法二者建立世間法及出世間法，而以出世間大法的第八識如來藏含攝世間諸法的非法，由此攝盡世間、出世間一切有情及一切諸法。然而此一大法亦名「此經」，即是第八識如來藏；所以者何？謂一切世間法及一切有情，莫不從此一大法而生住異滅，致有三界眾生的輪迴生死無盡，亦因此第八識而有三乘菩提的存在與施教。若無此一大法者，則十方三世一切諸有全歸於無；而 世尊一代聖教所說諸經，悉皆依此大法而開演、而教導弟子實證此一大法，故有三藏十二分教諸部經典的演示與教誡，莫不皆從此一大法而出，從各個不同層面而有極多演示，具令諸菩薩弟子得以早日進道乃至成佛；是故舉凡直接演示此一大法之經典，不論名稱爲何，同樣皆名之爲「此經」，謂此大法第八識如來藏也。

苟能勝解此理而廣修六度波羅蜜多，次第實修至第六住位滿心，加修四加行而求親證第八識如來藏，證已即能現觀此識本具之眞如法性，名爲證眞如之賢聖。此後進修三賢位的非安立諦三品心，於入地前再加修安立諦十六品心及九品心後，依憑受持無盡的十大願，以發願久之，已經清淨而能永遠受持故，名爲增上意樂清淨，即得入地；此後進修十度波羅蜜多，即得漸次進到十地滿心位；從此百劫修相好，圓滿極廣大福德而成妙覺菩薩，俟時由佛授記而成爲一生補處，待緣下生人間即得成佛，並得廣益眾生。此即佛菩提道的概要，然皆由親證宇宙萬法本源的第八識如來藏而成就。

何以故？謂此第八識即是一切有情生命的本源，父母未生前的本來面目；一切器世間及有情生，莫不從之生，莫不從之滅，如是輪迴不已；是故證得此第八識而能現觀其眞如法性並轉依成功者，即謂之爲賢聖。若不肯依序實修六度波羅蜜多，始從布施去貪開始，繼之以持戒清淨，乃至末後修學四加行之法，即使偶遇善知識助益而得實證，亦將無法轉依成功，終必退轉而致謗法及謗賢聖，死後必墮三塗，無可救者，學人於此必須知之而且謹記於心。

由於此第八識如來藏難以實證，亦兼證已難以信受故，必須有人護持此一大法而救護眾生；亦因越至法滅之時，此一大法越難被世人所信受及受持，是故必須有大菩薩於末法最後八十年中加以護持，令已實證之人心得決定而不退轉，是故　佛於此經中授記「一切世間樂見離車童子」，於末法最後八十年中護持此經第八識如來藏妙法，如是成就此經宗旨。今以此部經典講述圓滿整理成書，並將於二〇二三年初逐輯陸續出版，即簡說此經宗旨而以爲序。

佛子　**平實**　謹序

公元二〇二一年小暑　謹誌於松柏山居

（上承第二輯未完內容：）

《大法鼓經》

今天依舊很沉悶，雨下不來。這濕度計一定在七十六上下，逃不掉的。我們上週《大法鼓經》講到十三頁第一行。上週最後一句說到：「**眾生生死中，行種種非福惡不善業。**」那麼今天要說：「**若彼行如是非法，一切惡不淨相生；若行此非法者，是『非法眾生』。**」眾生一向都是生於生死之中，如果不是生在生死之中，就不叫作眾生，因為證得無生了。可是眾生有行於「法」之眾生，也有行於「非法」之眾生；如果要從世間層面來分類，當然也可以分為有福之眾生以及無福之眾生。凡是生而為人，從人間以上的眾生都是有福的眾生；如果生在三惡道中，不屬於人間，那就是非福眾生。可是在有福眾生之中，就區分為「**法眾生**」以及「**非法眾生**」。不曉得諸位對於「**非法眾生**」是怎麼定義的？咱們來討論一下，看看大家的看法如何？

在世間法中賺大錢，修各種福業，心裡想的是：「我累積了很多福德，我修集了很多功德，我要的就是福德與功德。」這到底是「法眾生」，或是「非法眾生」？（眾答：非法眾生。）嗄？你們竟然說這是「非法眾生」！欸！你們要小心喔，萬一會外的人聽了，就說你們正覺這一些人都是邪魔外道！明明人家修功德、賺大錢，又不斷地布施修福德，爲什麼成爲「非法眾生」呢？嘿！你們好大膽！

那不然，我們再進一步說，譬如有的人跟著大道場、大法師、大居士學佛了，學佛以後每天乖乖打坐，要求靜心；把心清淨下來要離念，什麼妄想都不可以起來，要這樣子修行，修到了一念不生，認爲這樣子就是解脫。「由於人間太苦，我不想再來，所以死的時候，我就是一念不生入涅槃去了，在涅槃中就是我一念不生的安住。」這是「法眾生」或者「非法眾生」呢？（眾答：非法眾生。）啊？一樣是非法眾生？世間人看到這樣的大法師和他們的徒弟們，每天這樣正襟危坐、一念不生，都認爲這是大修行人哪！怎麼說是「非法眾生」？你們眞的好大膽！

要不然，再說另外一種好了：「學佛以後，很努力研究佛經、教理，最後認定一切都是緣起性空，沒有一法是眞實存在的。那麼所謂的成佛就是把一切法都滅了，只剩下滅了以後那個『空無』繼續存在；這樣的空無或滅相，叫作眞如，這樣就是成佛了！阿羅漢如是，諸佛也如是。」那請問諸位：這種人是「法眾生」或是……（眾答：非法眾生。）唉！怎麼一樣是「非法眾生」？

唉呀！眞麻煩！你們也是眼界太高了吧？好！那我們現在就要探討一件事了。既然諸位都說他們是「非法眾生」，一定是有原因的。不可以無緣無故，直接了當就說人家是「非法眾生」，所以得要回到 如來的開示。什麼是「法眾生」呢？如來說：「他不但要習種種福德，還要清淨善根，有這樣的『正行』還不算是『法眾生』；」因爲習種種福德、清淨善根的事，有很多人在作，但還沒有成功，得要「一切淨相生」。「一切淨相」，不是只有在世間法中看來是清淨的，而是「一切淨相」這個「淨相」出生了，才可以說是「法眾生」。那麼如果在社會上賺大錢，所以修了很多的福德（他們稱之爲功德），這倒是符合 如來前面說的「習種種福德」；但問題是：「習種種福德之過程中，他有沒有清淨善根？」所以一方面廣作善事，另一方面是用盡各種手段打擊同業，或者用各種手段併吞其他的行業等。若是收購就不算數了，收購是你情我願，大家談好條件的；可是假借外力進行併購是不一樣的，有的人用手段去併購，吞爲己有，那就沒有清淨善根了！這第二個條件就不符合。

那我們剛剛講的，說每天打坐靜心求離念，表示他有在清淨善根；但如果下座以後，繼續跟人家發脾氣，詐騙錢財，那就等而下之，我們且不談他；就說他下座以後也是不貪、不瞋，這算是清淨善根了吧？算哪！但還不足以成爲「法眾生」。如果他有繼續努力，可是不幸的是他遇見了惡知識，告訴他說：「你雖然每年布施了好幾百萬元，然後又努力在修行靜坐，可是你還要修行；修行成佛就是要證阿羅漢果，證阿羅漢時就是如來了。那你就是要證涅槃哪！涅槃就是要每天坐到一念不生；然後你每天都可以一念不生至少半天以上，那這樣你就是證涅槃了。」他就努力這樣去修行，結果他比師父更行；師父要求說半天一念不生，因爲師父的境界是這樣，就要求這樣；沒想到他可以整天都一念不生，那他自認爲證得阿羅漢果，也自認爲是證涅槃了，因爲師父教導他說：「得阿羅漢果時就是如來，就是成爲活佛了。」他也信了，然後沾沾自喜，遇見同修們就說：「**我成佛了！我已經一天都無念。**」那請問：「**他有沒有一切淨相生？**」沒有喔！

就算他的未到地定很好，不貪不瞋，可是他還有愚癡，愚癡就是不淨；那他的清淨只是對世間法的不貪不瞋罷了，還沒有到「**一切淨相生**」，只有部分清淨相生；而且那個清淨相是靠著修定降伏下來，所以他沒有斷我見，更沒有斷我所執和我執，所以他不是「**一切淨相生**」，因此遇緣還會現行，又起貪、起瞋，因爲那是同一個意識心。這樣就不是「**一切淨相生**」，所以他仍然不是「**法眾生**」。因此諸位剛才對那三種都說是「**非法眾生**」，諸位還眞講對了。要爲諸位鼓掌，諸位很有智慧。但是如果反過來，「**習種種福德，清淨善根**」，而且有「**一切淨相生**」，才叫作「**法眾生**」。

所以如果不符合這樣的條件，說他成佛了、成阿羅漢了，或者說他是眞正在修菩薩道，其實他都是「**行如是非法**」；「**行如是非法**」時就有「**一切惡不淨相生**」。「**一切惡不淨相生**」的原因，歸根結蒂，無非就是貪、瞋、癡。所以當他一念不生，有好的未到地定，把覺知心給降伏了，那是在平常的狀態下，他可以離開貪、瞋；一旦有特別大的誘惑出現時，這個意識心就動搖了。他在定中一念不生，可是意識心出了定外就不是一念不生了；假使他有動中功夫，下座之後仍然保持一念不生，那還是意識心哪！這同一個意識心，如果在一般情況下，由於未到地定的功德，使他不起貪、瞋；可是如果有特別大的因緣出現了，他這個貪、瞋就壓不住了；因爲他沒有斷我見，也沒有斷離我所執，我執就更不用提了；所以遇到特別大的貪、瞋因緣出現的時候，貪、瞋又復生起，這時候不淨相又出生了。

至於癡這個法就不用提了，他完全都在愚癡的不淨相裡面。所以行於非法的人，他平常行於種種非福的惡不善業；從世間人的眼光來看，已經足以判定他是「**非法眾生**」。但是假使身爲一個大法師、大居士，誤導了很多清淨心學佛的人，害他們犯下了大妄語業；這種不淨相的惡性，遠比「**行種種非福惡不善業**」的人更大；因爲行種種非福惡不善業的人，下墮三惡道，回來的時間還容易算；但是害很多人犯了大妄語業，這個惡業很重大，他要回來人間的時間就很難計算了，所以那更是行於非法。因爲世間法上的非法，果報容易受盡，回來人間還算快；但如果是世出世間法，或者是出世間法中犯下了大惡業，那個非法所得的果報難可思議啊！

猶如釋印順那一類人，但沒有釋印順的修忍功夫，表面看來是一個很清淨的修行人，可是他其實造下了非法惡業，他的惡不淨相遲早會生起；就是當他遇見了有善知識出世弘法，指戳了他的敗闕，他就忍不住了，於是依於他的見取見出而爭執不休，就有「**一切惡不淨相生**」。所以你們以前也看過，有個小法師一天到晚找我麻煩，寫了一堆；我們游老師回應了一本書，這結緣書流通出去以後，他繼續寫，這就是「**惡不淨相生**」了。後來我想通了他的心理，接著游老師再寫第二本書來回應他的文章，我放在正智出版社出版，利用他寫的文章賺錢，他就不再寫了。因爲他發現：「**我寫越多，蕭平實賺越多**。」我從他的立場來想，結果我作對了；若從我的立場、從游老師的慈悲立場，沒辦法對治他，對治不了！這表示什麼？他有「**惡不淨相**」出生了。像他這樣的人，平常去各道場跟人家主持禪七，到底主持個什麼？我就弄不懂了。當然啦！弄不懂是客氣話，哪有什麼不懂的？就是一念不生！

這時候，諸位來看看：「**有個釋印順對你蕭平實不賴啊！你看，他都沒有反駁你，對你很包容呢**。」說的也是啊！但是他對蕭平實這麼包容，爲什麼對一個名不見經傳的小小居士鍾慶吉，他竟然一點都不能容忍？包括他的徒弟昭慧兩個人，師徒各寫一篇文章，立即回應出來。這裡面是什麼緣由？看來蕭平實還眞値得他尊重的樣子，所以他包容了。其實他不是包容，他是聰明；因爲知己不知彼呀！如果回應了，一定招來更大的沒趣。然而那是他的想法，我的想法是：「**他是不知己，也不知彼，更別回應了！**」所以算他聰明，可是他就有這些「**不淨相**」出生了。

我評論他錯誤的書，一年又一年出版，他少說也讀了我幾十本書中對他的評論。我的書中很多地方都要舉他爲例，因他是最好的負面教材。可是他臨死前五、六年，爲自己的傳記潤色的時候，他同意那本書叫作《看見佛陀在人間》，意謂他已經成佛了；但他的本質是一個未斷我見、也沒有明心，更沒有無生法忍，也沒有初果解脫的凡夫；而他同意他的傳記書名叫作《看見佛陀在人間》，這不就是天下最大的「**不淨相**」嗎？可是他已經幹了！所以說「**一切惡不淨相生**」，這裡面是有很多的層次差別的，不是大家都一樣。如果是根本就不修行的人，行種種「**非福惡不善業**」，那可以說他一開始就已經「**行如是非法**」了。

所以「**行如是非法**」是有它的層次差別的。那　如來這裡講得客氣：「**眾**

生生在生死當中，行於種種非福的惡不善業；如果他們行於這樣的非法，那就有一切惡不淨相生。」如來說如果行於這種非法的人，就是非法的眾生。可是從眞正修行佛法的人來看，行於非法的惡不善眾生，他們所犯下的惡業，其實這樣的修行人遠比世間的惡不善的眾生更加不善，因爲他們害人是無量世。眾生被惡人殺死，不過一世，來世好端端的重新又出生了。眾生被侵奪財產、侵奪眷屬，乃至好名聲被侵奪了，也都只是一世；但是在佛法中誤導眾生共同犯下大妄語業，所害的眾生不是只有一世，而是很多劫；所以這一類的「非法眾生」，我們要一併把他提出來講。因此 如來這裡講的是「行種種非福惡不善業」，這就是「非法眾生」。但是我們從佛法來看，誤導眾生犯下大妄語業的人，那就是「一切惡不淨相生」，他們就是「非法眾生」。那麼下一段經文中又怎麼開示呢？

經文：【迦葉白佛言：「世尊！云何眾生？」佛告迦葉：「眾生者，四界攝施設，謂內地界、水界、火界、風界，及入處五根；乃至十三緣起支（《大正藏》中古人原註：《無盡意經》中云：「從不正思惟生無明」故十三支。平實今註：《阿含經》中十因緣法說，由有本識故有名色，此爲一支，因此而起無明等十二有支，故爲十三支），**受、想、思，心意識，是名眾生法。迦葉當知，是名一切法。」】**

語譯：【摩訶迦葉又稟白佛陀說：「世尊！什麼是眾生？」佛陀告訴摩訶迦葉：**「所說的眾生，是四種法界所攝受的一種施設，這是說內地界、水界、火界、風界，以及入處的五種有色根；乃至於十三個緣起支，受、想、思和過去心、未來意、現在識，都叫作眾生法。迦葉！你應當要知道，這就稱爲一切法。」】**

講義：摩訶迦葉又稟白　如來說：「**世尊！什麼叫作眾生？**」眾生，顧名思義就是有很多種的、有生命的、還活著的叫作「**眾生**」。但是不管眾生有多少種類，他們都有一個基本的條件才能稱爲眾生——基本的生命存在，醫學上說那個叫作人；也許稱爲病人，也許稱爲植物人，這也是法律上所定義的人。但是現代醫學說植物人，如果檢驗的結果他是腦死者，有些國家認爲他就不算是一個人；醫生就會建議拔管，把維持生命的氧氣以及其他的插管全都拔除，他就會進入死亡的過程，他的生命就結束了，不再浪費醫療資源。所以醫學上的定義，是看你腦波有沒有在運作；但有時候醫生也許錯判，醫生也許是考慮到他的家人，大概負擔不起一、二十年照顧這個病人的費用與辛勞，所以故意說他已經腦死，建議拔管，但這可不一定是腦死。

我們以前有一位同修，她先生說：「醫生建議拔管，說她其實已經走了。」來問我要不要拔管，我說：「先別拔管！等我去看過她再講。萬一她沒走，你這一拔管，可就是殺人。」然後有一天，我就去了和平醫院加護病房裡面；我換了衣服進去，跟她溝通。她是不能動轉、不能言語的人，我跟她溝通。然後我出了病房，跟她先生講：「她還沒走，你不能拔管！你若拔管就是殺人。」結果，在病房裡面，我跟她講了許多話，叫她要繼續留下來用功，十幾天後她出院了（大眾笑…）。她出院了！然後我講經前，在十樓遇見她，她來感謝我。遇見她，我很歡喜她從鬼門關回來，一把抓著她的額頭碰頭，這叫什麼禮啊？我都不知道，因爲歡喜她又回來了！

所以你看，醫生的判斷到底對不對？他們不瞭解佛法，其實瞭解佛法的人也沒有辦法判斷；你得有無生法忍，就懂得怎麼跟她溝通。結果我判斷她沒走，我說她還在，所以我跟她講的那些話，她有聽進去。可能本來想要走，還在猶豫；但我跟她講完以後，她有聽進去，所以一天一天好轉，十幾天後出院了。後來好像過了大約一兩年，她還是走了；不過多一兩年聽經總是好吧！也跟我結緣結深一點。

所以怎麼樣叫作眾生？她的生命是否還存在？很難講！你測量她的腦波，看起來它是平靜的，沒有在活動的，但不一定她走了。在我的看法，她還有意識在，但醫師認爲她沒有意識了，已經走了，所以建議拔管。那麼醫學界定義的眾生是什麼？意識在就是眾生。可是佛法中認爲：只要她的如來藏還沒有離開，她那個色身也就還是眾生。如來藏還沒有離開，表示她的意識仍然有時會現行，只是她無法溝通而已。

所以眾生的定義，從不同的層面就有不同的定義；但是從佛法來講，「**眾生**」其實是組合而成，沒有一個眞實法可以叫作眾生；如果有個眞實法叫作眾生，那就表示眾生永遠不死，那眾生就應該是本來無生。那現在就有個問題了，如果是本來無生、永遠不死，表示你的生命是可以一直維持像現在這樣的；那你八十歲的人就永遠八十歲，七十歲就永遠七十歲，那三歲的人也永遠是三歲。不曉得諸位喜不喜歡這樣？不喜歡！那你們男眾沒反應是什麼樣？（大眾笑…）換作我，我也不喜歡，因爲如果是這樣永遠不變的話，我幹嘛修行？修行之後還是永遠凡夫，永遠不能成佛，那我幹嘛修行？所以這樣看來，有生、老、病、死還算是好的，因爲在這種變異無常之中，是可以轉變的，這樣修行才可能成佛。所以當眾生到底好不好？到底好不好？好啊！答得這麼遲疑。不當眾生，你還不能成佛呢！話說回來，既然是眾生，那就表示：「**有各種不同種類的有情，同樣都是有生、有死才能叫作眾生。**」

譬如說，以人間來講（因爲講這部經是在人間講的），那麼人間的眾生呢，什麼叫作眾生？佛陀告訴摩訶迦葉：「**眾生是四種法界所攝的一種施設。**」你在人間，不論看見哪一類的眾生，一樣都有內地界、內水界、內火界、內風界。一定都有地、水、火、風四界，沒有哪個人間的有情是沒有地、水、火、風的。但是這個地水火風四種法界是講內地水火風喔，不是講外界的地水火風。而且還要加上入處的五色根。入處就是六入，是六入進來的處所；要有五色根才能成就六入，如果沒有這五色根，六入不能成就。這就是說：身內的地、水、火、風四界，加上入處的五色根，施設一個名詞稱爲人間的眾生。

講到這個內地水火風四個法界，那就要請問諸位了，因爲我們講經不依文解義，我講的是眞實義，也要把相關的法義同時種入你們心中去；未來世你們聽到深法、妙法的時候就不會生起煩惱，因爲這一世已經熏習了。現在我要問諸位了：外地水火風四個法界，跟你的內地水火風四個法界，有沒有關聯？（眾答：有。）怎麼個關聯法？嗄？因爲行、住、坐、臥都要靠外地水火風，但只有如此嗎？嗄？還有怎麼樣？有的人答得虛虛地、小小聲，我根本聽不見。打個比方：你們今天吃了晚餐沒？（眾答：吃了。）吃了晚餐，那晚餐是不是也有地水火風？（眾答：有。）你會不會吸收那裡面的地水火風？（眾答：會。）那跟你有沒有關係？（眾答：有。）有啊！有直接的關係啊！只不過那個是在你的身行過程當中跟你有關係，但從一般的狀況來講，跟你的這個色身其實沒有關係。剛才是附帶告訴諸位：它們外四大跟你是互有關聯，但如果單從眾生在現下這一刹那來講，除了你要在器世間生存及行走等有關係以外，在現下的你這個色身上——這個眾生上來講，其實是沒有直接關聯的。

所以呢，你其實是由身上的地、水、火、風四個法界，再加上六入處的五色根，來成就爲眾生。如果單有內地水火風的話，不能成就一個有情，只能叫作屍體。然而他死後還是有內地水火風啊！譬如說他剛剛斷氣，有內地水火風，但已經開始不成其爲眾生了。可是如果這個內地水火風所含攝的五色根是有作用的，還沒有毀壞的，唯識學裡面叫作「**有色根**」；已經毀壞的屍體叫作「**無色根**」，因爲那個色沒有五根的作用了。

當這個有色根存在的時候，意根就會跟著存在，那麼六根具足就可以有六入，所以一定要有六入才能成其爲眾生。而六入的條件是，必須要有內地界，有內水、火、風界，加上六入處的五色根，這是眾生的基本條件。可是如來說眾生不單單是這樣，所以說「**乃至十三緣起支**」，這裡有「**乃至**」兩個字，表示什麼？表示中間還有一些法，如來省略了沒講，所以說「**乃至**」。這樣的「**乃至**」函蓋什麼？函蓋六界、六入、十二處、十八界、五陰、心所、十因緣、十二因緣，函蓋這些在內。如來表示是爲了省略，所以說「**乃至十三緣起支**」。這十三緣起支我們稍後再來講。

現在回來說這個「**乃至**」，在《阿含經》裡面說，有情的組成有六界，叫作地、水、火、風、空、識六界，這樣合起來稱爲眾生。地水火風諸位懂了，就不談它，先說「空」。假使一個有情，他的身中是塞滿了，沒有空隙，他就不能成其爲有情。怎麼叫作空隙呢？譬如說你吃食物要有食道，食道要空；食道堵滿了，你就沒辦法吃了。吃了要消化、要排泄，所以腸道要空。循環系統中血液要流通，那表示血管裡面也是空，才能夠讓你的血液流動。那淋巴腺、三焦……等全都要有空，假使沒有空隙，那這個身體便無法運行，就不能叫作有色根，他就成爲無色根，那只能叫作屍體了。所以除了地、水、火、風，還得要有「空」，加上要有六個「識」具足；假使沒有這六個識，雖然有地、水、火、風、空，他也不是個眾生，所以得要有六識存在，心所才能運行。

既然有六界，就會有六入。具足六界成其爲眾生之後，表示他的五色根是可以運作的，加上本有的第七識意根就六根具足，那麼就可以接觸外六入。外六入進來以後，如來藏依據外六入，就變現了內相分的六塵給你；於是你這六個識生起，就有了內六入。這外六入、內六入在《阿含經》有開示，只是沒解釋。也就是說，內六入是由意根和你的五個勝義根來攝受的，讓你的六識生起而來了別；但是外六入，是由你的五色根和意根去接觸的，而五色根是無情，不能攝受外六塵，所以這外六入是由如來藏來攝受的，不是你六識心所能攝受。

這樣簡單地說外六入、內六入，那麼這內、外六入就合稱爲十二入，這也是「**乃至**」兩個字所函蓋的。所以假使沒有內六入、外六入，就不成其爲眾生，間接表示眾生除了六識心以外，當然一定還有第七識意根以及能生的第八識如來藏。這裡面函蓋了十二處在內，你一定要有六根以及六塵，才能夠擁有內六入，六界中的六識才能夠生起，否則也不能稱爲眾生。那麼有六識生起了，六識加上十二處就有十八界；十八個法界具足了，才能稱之爲眾生，這也是「**乃至**」二字所含攝。

可是爲什麼 如來說了十因緣以後又說十二因緣？如果不是十因緣，還眞無法顯示一個眾生呢。所以 如來才說：「**因爲有個根本識，才會出生了名色。**」但三界中的一切法追溯到了這個根本識就全消失了，所以說「**齊識而還，不能過彼**」。有了名色才會有六入，有了六入才會有觸，能觸六塵，也能夠產生各種的覺受出現，然後就在覺受裡面生起了貪愛；有了貪愛就不斷地攝取，有了四取而取種種法的結果一定產生了後有，必然再度受生；再度受生以後就會出生，生了以後就有老、病、死、憂、悲、苦、惱，這就是簡說十因緣。可是眾生爲什麼平白無故就會使十因緣不斷地出現呢？總要追究它的原因吧！所以就用十二因緣法來追究，結果就是因爲眾生有無明，老是覺得活著眞好，不斷執取三界法；他們不知道活著同時就有許多的痛苦存在，不懂的結果就不知道要求證解脫。因爲這樣的無明，所以我所執、我執、我見具足存在；這些煩惱具足存在，就顯示他的無明在運作。

因此追究這十因緣的不斷運行，原來是因爲十二因緣法中推究出來的無明。於是再次把它逆觀與順觀探究的結果，正是因爲無明，所以才會有種種的身口意行；有了種種的身口意行，產生那個勢力了，那麼自然就會對六識有所喜樂，那叫作我慢，也就是對於六識自己的存在很喜歡。既然喜歡六識的存在，死了以後六識會斷滅呀！那該怎麼辦？眾生不想斷滅，只好乖乖又去投胎。所以，由於這六識的勢力而成就了有，就會產生了又去投胎的動力，他就又有了下一世的名色了。有了名色當然就有六入。有沒有誰說有名色，名色具足而沒有六入的？沒有！那一定會在產房裡面被婦產科醫師就把它拿掉，說：「這個是死胎！」

所以凡有名色就必定有六入，有六入當然就會觸六塵；能夠觸六塵時，在六塵中就會有種種領受，所謂苦受、樂受、喜受、憂受、捨受。這五種受與六識具足相應，於是厭惡其中的苦受，貪愛其中的樂受，乃至對於不苦不樂受也很貪愛。很多人不想作事情，他寧可每天悠哉遊哉，因爲他喜歡不苦不樂受，那就是一種貪愛。那如果越到末法時代的年輕人，越貪求世間法中的樂受，那更是貪愛；因爲有樂受、捨受的緣故，對於名色更加地有貪；有貪愛的緣故，就會取種種的三界「有」。這些「有」之前包括四取在內，全部都取；既然取了，後有的種子就存在了；後有種子存在了，他就必定還會再去受生，一定會重新去投胎。

即使他成日裡都說：「**人間太苦，我不要再來了。**」可是死了以後照樣去投胎，因爲他無處可去。若是覺得地獄裡太苦不願意去，餓鬼道生活很不如意也不想去，畜生道根本就鄙夷；最後呢，他只好重新投胎生而爲人。生天？他不夠格，因爲他又不想作善事，一天到晚悠哉遊哉，所以他只好繼續投生爲人，所以每天都在講：「**啊！人間太苦了！我不想再來了。我只要安安逸逸過完這一生就算了，下一世不來了！**」不來了，他死了還是得再去投胎再來。爲什麼？因爲他取了那個「不苦不樂受」，他對於那個受有所貪愛；

所以既然去受生了，十個月滿足，他就出生了。出生就是又來了，免不得就是「老、病、死、憂悲苦惱」。

因此眾生爲什麼會有十二因緣的現象而不斷地流轉呢？正因爲無明。無明就產生了身、口、意行，產生了那個勢力，使他對於六識的存在有所喜樂，於是死了一定會再去投胎；就這樣，一直到生、老、病、死全部十二有支都具足了。可是這十因緣以及十二有支的輪轉，背後就是有一個阿賴耶識，又名「如來藏、此經、金剛經、妙法蓮華經、佛藏經、大法鼓經」，統名如來藏。因爲這個「識」恆時存在，所以才會有那七轉識的出現；如果這個根本識不存在，根本就不會有無明！所以眾生依於這個「根本識如來藏」而存在的時候，眾生心中就有無明，那麼十二有支就出現了；所以十二有支的背後是如來藏，就是根本識。如果有人聰明過頭而自作主張，把「名色緣識」的根本識一支再加上來時，十因緣就是十一有支，十二因緣就是十三有支了。但是第八根本識不屬於十因緣或十二因緣中的一支，因爲是一切支的能生者，不屬於因緣法所攝。這第八識是二十幾年前一開始弘法時，我編禪淨班教材的時候就編在裡面了。所以你們在禪淨班學習的時候，親教師們都會告訴你：「這十二有支背後就是阿賴耶識。」二十幾年前，我就這麼編這個教材來講了。編好教材以後，我自己講了一遍（在臺中講堂），其他都是給親教師們在教，如今佛教界也沒有什麼人在講。

那麼如果十二有支加上根本識的「名色緣識」一支作爲根本緣起，這樣就是十三緣起支；十因緣法若加上背後的根本識時，就成爲十一有支。在《大正藏》裡面古人有註說：「《無盡意經》中云：『從不正思惟生無明』故十三支。」這到底對不對？只有少數人搖頭。不正思惟是因、還是果？對了！正是以無明爲因，才會產生不正思惟。那《無盡意經》中講的「從不正思惟生無明」，是講：「往世無始劫以來的不正思惟累積了很多的無明。」不是講現在。那以現在世來講，是因爲無明才會產生了不正思惟，所以他這樣解釋這個「十三緣起支」而說是《無盡意經》講的，其實不很好。因此我說：「十二因緣的背後是因爲探究『無明』之所從來，都因爲有一個『根本識』把累世以來的『不正思惟』帶到這一世來，然後才有『無明』，因此才會起『行』；藉無明的緣起了行，再藉行的緣起『六識』，再藉這六識的緣起了『名色』……然後最後有生、老、病、死、憂悲苦惱。」所以「十三個緣起支」應當這樣解釋才對。

那麼眾生不單單是這樣，因爲十三緣起支具足的時候，就有受、想、思，也會有心意識。沒有一個眾生是沒有受、想、思三法，觀察每一個有情，遇到苦受總是想辦法逃避，遇到樂受總是嘗試著去常住，遇到不苦不樂受呢？有時安住、有時遠離，都因爲「受」。有「受」就會有各種的思惟判斷，稱之爲「想」，所以想要繼續安住、想要逃離、想要斷除、想要延續，他有種種的思惟；然後他會作下決定，這就是「思」，決定要怎麼作，要這樣才是有情。如果那個有情是沒覺受的，他就不會起思惟了，他也不會去作決定說我要怎麼樣、不怎麼樣，就沒思心所。那受、想、思是很重要的法，有情與無情的分際就在這裡。

可是受、想、思有不同的層面，首先得要有境界受，然後才會有三受、五受。同理，首先得要有第一個層次的「想」，也就是了知，才會有後面的語言文字的想。首先得要有前面的「思心所」運作，才會有後面的思心所去作決定，這是各有兩個層面不同的。第一個層面，境界受，我們剛剛講有內、外六入；第一個層面的境界受，純粹只是領受外境界，這個領受外境界其實是如來藏的受，尚未到達苦樂捨受的層次，這表示如來藏能「觸」外六塵，而如來藏祂有個「作意」——時時刻刻觸外六塵；因爲這個緣故，才會有外六塵的「受」不斷地在進行著。

那這個時候，如來藏對外六塵有沒有了知？有喔？再問一遍：對外六塵有沒有了知？嗄？又變成沒有了？那我再問一遍：到底有沒有了知？又變有了？欸！這法深了！這法深了。你們男眾剛才有好幾個說「沒有」，小心了！祂對外六塵有了知。如果對外六塵沒有了知，祂就不可能變現內六塵給你，但這個知不是三界法中的知，所以才能稱之爲第八「識」。祂只是不去分別那是好的、不好的，喜歡的、討厭的，但祂有所了知而不作分別，所以祂能夠攝受外六塵而變現內六塵給你。然後，祂也是剎那、剎那在作決定的，是在六塵外作決定，所以呢，人什麼時候出生，由你五陰決定的嗎？你什麼時候要老到什麼地步，由你決定的呢？還是由祂決定？（眾答：祂決定。）對了！你什麼時候該壽終正寢？也由祂來決定，不歸你決定。那麼請問：祂會不會作決定？當然會，只是祂不在六塵中作決定罷了。

所以祂有了知，但祂的了知不在六塵中，超越六塵境界相，才叫作識；

因此說，第一個層次的「境界受」是如來藏領受的。可是如來藏領受進來，變現了內六塵給你。你的意根加上六個識，這時的受一樣有兩個層次：首先領受的時候，領受到內六塵的境界，還沒有產生苦樂捨受，因爲第一剎那「率爾初心」沒有辦法了別苦樂；一定要有第二剎那再進來，此時第二剎那的尋求心，能與前一個剎那的境界作比對；到了第三個剎那的心，才能夠了別它是苦、是樂，這才是六識心的苦樂捨受。所以外六入屬於境界受的層面，這個境界受完了，第二個層面的苦受、樂受、喜受、憂受、不苦不樂受才會出現，屬於六識心的層面。所以一定先有「境界受」，然後才會有苦、樂、憂、喜、捨受；這是兩個層次的，如果受沒有這兩個層次，也不成其爲衆生。

「想」也是一樣，境界受進來時一定是能知道的；如果你七轉識對於境界受不能了知，那就不會有受，那個受就不能完成。所以《阿含經》中說：「想亦是知。」知時就已經是想陰了，但那是第一個層次的想陰。有第一個層次的想陰，然後第二個層次的苦、樂、憂、喜、捨受的了知出現了，才會有第二個層次的想陰出現，這時就有語言文字或者離語言文字的思惟，那已經是第二個層次的想陰了；有了第二層次的想陰，就等於了別完成了，這就是離念靈知的境界。

了別一完成，馬上就要作決定了；可是這個決定－這個思心所－它也有兩個層面：第一個層面的思心所是要接觸，想要接觸，有個決定心決定要繼續接觸，這就是第一個層面的思。而這個想要繼續接觸的思心所過去了，才會有第二層面的受、想、思出現。那第二個層面的思心所是什麼？就是經由內六入的苦、樂、捨受去決定要怎麼應對，這就是第二個層面的思。一定要有這一些受、想、思才能成其爲眾生，否則不成其爲眾生。

那麼諸位也許有人想：那細菌到底算不算眾生？算哪！看來諸位學我的法學多了，懂得把細菌算是眾生。病毒算不算眾生？算哪！所以現代醫學發達，醫學儀器也很進步，有顯微鏡可以觀察牠們。那現代的新醫藥就是這麼來的，遇到什麼病菌、什麼病毒，在實驗室裡面就不斷地用各種不同的藥去試驗。同一種病菌，弄成很多個培養皿，裡面有一些洋菜及養分，弄成一層固化以後，把病菌塗上去繁殖，然後各種不同的藥去試驗，一盤一盤去試驗；看什麼藥弄下去了牠會逃開？什麼藥加下去了牠會死？什麼藥放下去了牠不知不覺？就這樣實驗。現在觀察出來：某一種藥放下去了，細菌會趕快逃開。這表示什麼？牠有受、想、思。如果牠不會趕快游開，牠就不是有情，牠是無情了。所以，凡是有情都有受、想、思。那既然有內地、水、火、風、空、識，乃至十三緣起支，乃至有受、想、思，一定就會有心意識；因爲眾生之所以名爲眾生，就是一世又一世輪轉生死，才會叫作眾生，否則就叫作阿羅漢、菩薩、佛。

既然眾生身上是有這麼多的法在，就表示眾生不是只有一世有；表示眾生是輪轉三世的，從前世來到這一世，然後會到下一世去；那就表示他過去很多世以來，一定同樣有了別的心，這就是「過去心」，就是過去世的意識。那既然會到下一世去，就表示意識有意要繼續受生，所以一定會有未來世的六識繼續現前；可是還沒有現前，你不能夠說祂是識，因此就把祂叫作「未來意」，就是未來世的意根與意識。既然眾生是從前世來，會到未來世去，表示祂現在一定是存在的；那祂現在存在的時候在幹嘛？在不斷地識別，所以叫作「現在識」。因此阿羅漢這樣講，菩薩們也會這樣講，除非在教導人家八識心王的法，心意識才有另一種講法，否則就說：過去的意識名之爲「心」，未來的識名之爲「意」，現在的識正在了別，就把祂叫作「識」。所以意根把祂叫作「根」，這六個識都叫作「識」。過去的六識就是過去的「心」，未來的六識還沒有現前，但是那個作意已經存在了，把祂叫作「意」；那現在正在了別時叫作「識」，這就是二乘菩提中說的「心意識」。

如果換個方向，從大乘法來講，「心意識」的意涵就不同了。這時就說，眾生之所以爲眾生，是因爲他有心、意、識；阿賴耶識如來藏叫作「心」，意根叫作「意」，會有六種不同功能的識來了別六塵叫作「識」。必須八識心王具足，加上地、水、火、風、五色根，以及無明等十二緣起支，總共十三支，然後產生了受、想、思，因此叫作眾生，如來說這樣叫作「**眾生法**」。最後 如來作個總結：「**迦葉當知，是名一切法。**」如來這裡點出了什麼？是如來藏嗎？是嗎？我看不是呢。這裡 如來已經告訴你了；想到了？欸！要八識和合。

可是 如來講的不是只有八識和合，如來從內地界開始講到「心意識」，表示什麼？表示函蓋了很多、很多的法，才叫作「**眾生**」！現在 如來點出來說：「**迦葉當知，是名一切法。**」表示一切法都在眾生身上，不在外面，所以眾生就是一切法。所以你看到每一個眾生都有心、意、識，也都有受、想、思，同樣都不離十三緣起支，他們有內地界，有內水、火、風界以及五色根，附帶著六入，這叫作眾生，所以眾生就叫作「**一切法**」。

所以你剛才歡歡喜喜告訴我說：「**一切法就是如來藏。**」也對啦！我算你對啦（大眾笑…），因爲眾生從如來藏來啊！可是單單如來藏不能成其爲眾生，得要函蓋如來藏所生的這一切法，並且如來藏隨時在背後運作，才能稱之爲「**眾生**」。那麼 如來最後畫龍點睛說：「**眾生有這麼多東西，這麼多的法和合起來成爲眾生，眾生就是一切法。**」所以，追溯一切法的根源是如來藏，因此有時候又說：「**如來藏就是一切法。**」所以也算你對。這樣，對「**一切法**」的概念就更清晰了。

正因這個道理，有時候說一切法時，其實也在講「**眾生**」；有時候說「**一切法**」時，就是在講如來藏。所以把眾生所顯現的「**一切法**」攝歸於如來藏時，如來藏既是不生不滅、無相無爲的，那麼一切法攝歸了如來藏以後，這「**一切法**」不就不生不滅、無相無爲了嗎？所以從文字表意上看來，好像與《阿含經》講的「**一切法緣起性空**」不一樣，其實本質是一樣，只是從更高的層次來看，就沒有差別。

二乘菩提一切實證者，就好像站在地面上，去把地面上的法一個一個去弄清楚，說這些全都是生滅法；可是 如來教導菩薩們從空中來看一切法，說一切法都存在於空中，然而空不生滅，所以一切法不生滅。由於視野不同，所見就不同，因此聲聞、緣覺與菩薩所證的智慧不同，解脫層次也跟著不同；這就是大乘菩提與二乘菩提的差異所在，這就是爲什麼說佛菩提函蓋了二乘菩提的原因了。

因此，如來在圓教《法華經》裡面說：其實只有唯一佛乘。二乘菩提不過是唯一佛乘裡面的一個小部分，先拿出來讓大家證得解脫果再說。所以如來藏就是一切法，一切法就是眾生，所以眾生就是如來藏。假使今晚有人第一次來聽我講經，心想：「**欸！眾生就是如來藏。好極了！我就是眾生，我就是如來藏，那我也開悟了！**」究竟悟了沒？沒有！諸位都說：「**沒！**」把人家潑了一盆冷水，但是這盆冷水潑得好，因爲呢，聽到諸位說：「**這不算開悟。**」那就不會讓他犯下大妄語業，這是好的。那麼這樣子，大家瞭解一切法，瞭解眾生了。

如果你親證了如來藏，你也瞭解如來藏了，所以想要把一切法究竟圓證時，便知絕對不能離開人間，因爲人間具足一切法界中的一切法。如果你到色界天去，不具足一切法了。所以呢，通常最後成佛時還得來人間，才好具足宣說一切法；十地滿心轉入等覺位以後，也還得來人間修福。如果到了欲界天、色界天，打哪兒修福去？沒地方修福了！而且，人間是一切法具足的地方，也許有人想：「那我在人間就無法了知欲界天，也無法了知色界天啊。」其實不然！你若是想要到色界天去，不也還是要證得色界定嗎？那你想要知道色界天的境界時，把色界定修好了，不必生到色界天，你也知道了，那不是人間就具足一切法了嗎？

至於無色界天呢？你只要在人間把四空定證得了，無色界天的境界你也就知道了。可是你如果生到色界天去，你要學一切法，要現觀一切法時，人間的法有許多你就無法現觀了；只能聽得大菩薩說人間是怎麼樣、怎麼樣，那你就只能理解，不是親證的現觀。所以，不同的階段應當生在不同的地方，作不同的學習；因此佛法的成佛之道三大阿僧祇劫中，沒有限制說，你永遠都得在人間、永遠都得在色界天。沒有這個規定，要瞭解這一點。接下來，摩訶迦葉又爲我們請示了什麼法？

經文：【迦葉白佛言：「是中何等法是眾生？」佛告迦葉：「是中非一法名爲眾生，所以者何？迦葉！譬如波斯匿王鼓，何等爲鼓？」迦葉白佛言：「所言鼓者，皮、木及桴，此三法和合，是名爲鼓。」佛告迦葉：「如是，和合施設，名爲眾生。」迦葉白佛言：「聲鼓者，非鼓耶？」佛告迦葉：「離聲鼓者，鼓亦有聲，以風動故。」迦葉白佛言：「鼓者，爲是『法』、爲是『非法』耶？」佛告迦葉：「鼓者，非『法』非『非法』。」迦葉白佛言：「名爲何等？」佛告迦葉：「『非法非非法』者，名爲無記。」迦葉白佛言：「有無記法者，世間應有三法。」佛告迦葉：「無記相者，如『非男非女』。『非男非女』，名爲『不男』，彼亦如是。」】

語譯：【摩訶迦葉稟白佛陀說：「在世尊您所說的這麼多的法裡面，哪一個法是眾生？」佛陀告訴摩訶迦葉：「在我所說的這麼多法裡面，不是其中的某一個法名爲眾生，爲何這樣說呢？迦葉！譬如波斯匿王的鼓，什麼叫作鼓？」迦葉稟白佛陀說：「所說的鼓，是皮、木材以及打鼓棒，這三個法和合，就說它叫作鼓。」佛陀告訴摩訶迦葉：「就像是你說的這樣子，許多的法和合在一起施設起來，把它叫作眾生。」迦葉稟白佛陀說：「聲與鼓兩者，不也是鼓嗎？」佛陀告訴摩訶迦葉：「如果離開聲音而說鼓的話，那麼鼓自己應該就有聲音了，因爲風有動轉的緣故。」迦葉稟白佛陀說：「所說的鼓，究竟是『法』，或者是『非法』呢？」佛陀告訴迦葉：「鼓不是『法』，也不是『非法』。」迦葉稟白佛陀說：「那究竟應該叫作什麼？」佛陀告訴迦葉：「『非法非非法』的話，這個稱之爲無記。」迦葉稟白佛陀說：「如果有無記法的話，世間就應該有三種法。」佛陀告訴摩訶迦葉：「無記的法相，譬如『非男非女』。『非男非女』，就叫作『不男』，那麼你所問的那個無記法也是像這樣。」〕

講義：佛陀前一段說了很多的法，說這一切法叫作眾生。迦葉當然懂，但是他想，當場一定有一些人不懂，所以就爲大家請問：「佛陀您說的這些法裡面，有哪些法或者哪一個法叫作眾生？」佛陀告訴迦葉說：「我說的這麼多的法裡面，不是某一個法叫作眾生。」也就是說：其實是很多的法合起來才叫作眾生，並不是其中哪一個法可以叫作眾生。那麼 如來就解釋那個道理：譬如波斯匿王出征的時候，戰爭要開始了，他要打鼓。那麼到底什麼是鼓呢？就故意用這個來引生一個譬喻出來。迦葉就答覆說：「**所說的鼓是由動物的皮以及木材，加上打鼓的棒子，這三個法和合起來才能叫作鼓。**」如來就點出來說：「**和合施設，名爲眾生。**」換句話說，其實沒有眾生這個東西或有情。當你說眾生的時候，那只是一個語言，這個語言指涉這一切法的和合；所以只要有這一切法和合起來，就說這個叫作眾生。可是眾生這個名詞，不是眾生的本身，而是指涉這一切法合起來的那個所要指稱的有情，說他們叫作眾生。這表示什麼？表示要有內地、水、火、風四個法界，要有入處的五根，乃至最後的心意識等六識，這樣叫作「**眾生法**」，所以，不是其中的某一個法叫作眾生。

但是「**眾生**」沒有一個實質，而是說，有這麼多的法和合起來，把它施設說這個叫作眾生。所以這一些法裡面只要缺了其中之一，就不叫作眾生。比如說，這個講桌是不是眾生？不是，因爲它沒有無明啊！也許有人想說：「**不對吧？它什麼都不懂，正是無明的表現哪！**」好像也有道理，其實沒道理！因爲「不懂」這個法，必須是有情才會有懂與不懂，但講桌沒有「情」。「情」就表示什麼？表示他一定有六識在運作，所以這六識依附著意根，因此而有種種的取捨，這樣才說他能夠有明、或者無明。講桌是無情，就不可能有無明；這也表示這個講桌沒有內地界，沒有內水界、火界、風界，顯然這四界都缺了；它只有外地水火風，它沒有內地水火風，所以它就不叫眾生。

那你跟講桌說法，它沒有聽懂，因爲它不會聽懂；不會聽懂就沒有所謂的聽不懂這回事，那它就沒有無明。它也不會輪轉生死，它也不會去投胎，所以它就不叫眾生。那它沒有十三緣起支，因爲它沒有如來藏，沒有十二緣起支；它也沒有行，也沒有六入，也沒有觸、受，也沒有愛、取、有等心所，乃至生、老病死等，統統都沒有，所以它不叫作眾生。同樣的，它沒有受、想、思，它也沒有心、意、識，只要缺了其中之一，它就不是眾生了。

那麼現在一定有人想到一個問題，反過來就想到了：「**那阿羅漢是不是眾生？**」阿羅漢是不是眾生？（有人答：是。）是喔？因爲他還有無明。那不然，再拉高層次問：「**菩薩是不是眾生？**」（有人答：是。）也是喔？那麼不問三賢位的菩薩，我問：「**八地菩薩是不是眾生？**」（有人答：是。）也是喔？那麼諸佛如來呢？（大眾笑⋯⋯）所以答得太快了！答太快了就會有問題。阿羅漢——非眾生非非眾生，但他仍然是有情；由於他可以不受生死，就不能說他是眾生。等而上之，諸地菩薩乃至諸佛如來，當然更不能說是眾生。「說是無情卻有情」，年輕人最喜歡聽這一句話，「道是無情卻有情」，對呀！如來可以是無情的，因爲連習氣種子都滅盡了，更何況「變易生死」也都已經斷盡，所以諸佛如來可以是無情；可是如來卻心心念念護念著眾生，但你又不能說祂們是有情；所以祂們跟眾生看來好像一樣，本質上卻又完全不一樣。

所以 如來降生在人間，看來一樣有生老病死，一樣要托缽、吃飯，一樣要洗澡、要穿衣，好像是眾生；可是 如來不必來人間受生死，根本就不用在三界受生死，那你怎麼能說祂是眾生？就像入地的菩薩們一樣，根本不用來人間受生，是可以出三界的聖者，那你又怎能說他們是眾生？可是你若說他們不是眾生，他們偏又在人間出生了，也示現有老病死，餓了得要吃飯，冷了得要添衣，還關心著眾生的解脫，又不能說他們不是眾生。可是他們的本質畢竟不是眾生，因爲他們是每一世都可以離開三界生死的，所以不能說是眾生；但也不能夠說他們不是眾生，因爲他們也擁有眾生身上的一切法。

所以諸位剛才說是眾生，應該再加幾個字是：「非眾生非非眾生。」應當如是。就像有的人才剛悟了不久，有天來告訴我說：「老師啊！您其實根本不必來人間哪！且不說開悟的事情，單說證得初禪就不必來人間了。那些愚癡人就是不懂，老以爲您在跟他們爭名聞利養，所以他們眞愚癡！」我心裡面想：「嘿！你眞厲害，才剛悟了不久，就懂這個道理。」可是有許多自稱成佛的人都不懂這個道理呢。

因此「眾生」這個法其實不存在，眾生這個法是在指涉具有內地界，有內水、火、風界，乃至於有受、想、思，有心意識的有情名爲眾生。但是如果其中的十三緣起支的無明滅了，就不能把他叫作眾生；無妨仍是有情而非眾生，這一個正知見要趕快建立起來，不然，將來五億七千六百萬年後，彌勒尊佛來到人間了，你突然起一個念頭說：「嘿！又是一個眾生。」那時你可就倒大楣了！眞的要倒大楣，一定倒楣，因爲 彌勒佛可能當場會說：「某某人，你起這個念頭不好！」馬上會爲你開示。那到底是好還是不好？好喔？對我來說不好。因爲到時候，彌勒尊佛一定起一個念：「這是什麼人教出來的？」（大眾笑…）可能當晚我要被召見了，所以不好。

一定要先建立正知見：「凡是證得解脫果以上的人，只要他『能夠出三界』了，你都不能把他叫作眾生。因爲至少在二乘菩提所對治的『無明』上面，他已經滅除了，非眾生！但他乘願繼續受生於人間，譬如說通教菩薩，或是通教的阿羅漢們，他能出三界但不出三界，繼續輪轉於人間，是爲了利樂有情；所以又不能夠說他們不是眾生，所以應當說他們『非眾生非非眾生』。」好，今天只能講到這裡。

（註：以下是講經完，等候迴向之前的講話）來正覺學佛很辛苦喔？（有人答：不會。）不會啊？這表示說，身苦心樂，應該如是看待。但也要眞的有學進心裡去，如果只學表相，不會有法樂，只會越學越痛苦，我這是說眞話。但是大部分人可以學進去，小部分人只學表相，所以他們都只在事相上用心，就好比有一位凡夫大師的書中說：「開悟了以後，從此過著幸福快樂的生活。」反過來說，我們有極少數的同修是開悟了以後，從此過著痛苦的生活；因爲他對自己的世俗利益有所想、有所思，但他忘記了禪三起三時在佛前的宣誓；所以悟後自己有所思、有所企圖而不被會裡所許可時，那就會覺得痛苦。但是破和合僧的後果（就是另立僧團的後果），那是很嚴重的；可是，好像想幹的人都沒有想這些事情，可能是忘了這條重戒吧？也可能是不以爲意。那

麼被人舉發或制止，所以開悟以後過著痛苦的日子，何苦來哉？外加未來世的痛苦，我們不敢想像！可是，也許他自己不會想到這一點吧。唉！我這是感嘆而發。好，不談了！在快樂的心情下，大家來迴向。

《大法鼓經》上週講到十三頁第三段第四行「和合施設，名為眾生。」接著迦葉白佛言：「聲鼓者，非鼓耶？」佛告迦葉：「離聲鼓者，鼓亦有聲，以風動故。」先講這一問一答。摩訶迦葉就問：「有聲音的、發出聲音的鼓不叫作鼓嗎？」有此一問是因為 如來肯定了他所回答的：「所說的鼓是皮革、木頭以及那一根鼓棒和合說為鼓。」如來沒有說到聲音，沒有包括聲音在內，所以摩訶迦葉提出這個問題：「發出聲音的鼓，不也是鼓嗎？」

那麼說到「鼓」的時候，到底有沒有包括鼓聲？有包括鼓聲喔？那如果包括鼓聲的時候，沒有發出聲音的鼓就不叫作「鼓」了嗎？那到底應該是發出聲音的算鼓，或沒有發出聲音的時候也算鼓？因為不能發出聲音的就不叫鼓了！摩訶迦葉問的是這個問題呀！因為 如來說「鼓」是這三個東西：皮、木、桴。所以迦葉就問：「那發出鼓聲的鼓，不算是鼓嗎？」佛陀告訴迦葉說：「離開鼓聲而可以稱之為鼓的話，那麼鼓自己就應該也會有聲音。」因爲鼓與聲可以分開獨立的緣故。如果鼓聲可以離開鼓而獨立存在，那麼鼓也可以離開那個鼓聲而有自己的聲音，這就是 如來的解答。所以鼓的聲音不能離開鼓而有，但是鼓的聲音不等於鼓；如果把鼓聲當作是鼓，那就有問題；所以 如來解釋說鼓就是木頭、皮革、加上那一根鼓棒，這樣叫作鼓，不把鼓聲包含進來。因爲如果把鼓聲包含進來才叫作鼓，那一面鼓如果沒有發出聲音的時候就不叫鼓了。事實不然，它雖然沒有被敲動、沒有發出聲音來，它依然叫作鼓，但前提是那一面鼓一定是打了以後能發出鼓聲的才叫作鼓。

這就是說鼓聲不能離鼓而有，但是鼓聲不等於鼓。這就好像說佛性不離第八識心體，但佛性不等於第八識心體；佛性如是，心所亦然。那麼鼓爲什麼會發出聲音？如來說了：「**以風動故。**」因爲鼓被敲打了以後，震動了風大；風大被震動了，才發出鼓聲。所以呢，鼓不能包括鼓聲，但是鼓聲一定歸鼓所有，不能離鼓而有聲音。所以離開鼓而有鼓聲的話，那表示鼓聲應該可以離鼓而有了；反過來呢，那鼓也可以有獨立出去的鼓聲，而它不必被敲動，自己就可以發出鼓聲了？因爲邏輯就是這樣。所以 如來解釋說：「**鼓之所以發出聲音來，是因爲被鼓棒敲擊了，然後震動了風大，因此才有鼓聲。**」

所以說：「以風動故。」好，這個問題就解決了，接著迦葉就來問「鼓」的本身。

談到鼓，到底鼓是「法」或者是「非法」？到底是哪一種？學佛，一定要把「主」與「從」弄清楚，不可以主、從不分。這就好像說，臺灣佛教界乃至大陸佛教界都一樣，到現在都還是主、從不分；那不單現代如此，古代就已經這樣了。大多數的禪師都把「眞如」與「佛性」畫上等號，少有祖師可以弄清楚：眞如與佛性到底是什麼地方非一非異？因此都是夯不啷噹混爲一談，就說：眞如就是佛性，佛性就是眞如，就這樣沿襲下來；到末法時代的現代，兩岸佛教界依舊如此！可是眞如不等於佛性，佛性不等於眞如；但是佛性不能離開眞如，沒有可以離開眞如的佛性。這裡眞如講的就是如來藏心體。

所以我常常用一個譬喻說：「燈之與光，不能夠畫上等號。」你如果說燈就是燈光，可是電關掉了，電燈還有光嗎？沒有燈光了！可是燈光又不能離開電燈而有。那你如果因此就說燈光就不是燈了，這也有問題；因爲燈光從燈而出，它屬於燈的一部分，但畢竟不等於燈。同樣的道理，眞如是第八識心體，由這個心體發出祂的性用來，就叫作佛性；但不是明心的人所看見的第八識眞如的性用，這就難解釋了。至於要怎麼樣理解這中間的差別呢？等你明心後眼見佛性了，就能瞭解眞如與佛性的差別。可是眼見佛性之後，對於佛性到底是什麼？參出來的人看見了佛性，但祂的實質到底是什麼，又費思量了！

所以很多人還沒有進入正覺就想：「**我有一天進入正覺，等我悟了就出去自己當法主。**」要當這個法的法主，有那麼容易喔？就算悟得很深好了，能觀察人家見性的因緣成熟了沒？他有這個能力嗎？也沒有！就算能引導什麼人見性了，這個見性的人如果智慧好，提出問題來：「**那這個佛性的本質到底是什麼？**」他講得清嗎？也講不出個所以然來！所以這是唯證乃知的事，確實無法言傳；因爲不論怎麼形容，聽的人都會錯會；即使你證悟明心了，聽到眼見佛性者的描述時也是錯會。你一定會用明心的角度去領會佛性到底是什麼，但是那個終究不是眼見佛性的境界。

所以，法的層面既深又廣，不是像那些一神教講的「信耶穌得永生、信上帝得永生」那麼簡單。沒那麼簡單啦！佛法且不談二乘菩提或者佛菩提的實證，單說淨土法門之中的求生極樂世界就好，也不是那麼簡單的事；其中的深妙處，自古以來究竟有幾人知呢？所以佛法不是很單純的事。正因爲不是那麼單純的事，所以證悟明心後才只是第七住位，後面十住、十行、十迴向、十地、等覺、妙覺都修完了才能成佛。換句話說，得要把習種性、性種性、道種性、聖種性、等覺性、妙覺性都完成了，經過三大阿僧祇劫的實修，才能圓滿廣大福德與智慧，才能成佛。

所以悟了以後，後面還有將近三大阿僧祇劫等著呢，哪有那麼簡單！所以說，「鼓」到底包不包括鼓聲？你可以說：「**當然包括鼓聲，但是鼓聲不等於鼓。**」諸位聽了這個道理懂了，可是你如果說給三歲小孩子聽呢，他聽不懂；他一定分不清楚鼓與鼓聲到底爲什麼要說非一非異？他弄不懂！如果他一天到晚纏著你說：「**媽媽！妳要告訴我啊。**」可是妳講的他又聽不懂，最後沒奈何，怎麼告訴他？就說：「**等你長大就知道了。**」對吧？只好這樣講了。所以有時候有的同修問我：「**那佛性到底是怎麼回事？**」我說：「**等你看見了就知道。**」（大眾笑…）諸位別笑，眞的是這樣啊！因爲我再怎麼解釋喔，他聽來都是會用明心的那個境界套上去聽；而且聽起來都沒有衝突、沒有矛盾，完全契合；可是呢，就不是眼見佛性的境界。無可名狀，只能說唯證乃知。

就譬如《阿含經》講的：如來成佛那個晚上，初夜降魔，然後以手按地的時候，祂明心了，明心後卻依舊沒有成佛。有佛教以來，幾多人知道其中道理？難得其人哪！明明這時候明心開悟了，大圓鏡智現前了，應該成佛了吧？卻沒有成佛；一個晚上整理法義，直到天將亮時，看見東方金星出來了，這時候眼見佛性，成所作智現前了，這時才正式成佛。但是有多少人知道這個道理？《阿含經》誰沒讀過？大師們都讀過了，沒讀過的都是騙人的大師！但是依舊沒人知道這個道理。

就像我們前面宣講的《法華經》：「**大通智勝佛，十劫坐道場；佛法不現前，不得成佛道。**」祂「**坐道場**」就是明心開悟了，為什麼佛法還沒有全部現前？佛法不現前就不能成就佛道啊！這又是什麼道理？這表示佛法甚深難解！不是像那些假名大師講的說：「**只要這一明心了，從此過著快樂幸福的生活。**」完全不對啦！明心之後跟悟前一樣如喪考妣，因為明心之後總要探討一下：「**我開悟了，可是我為什麼還不是成佛了呢？如來有那麼多功德，**

爲什麼我還沒有？但我眞的開悟了呀！」所以得要去探究啊！因此，佛法不是一個單純的一加一等於二，而是函蓋所有的法在內。

因此，鼓到底包不包括鼓聲？有聲音的鼓是不是叫作鼓？當然是啊！可是沒有聲音的鼓，到底能不能叫作鼓？當然也可以啊！不可以說：那個鼓放在那裡沒聲音，沒鼓聲就不叫作鼓。不能這麼說的。同樣的道理，明心證眞如了，也是開悟，是眞見道；但眼見佛性也是開悟啊！也是眞見道，但這其中的差別在哪裡？說老實話，這還眞的叫作唯證乃知，這沒有誰可以蒙混的！假使開悟明心之後又見性了，你來看看　克勤圜悟祖師怎麼說：「**五月山房冷似冰。**」你有看過禪宗祖師哪個人講過這樣的話？有時候跟你講：「**風暖鳥聲碎，日高花影重。**」你沒看過哪個祖師是這麼講的。你要是沒有明心之後又眼見佛性，還眞不知道他在講什麼？還當作他是跟一般禪師講的「石上無根樹」一類，但事實上是根本就不一樣！所以你得是他家裡人，才知道他在講什麼。

同樣的道理，「**法**」函蓋了「**非法**」，所以「**非法**」也是「**法**」呀！你不能夠說「**非法就不是法**」。那麼「**法**」可以函蓋一切，所以「**法**」與「**非法**」

都叫作「法」。欸！問題來了，摩訶迦葉說：「鼓到底是『法』或者是『非法』呢？」一般人讀了這樣的經文，那叫作丈二金剛摸不著頭腦，不知道他們師徒倆在講什麼？諸位看看這一段，要是不解釋出來，誰知道他們師徒倆講什麼？所以你想要期待什麼人講《大法鼓經》？我就說可能是絕無僅有啦！既然摩訶迦葉這麼問了，如來就開示：「鼓不是法，也不是非法。」嘿！這又有點兒怪了。鼓既不是法，也不是非法，那麼這個「鼓」字，究竟是講那個敲了會出聲的「鼓」呢？或者是鼓這個音聲或文字？你要先界定清楚。

學佛最怕顢頇、最怕籠統，所以古時候祖師就罵過一句話說：「籠統真如，顢頇佛性。」誰講的我忘了，總之有祖師講過這麼一句話，說：「悟得不真，真妄不分！」看來似乎有找到真如了，可是你要讓他講個明白，他又像是啞巴吃湯圓，心裡有數，可怎麼都講不明白，這就是「籠統真如」。所以有時候內地有人來參訪，也許是大學教授的身分，並不一定，坐在諸位之中聽完講經，然後上來十樓找我。我說：「好！那麼遠路而來，不容易。」就接見他。接見了他就說：「老師！您講的我都聽懂。」我說：「您聽懂什麼？」「就是這個啊！這個就是啊！」我說：「這個是哪個？」「就是這個啊！」「在哪裡？」「在這裡呀。」有時候，我們余老師會跟這一類人講：「今天晚上，六個講堂在座的每一位大概都會這麼講。」然後對方就像洩了氣的皮球。這都叫作「籠統眞如」，根本分不清楚眞心第八識與妄心七轉識。

通常一般人則是連籠統都談不上，因爲還沒有找到眞如心，只知道說有個眞如在我身上，然後就認爲這樣就是了；但是「籠統眞如」是已經找到了，可是跟妄心夾雜在一起，和五蘊夾雜在一起，區分不清楚，那才叫「籠統眞如」。至於顢頇佛性呢？那就別提了！因爲連籠統眞如都弄不清楚，哪能談到佛性的顢頇不顢頇。如果是籠統眞如，正好要吃棒，吃了痛棒才會眞的弄清楚，這就是古來祖師們走過的過程。如果不吃痛棒，那得要我陪著諸位住上四天三夜，入泥入水，撒土撒沙，否則眞的沒機會悟入！所以「法」不是那麼簡單的。

話說回來，「鼓」到底指的是實質的那一面鼓？或者在講鼓這個聲音或文字呢？佛陀告訴他：「你所說的『鼓』不是法，也不是非法。」爲什麼不是法與非法呢？如果不是法又怎麼能說鼓？又怎麼能聽見鼓這個聲音？可是佛法裡面講的「法」，不指涉虛設的法，或者說施設的法；而是指涉實質上存在的法；「非法」只是對於實質上存在的「法」加以錯解，所以成爲非法。那麼「鼓」這個聲音或文字，到底是法或者非法？換言之，「鼓」這個字是法或是非法呢？是問這個道理。

如來說：「鼓這個聲音或這個字，『非法非非法』。」既不是法，也不是非法。非法是說錯了。鼓這個文字或者聲音，它是指涉那一個實質上木、皮、桴這三樣東西；那麼這三樣東西在這裡，眼見了、手觸了、敲了、風動而出鼓聲，你可以說這是法。但是「鼓」這個文字、這個聲音沒有實質，沒有實質就不能夠說它是「法」；既然不是法，更不會是非法了，因爲連法都不存在了，如何能有非法。如果有個人說了個「鼓」，但是它這「鼓」的聲音指涉的是另一個東西，我們就說它叫作非法；因爲「鼓」這個文字或聲音，它有指涉一個實體的東西，但講的人所指涉的那個東西如果不是鼓，這時就說他講的鼓叫作非法。

或者說有人把杯子指出來，說這就是鼓，那就是非法。可是當你說這個鼓的時候，如果不是指涉那個現前的物體，那就不是法，也談不上非法；例如禪宗祖師回答說「綠葉、瓦片、花藥欄、乾屎橛」等，不是指的這些東西，學人聽了若是眞的當作這些東西，就不是法也不是非法，因爲禪師講的不屬於這些物質，也不是錯指而不能成爲非法。所以名詞只是互相溝通之間有所指涉，但「鼓」這個字或這個聲音的本身「非法非非法」。摩訶迦葉聽了就問：「那到底要叫作什麼？」對啊！到底要叫作什麼啊？佛陀就告訴迦葉說：「非法非非法的話，要叫作無記。」凡是有所指涉的時候，那就是有記法，比如說：你指著某一樣東西，說那叫作什麼，那是「有記」，因有個實體在，所以講了以後就是有所指涉；可是如果沒有一個實體，它就叫作「無記」，因爲沒有指涉。

比如說，有的哲學家主張：一切的眾生都從一個「大我」分出來的，是那個「大我」所生。那佛教界有沒有人這樣講？有啊，活著的人不講，我們說已死的人。已經死去的香港月溪法師就是這麼講的，所以他那本很厚的《大乘絕對論》，就把這個「大我」形容爲托辣斯，說它下面掌管了很多的公司，以這樣來譬喻那個「大我」跟每一個有情之間的關係。可是你如果眞的證悟了，一定拍著胸脯說：「天上天下，唯我獨尊。」明知這是吃了 釋迦老爸的口水，也要這麼講；因爲每一個人的「眞如」都是各個獨立、都是唯我獨尊的，怎麼會是從那個大我分出來的呢？那樣的說法就跟一神教一樣！搞不好那是一神教的信徒藉著「哲學」的名義這樣在宣傳自己的教理，而月溪法師信受了。一神教主張說：「一切的生命都是上帝創造的。」那就是「大我」的思想。那個「大我」的思想它就是「無記」，因爲實質上不存在；它所指涉的是子虛烏有的，因此「非法非非法」是「無記」。

那你如果看到這講桌上的一尊佛像，指涉說：「這是佛像。」這就不是無記，因爲這個佛像的名詞或聲音，它有所指涉的實體存在，這就是「法」。如果把這一尊佛像說：「這是神像。」那就叫作「非法」，因爲他指涉錯了。如果這裡沒有一尊佛像在，指著這講桌上說：「這是佛像。」那就是無記，因爲是不存在的東西，由他自己去亂施設；也許他得了幻想症，幻想那裡有一尊佛像，然後指稱出來，那就是「無記」，因爲無所記別。

所以說法之師凡有所說，必須有所記別，不能夠指涉一個自己不知道的東西而說它眞的存在。所以，臺灣南部有個比丘尼說：「你們大家如果死了，就先到師父我的這個『轉投天』來，然後我幫你們送去極樂世界。」請問：「轉投天在哪裡？」三界中沒有這樣的地方，那她指涉一個不存在的東西，便叫作「非法非非法」；因為她所指涉的東西實質上不存在，叫作「非法」。可是她又不是把一個東西指涉錯了，所以說它「非非法」；因為她是指涉一個子虛烏有的東西，因此叫作「無記」，所以她那個記別是無效的。

凡有所說一定有所記別，這樣才能夠說為「法」。但如果有人讀了經文以後說：「眞的有第八識存在。」那麼他就為人家說明第八識怎麼樣、怎麼樣，就依文解義。如果依文解義的內容是正確的，無妨稱之為「法」，雖然他還沒有實證。但如果他自己加以發揮演繹而講錯了，就說離念靈知就是眞如，那便叫作「非法」；因為離念靈知存在，但不是眞如，他指涉錯了；離念靈知是意識，而他指涉為眞如，那就是「非法」。可是他如果自己發揮了就說：「這第八識還不是眞實法，仍然是生滅法，因為祂由第九識眞如所生。」那他這樣講也叫作「非法」，也是「無記」；因為第八識不是生滅法，而他說第八識是被第九識眞如所生，那個能生第八識的眞如也不存在，所以叫作「非法」；這樣的「非法」同時也是無記，因為他指涉一個不存在的東西。所以演述佛法時必須言之有物，不能夠打高空，也不能夠亂編派。

接著迦葉又為大眾請示了一個疑惑：「有無記法者，世間應有三法。」

佛告迦葉：「無記相者，如『非男非女』。『非男非女』，名爲『不男』，彼亦如是。」迦葉問得也有道理，因爲 如來說有「法」也有「非法」，現在又加了一個「無記」，那不就是三個法了嗎？從表面上看來就想，對呀！一般人聽法大概也會這樣想：好像是三個法了，因爲現在增加了一個無記。如來就解釋：「無記的法相，就像是『非男非女』。」世間有個什麼東西叫「非男非女」？沒有個實質的什麼東西叫作「非男非女」。即使色界天人是中性身，他還是有個實體在，不叫作非男非女，他們叫作初禪天人、二禪天人……等，所以也不叫作「非男非女」。難道哪一天，你如果發起禪定，在等持位中，突然有個色界天人來看你，因爲跟你往世有緣，那你可不可以說：「喔！來了一個非男非女。」不可以！你要說：「來了一位天人。」或者叫作「色界天人」。

所以，世間沒有「非男非女」這個東西，這只是一個名詞，就是個名詞而已。那既然只是個名詞，這個「非男非女」就可以把它叫作「不男」；同樣的道理，你也可以把它叫作「不女」。因此所講的那個無記的道理，也就像是這樣子。所以眞實之法，祂才是「法」；但如果把眞實之法講錯了，指涉錯誤，他所說的就成爲「非法」；如果世間沒有那個東西存在，而他施設出來，指涉說有那個東西，那就成爲「無記」，因爲沒有辦法記別。

其實語言不同，而世間有那個東西，還是可以記別的。比如說，也許你的姊妹、你的兄弟移居美國很久了，那他生了個孩子自小在美國長大，也沒學過中文，那你也沒學過英文，這時候見面了溝通時就有一點問題了。他想要喝水，就找一個杯子；然後找來找去，找不到杯子，就嘴裡一直跟你講：「cup,cup,cup。」你知道是什麼嗎？但你不可以說那一句話叫「無記」。等到他找到了杯子就說：「cup,cup,cup。」還拿給你看，你說：「喔，是說杯子。」然後你便教他怎麼講：「是杯子。」聲音不同、文字不同，但是有那個東西可以記別，說這叫作杯子；或者喝了水說：「water,water」，你就說：「水、水」，雙方可以記別，這才能說「法」或者「非法」。

如果有一個人，從來沒有學過什麼叫作水。他用水來指涉蘋果，那麼他所講出來那個水就是「無記」，因爲不可記別。所以世間沒有「非男非女」這個東西，「非男非女」可以用來形容某一種有情，非欲界的有情，可以這麼來形容。但它並不是指涉某一個有情或者某一類有情。當你指涉色界天人的時候，你要說他是色界天人，不能夠說他叫作「非男非女」。所以「非男非女」，你也可以把它簡稱為「不男」，也可以簡稱為「不女」，因為是「無記」；世間沒有這樣的實際的東西可以讓你指涉；無從記別，那就叫作「無記」，所以無記的道理就像是這樣子。那麼接下來，迦葉又有什麼問題提出來呢？

經文：【迦葉白佛言：「如世尊說，父母和合而生其子。若父母無眾生種子者，不為父母因緣。」佛告迦葉：「彼無眾生種子者，名為涅槃。『大常』不男，亦復如是。所以者何？譬如波斯匿王與敵國戰時，彼諸戰士食丈夫祿，不勇猛者不名丈夫。如是，無眾生種子者，不名父母。『常』不男者，亦復如是。」】

語譯：【摩訶迦葉又稟白佛陀說：「猶如世尊所說，父母和合而出生了他們的兒子、女兒。如果父母沒有出生眾生的功能差別的話，他就不能成為父母的因緣。」佛陀告訴摩訶迦葉：「那一些沒有出生眾生的功能差別的法，名之為涅槃。『大常』不是男人，也像是這個道理一般。為什麼呢？譬如波

斯匿王與敵國打仗的時候，他的那一些戰士們既然領受了戰士的俸祿，上戰場時如果不勇猛的話，就不能叫作丈夫。就像是這個道理，沒有出生眾生功能差別的人，不能稱之為父母。『常』而不男的話呢，道理也是一樣。」】

釋義：世尊說：「**因為父母和合而出生了兒子、女兒。那麼如果父母沒有出生兒女的功能差別時，就不能成就父母的因緣了。**」這說的也有道理。出生眾生的功能差別是什麼？你如果生在欲界中，就要有欲界的功能差別，生在色界、無色界時也各有他們的功能差別。如果你去要求色界天人說：「**欸！你也生個兒子吧。**」沒辦法！他作不到。那麼如果你來要求欲界的一般有情說：「**欸！你來顯現色界身給我看吧。**」他也作不到。這就是種子─功能差別─的問題。可是欲界天人如果下墮到人間來，他就擁有欲界的功能差別了，他就可以當父母。如果人間有人證得禪定了，他上生到初禪天去、二禪天去，那他就有色界天的功能差別。這是由於受生之處會使該處的種子現行，也會遮蔽其他二界的功能差別。

所以呢，受生在人間是欲界時，那麼住在欲界裡面若要出生子女，一定要經由父母和合；如果父母沒有出生眾生的這種功能差別──沒有這類種子，他就無法成就父母因緣，那他想要當父親、想要當母親就當不成。所以，生在人間一般家庭中，如果長大後不結婚，父母大約都會嘮嘮叨叨。即使是我，見了那個快四十的兒子還不結婚，我每年也會問一次：「有沒有要結婚了呢？」我也會問一次，就一年問一次。因爲他要回來過年，我就問一下，然後不問第二句；因爲由他自己決定，我無所謂。

就好像有的人總是想：「咱們兄弟分家了，所以我要把祖先牌位分靈出去。」大哥當然就答應了，一定答應。可是我有一次想：「我在臺北買了個房子，也成家了，我到底要不要供奉祖先？」我那時候還沒學佛。可是我念頭一轉：「如果我這一世供奉蕭家的祖先，但我上一世的祖先怎麼辦？我是不是也要請來供？」得是這樣才平等，因爲我不是每一世都姓蕭啊！後來就想：「算了吧！反正我有四個哥哥，他們供奉就已經夠了，不缺我啦！蕭家祖先不會因爲我不供，他們就沒得吃吧？」然後就這樣蹉跎下來。到了學佛之後說：「欸！果然我想得對。」然後我們蕭家祖先也不曾來告訴我說：「你也得要供奉我們哪。」也沒有，就這樣。後來我想的是：「不對，我要供佛才對。祖先？祖先有兄弟們供就好了。」所以我就這樣供佛。

這就是說，作爲父母要有能作父母的因緣。假使沒有能夠出生欲界眾生的種子，你就無法當父母。那麼生在欲界而想要當人間有情的父母，首先就是要來欲界取得人身，然後才能有當父母的種子—功能差別—存在，否則你當不了父母的。這時候我想起來，我這一世初學佛，剛接觸到佛法才一個月；那時我是從天華出版社接觸到佛法的，才一個月，我問他們裡面一個編輯（她是女生），我就問：「那眾生要投胎，如果他沒有父母可以投胎時怎麼辦？」後來我都覺得奇怪，我怎麼會問這個笨問題？欸！那時候還眞無知。

其實欲界眾生有哪一個人沒有當父親、母親的因緣？幾乎是每一個人都有啊。可是那時候就是產生這個怪問題。而那個編輯答得也算是得體，她說：「世間人很多，不必怕沒有地方投胎。」說的也是。學佛之後心想：「果然，因爲欲界有情之所以成爲欲界有情，就是有欲，所以都有父母因緣。」一定有父母的功能差別在，否則人類不早就滅光了！

那麼摩訶迦葉把 世尊這個開示提出來，說父母如果沒有眾生種子的話，就不能夠具有父母的因緣，他就當不了父母。當不了父母，就表示不是每一個人都能當父母，所以醫院才會有不孕症的門診，對吧？但他們並不是沒有眾生種子，而是因爲他們在異熟果上有遮障，所以他這個功能無法現前，並不是他們沒有那個種子。這牽涉到他們的福報，由於福報不夠，所以他沒有女兒緣、或者沒有兒子緣，因此有的人窮其一生都在努力，但卻生不了一個兒子；有的人連生了五個兒子，就想要個女兒，但就是生不來，因爲他的福報的問題。所以他還是有眾生種子，但是因爲部分福報被遮障了；當他的福報夠了，又可以生了。

現在 如來答覆說：「**那一些沒有眾生功能差別的，或者說那一些沒有出生眾生功能差別的法，那就叫作涅槃。**」只要有出生眾生的功能差別，就會繼續受生於人間。即使這一世證得非想非非想定，生到非想非非想天八萬大劫，都不重要，將來下墮照樣可以受生於人間生兒子、女兒，因爲他有眾生的種子——功能差別。那如果有一些人沒有眾生的功能差別，表示他們不受後有。因爲就是阿羅漢們說的：「**我生已盡，梵行已立，所作已辦，不受後有。**」他就是沒有出生眾生的功能差別了，所以他沒有眾生種子，不可能再受生了，當然也就沒有生兒子、女兒的功能了。可是有一天，聽到 如來演說般若，好歡喜，決心要當菩薩，開始修菩薩道；那他出生眾生的功能差別又恢復了，一定會再投胎，他的眾生功能差別又現前了。

如果他還沒有證悟，也許未來世因緣不巧，他當上了轉輪聖王。結果呢，後宮一群嬪妃生了一千個兒子。你看，這就是他的「**眾生種子**」。因爲他這時候不當阿羅漢了，也許來人間當了轉輪聖王。雖然理論上是不可能，但我們作個譬喻。也許他當了轉輪聖王，生了一千個兒子，那表示眾生的功能差別現前了。他當父親當得不亦樂乎，每天看著一千個兒子很歡喜。也許五、六千歲了，突然想起來：「**嘿！我本來是得解脫的人啊，現在竟然當轉輪聖王。這是爲什麼？原來我是要修菩薩行的，趕快求佛法！**」當他開始修學佛法，一千個兒子跟著學。那就是爲什麼會有現在的賢劫千佛、未來星宿劫的千佛，以及過去莊嚴劫的千佛，不就是這麼來的嗎？所以不要只看現在。

如果你只看現在說：「**你也眞是走回頭路了，往世是個阿羅漢，現在當轉輪聖王，生了一千個兒子，也眞會生啊！**」但這不一定是壞事，一個不巧，未來世有些眾生就很有福氣，可以一劫之中連續一千佛出現人間呢。那麼他生了這一千個兒子，表示他又重新恢復了眾生的功能差別，他又具足「**眾生種子**」了。雖然，他開始學佛，又恢復了他的阿羅漢證量；但是他始終會繼續起惑潤生，這樣一世一世在人間行道，所以他的「**眾生種子**」又具足了，這時候就不叫作「**涅槃**」。這時候，他的第八識不像前世當阿羅漢、滅掉阿賴耶識這個名稱了，現在要恢復爲阿賴耶識，同時名爲異熟識；直到他的三界愛的習氣種子滅盡，進了八地才會只叫作異熟識，不再稱爲阿賴耶識。所以菩薩滅阿賴耶識這個名稱與自性，和阿羅漢滅阿賴耶識的名稱與自性，本質大不相同。

那麼「**涅槃**」從另一個層面來說，有「**眾生功能差別**」是五陰的事，如來藏自身沒有眾生的功能差別。祂得要出生了五陰十八界，這五陰十八界才有眾生的功能差別，所以如來藏本身沒有；當祂沒有「**眾生種子**」時，表示祂沒有再出生五陰十八界了，就叫作「**涅槃**」。但是你如果把五陰十八界等「**眾生種子**」收歸如來藏的時候，你也可以說：「**如來藏有眾生種子。**」就看你從哪一個面向來說。

那麼　如來接著說：「『**大常**』**不男，亦復如是。**」「**大常**」到底指什麼？對了！是如來藏。只有如來藏足夠稱之爲「大」，只有如來藏才是「常」；如來藏以外的一切法，沒有「常」之可言；但這是指如來藏自體，不是講如來藏所含藏的那些種子。祂含藏的種子有生有滅，那一些種子之中，有本有的種子，也有熏習而得的種子；一切種子生生滅滅不曾停頓，所以非常，但如來藏心體常住而且自性永無改變，所以合稱爲非常非斷。但是如果單講如來藏自體，不說祂的種子，跟你七轉識五陰十八界無關，只說祂自體時，那就是「常」；所以如來藏心體性如金剛，永不可壞，而且能生一切法，所以這樣的常就稱之爲「大常」。

萬法莫不從之生，所以如來藏「大」；性如金剛，永不可壞，所以「常」。而這個「大常」不是男人，也不是女人。因此你不可以說大常是男、大常是女，但你可以說「大常不男」，也可以說「大常」不女。但是不男、不女終究是無記，因爲只有「大常」有所指涉，「不男」無所指涉。沒有一個東西叫作不是男人，也沒有一個東西叫作不是女人；但是「大常」呢？有！就是第八識如來藏。只要你悟了，就可以記別說，這就是如來藏。當別人說這個就是如來藏，你說不是！因爲那個顯然不是如來藏，你可以記別他講錯了。所以 世尊說，「不男」是無記，「大常」有記，叫作「法」。

如來接著作了一個譬喻。譬如波斯匿王雄霸一方，他與敵對的國家發生了戰爭的時候，他的那些戰士，平常吃他所供給的好食物，領了他的俸祿。吃什麼食物、領什麼俸祿呢？吃的是丈夫的食物、領的是丈夫的俸祿，那他就得要有丈夫的作爲。如果上了戰場不勇猛，老是畏畏縮縮地怕死，那就不能叫作「**丈夫**」；空食其食，白領其祿，所以不能稱之爲「**丈夫**」。所以有「**眾生種子**」的人，才能稱爲父母；沒有「**眾生種子**」，就不能稱爲父母。假使一個人結婚之後，生兒育女了，後來修行證阿羅漢果，那他就不會還俗再去結婚；因爲他沒有「**眾生種子**」了，他不可能再成爲人父、人母，一直到他起惑潤生、行菩薩道。

所以沒有「**眾生種子**」的人，不可以叫作父母。同樣的道理，「常」而不男的話，道理也是一樣。所以「**大常**」才是「**法**」，「**不男**」是「**非法非非法**」。可是如果你把「常」解釋爲離念靈知，那就叫作「**非法**」，因爲指涉錯了。有個實體叫作離念靈知，錯把祂指涉爲「常」第八識，那就是「**非法**」。那麼如果「常」，你把祂叫作「不女」，或者把祂說爲非狗、非天、非人、非地獄、非餓鬼，那也是「**無記**」，因爲跟祂無關。

所以當你說得一大堆的佛法，如果跟你所指涉的那個實體如來藏無關的話，那就是「無記」。無記就表示：那一些話徒有言語而無實質，所以他們說的佛法全都是「無記」。那麼講到這裡要問諸位了：「你們來到正覺以前，聽了多少無記法？」不單你們聽過了，我也聽過，也讀過；一直到我證悟了，然後我講的才變成「有記」之法，叫作「法」，不叫作「非法」。因爲臺灣（大陸也一樣）以前很多有名氣的大師在講開悟，結果開悟的內容都不是悟得第八識眞如，而是離念靈知或是想像中的眞如，例如釋印順一類人，而他們說那叫作佛法，結果都是「非法」或是「無記」。

如果有人不斷地毀謗說：「正覺是邪魔外道，因爲那如來藏是外道神我。」現在有個問題來了。如來藏存在不存在？（眾答：存在。）確實存在！但祂不是邪魔，也不是外道，也不是神我，所以他們把有所記別的「法」加以毀謗，那就是「非法」，就不是「法」了。所以當他主張說：「離念靈知才是開悟的標的。」那他所說的即是「非法」。如果他說：「離念靈知就是眞如。」那他所講的既是「非法」，也是「無記」，因爲眞如眞的存在，他用離念靈知套上去，就成爲「非法」。當他說離念靈知是眞如的時候，事實上並沒有離念靈知這個眞如，因爲離念靈知既不眞也不如，他所指涉的眞如即是虛假的施設，那就成爲「無記」。所以「大常、不男」，或者說聲、鼓，道理都是一樣的。那麼接下來迦葉又說了什麼呢？

經文：【迦葉白佛言：「世尊！善法、不善法、無記法，何者善法？何者不善法？何者無記法？」佛告迦葉：「樂受是善法，苦受是不善法，不苦不樂受是無記法；此三法，眾生常觸。樂受者，謂天人五欲功德。苦受者，謂地獄、畜生、餓鬼、阿修羅。不苦不樂受者，謂白癬等。」】

語譯：【摩訶迦葉稟白佛陀說：「世尊！善法、不善法、無記法這三個法，什麼是善法？什麼是不善法？什麼是無記法？」佛陀告訴摩訶迦葉：「樂受是善法，苦受是不善法，不苦不樂受是無記法；這三種法，眾生經常都在領納。所謂的樂受是指天、人的五欲功德。苦受呢，是說地獄、畜生、餓鬼和阿修羅。不苦不樂受講的就好像白癬等。」】

講義：摩訶迦葉聽完了 世尊的開示，又爲大家請問了：「這善法、不善法、無記法究竟有什麼差別？如何分類？」這是從世間人的立場來看，當然要這樣問。因爲佛法不能全部只講給開悟的人聽，世間人—還沒有證悟的世俗人—也會來聽聞佛法，也要涉及這個層面。那麼 佛陀就以世間的層面來告訴大家：「**樂受就是善法，苦受是不善法，不苦不樂受是無記法。**」當你享受快樂的時候，心情愉悅，不會生起惡心。譬如說，有個人賺了大錢，那每天生活都很快樂；因爲五子登科以外，房子住得特別好，車子開得特別好，兒子、女兒教育得非常好，黃金也多得不得了，妻子又長得特別漂亮。他的五子登科可說是登峰造極了，世間沒多少人比得上，那他每天心情都很快樂，有樂受，所以見了誰他都很和氣，這是樂受、是善法。

可是有一天突然來了個人，原來是闊別已久的親戚。輾轉聽到他賺大錢，來開口，一借就是一億、兩億元。那他到底是借還是不借呢？假使那個人開口說：「**跟你借個一萬塊錢臺幣吧。**」「**好！沒問題！**」快快樂樂給他了。可是下一次借十萬元，再下一次借一百萬元，再來則是要借一千萬元，後來要借一億元了；欸！開始不快樂了。這時再見到這個人來，他便有苦受。有苦受之時，他會起什麼心？對了！不善心。會起不善心，一定對他沒好臉色；甚至於背地裡可能想：「**出門去怎麼不被車子撞死！**」是不善法！因爲苦受而生了。

世間人也常常看見有一個狀態，他有苦受的時候就會怪別人。比如說，這小兒子也許一不小心受傷了，媽媽來照顧他，他還罵起媽媽來了，最後甚至還責備說：「**都是媽媽妳沒有把我照顧好！**」這是不善心！爲什麼會有這個不善心？因爲苦受。不是有句成語說了嗎：「**怨天尤人。**」明明他有那些苦受跟老天爺無關，跟別人也無關，是他自作自受，可是他就是怨天而且尤人，所以苦受是不善法。因爲樂受是眾生之所愛樂，苦受是眾生之所厭惡，所以苦受是不善法，樂受是善法；但是苦受與樂受畢竟不是永遠存在，存在最多的時候其實是不苦不樂受，因爲不苦不樂受的時候居多。

譬如說，你晚上在這裡聽聞佛法，有樂受。可是聽完了，接著下樓梯時，有時等電梯，或者在回家的路上也許回想起來，某一些法講得不錯，眞好！還有樂受。可是回到家裡洗個澡，也許忘光光了，又回到世間的柴、米、油、鹽、醬、醋、茶，此時沒有所謂樂受，也沒有所謂苦受可言，大部分在不苦不樂受裡面。那不苦不樂受的時候不會起善心所，也不會起惡心所，就這麼度過時間了。如果有在籌謀某一件傷害眾生的事情時，他一定是住在苦受之中，他不會住在樂受之中；所以計畫著我要對某甲如何，我也要對某乙如何，一定是住在苦受中，才會這樣籌謀。如果想著說：「我這個朋友聽說現在日子不好過，我要去幫助他。」他那個時候心裡面一定有樂受，覺得自己很有錢，背後是快樂的。然後想到那一位朋友日子不好過，昨天才終於知道，今天在想著怎麼樣去幫助他，是善法；那這個善法背後的心境是樂受，因爲我有錢，而他是我的好朋友，所以我要幫他。所以善法的背後代表什麼？是樂受。所以如果你今天也許帶了一筆鉅款，比如說臺幣一千萬元，來到正覺講堂護持正法，一定是樂受。如果是苦受，就拿不出來了！一定斟酌再三：「我要不要去銀行提這筆錢？」一定是樂受，所以才會拿出來。爲什麼呢？因爲我今年賺大錢！

正當作生意的人，說的是逐什一之利；賣十塊錢時，我賺一塊錢。基督教他們好像也有規定信徒說，要把每個月的收入十分之一捐給教會。那他們爲什麼願意捐？因爲他們覺得我有這個收入，捐這些錢對我而言沒有負擔，是快樂的事，所以他們就捐。如果有一天他覺得有負擔了，因爲生意作不好；本來每一個月捐一百萬元；現在生意不好，要他捐一百萬元，他覺得負擔很重，所以他不想再捐了，表示他有苦受。可是如果他跟教會講好了：「我現在生意不好，每個月只能捐五十萬。」教會就說：「沒關係啦！五十萬已經很好了。」那他聽了就覺得很歡喜，所以每個月又快快樂樂地捐五十萬元。他捐的時候背後是樂受，所以樂受是善法，苦受是不善法，那不苦不樂受通常都屬於非善非惡。從世間人的性情上或者心性上來講，一般都是這樣的。

如來說：「這三個法，眾生常觸。」常就是經常，沒有中斷過，經常性的；所以在人間沒有永遠快樂，也沒有永遠痛苦，大多的時間其實都是不苦不樂受。也許有人想：「傷害有情時不一定是苦受吧？」譬如獵人，今天製作了一件殺害獵物的工具，他覺得很成功，計畫明天要去射殺一頭鹿，或者一隻羊，所以他很快樂。但是，這個快樂只是個表相，他總是會想到：「我是剝奪了一個有情的生命。」偶爾會生起一念：「殺人償命。吃他一斤，將來要還他十六兩。」這時候，他殺到了那一頭鹿，揹著回家的時候，他心裡面還是有苦受的。所以不善法一定伴隨著苦受，沒有純粹的樂受。詐欺人家的財物，他也一定伴隨著苦受，一方面他心裡面驚慌：「我會不會被抓到？」一方面心裡想：「老人家說：『善有善報，惡有惡報；不是不報，時候未到。』搞不好，我下輩子要償他多少倍呢。」那他雖然繼續鋌而走險，其實心中有苦受。所以苦受是不善法，不苦不樂受就是無記法。

所以當他大熱天兒，坐在他別墅的涼亭裡面，泡著茶在那邊喝、享受；他覺得享受的時候那就是善法。他會想：「我該送一杯去給我老婆喝吧，開水也是她燒的。」然後他會生起一些善心所。但是他泡慣了，每天變成例行公事時，他若是沒有想起來時就沒有覺得幸福，就這樣子喝；那就成為不苦不樂受，因為他習慣了，那就是無記法；不會起善心所，也不會起惡心所。一直到突然有一隻蒼蠅繞著他一直轉，揮之不去；最後氣起來了，起了一個沒有語言文字的念：「把牠打死！」這時候變成惡法了。為什麼變成惡法？因為他有苦受。所以不苦不樂受的時候是「無記」，沒有善也沒有惡。然而不幸的是，樂受、苦受、不苦不樂受，也就是這個善法、惡法以及無記法，眾生在人間是經常性的領受，沒有一剎那逃得過。你什麼時候可以逃過這三種受？逃不過的！這時候一定有人想：「那我睡著了，就逃過了。」真的逃過了嗎？睡著了，正是在不苦不樂受裡面，由你的意根領受。因為祂只領受法塵，所以不苦不樂受還是逃不過，因此說：「此三法，眾生常觸。」

接著，如來就作了更詳細的解說：「樂受者，謂天人五欲功德。」生在欲界天，生在人間，有五欲。五欲的功德是什麼？讓你覺得快樂啊！所以財、色、名、食、睡，或者色、聲、香、味、觸有所領受，覺得快樂，所以寧願當人，不願當狗。譬如說：有個人很窮、很苦，那你問他說：「下一世有兩個選擇：第一個選擇是像這一世一樣，當人，既窮又苦；第二個選擇是當一條狗，讓主人寵愛得不得了。你要選哪一個？」你們早就料定他會選當人，雖然既窮又苦，但是當人還是比當寵物狗要快樂多了，這就是他的領受。所以即使當人既窮又苦，也還是有樂受的時候，比如說，他突然得到了一頓飯，他就覺得很快樂！即使三餐不繼，餓了整整兩天，當他見到某一個富有人家寵愛著一條狗的時候，他如果有作比較的話，他還是會想：「好歹我是個人，牠只是一條狗。」有時他會這樣想起來，這時候也是個樂受。那他如果有想到這一點，就會想：「我爲什麼會當人？牠爲什麼會當寵物狗？」然後他就會想起來：「啊！是因爲前世的我不造作下墮爲狗的業，所以我這一世也不要造作來世會受生爲狗的惡業。」那也是善法，雖然他已經餓了整整兩天。

所以當天、當人，縱使苦多樂少，有時候也是還有五欲可得，那這個五欲的功德會產生樂受。可是如果下了地獄，或當餓鬼、畜生、阿修羅呢，苦受多得不得了。地獄、餓鬼就不談，當畜生呢？別看那些鹿在野外吃著青草，心裡面就想：「那些鹿眞幸福！徜徉於芳草綠地之中。」可是你留神去看，牠們每吃幾口草，就要抬起頭來看一看。爲什麼呢？怕被人家獵殺，也許老虎來了或是熊來了，不一定；這就是當畜生。那如果當了狗而沒有狗格，被主人踢出門去，跟野狗混，後來就變成癩皮狗，人人見了就踢牠一腳，那眞的是苦受啊。至於阿修羅呢？阿修羅也很有福德，但爲什麼會是苦受？你若沒有當過阿修羅，就不知道他們的苦。阿修羅又名爲「無酒」，爲什麼無酒？因爲他們脾氣壞，所以他們的福報中就是沒有酒可喝。欲界天人有酒可喝，他們沒有酒可喝；因爲他們脾氣壞，萬一有酒給他們喝了一定鬧事，事情一鬧就不可收拾。那你想：「他們一天到晚在耍脾氣，你說他們日子好過嗎？」

所以如果他當了人，而是人中的修羅，他每天見了誰都看不順眼；不說外人，即使家裡老爸每天給他錢，他也看不順眼，一天到晚都在生氣。人家不是說「動不動就生氣」嗎？也就是說，動也生氣、不動也生氣，那樣的人就是阿修羅。那他生氣了，就一定會有不善法伴隨著出生；因爲他最少要罵人，看誰都不順眼；不然就瞪人，不然就生悶氣，這算是好的；往往出手打人、殺人，都不一定！所以阿修羅是苦受。那麼不當人間的阿修羅，去當天界的阿修羅好不好？也不好啊！因爲什麼時候人家來搶了寶貝女兒去等等，也是不好過，所以阿修羅是苦受！今天只能講到這裡。

《大法鼓經》我們上週講到第十四頁第三段，剩下最後兩句：「**不苦不樂受者，謂白癬等。**」白癬，有的人可能沒見過。閩南語說「白鈞」，有沒有聽過？就是他皮膚上有一大塊白白的，也許很多塊，也許全身都是，可是他不會癢，也不是被感染，也就是白癬。好像皮膚科醫師會說那個叫作「白癬」，說是什麼病變，我忘了正確名詞，但他不會癢。就算長在臉上，有時候是整個臉幾乎都有，但他不會覺得難受。除非有人去嘲笑他，不然這個東西對他根本無所謂。所以就算有人嘲笑了，過了一會兒，他忙著事情，也就忘了。所以那個東西不會使他癢、痛，或者生起煩惱，因此說那叫作不苦不樂受。這意思是說，它不屬於有記法。通常善法是因樂受而生，惡法是因苦受而生，這是從最直接的「受」來談。那如果不苦不樂受，比如說白癬一類的，至於「等」字，函蓋的範圍就很多了。

其實，人間的有情住在世間，絕大多數的時間是不苦不樂受。不苦不樂受之中不會產生善法、惡法，所以屬於「無記」。這樣說也許有人覺得籠統，那我們舉例來講：譬如一個人他出生以來，大部分的時間、大部分的過程，都在不苦不樂受當中。生起苦受或者樂受，那是比較短暫的時間，不會是大多數時間都在苦受或樂受當中。比如說，小孩子最喜歡吃什麼？夏天是冰淇淋，冬天也許是湯圓或者什麼。當他剛開始拿到喜歡吃的食物，他心裡面有喜；正開始用了，產生樂受。這時候他第一個想到的是：「媽媽對我眞好，買這個給我吃。」善法！當他正吃的時候滿心歡喜，不會產生惡念，也是善法；可是吃到一半以後，那個喜受也許是不存在了，但這時候還有樂受，可是樂受也有一點兒淡薄了。如果他再吃第二盒冰淇淋的時候，樂受剩不到三分之一了；然後他全部吃完了，對小孩子而言，幾乎可以說是不苦不樂受的狀態，因爲沒有很喜歡了。如果是成年人，不會吃到第二盒冰淇淋，一盒就算數了，因爲有人生經驗了。當孩子時吃過了，很快又回到不苦不樂受來。那有的人甚至於他吃慣了，他的體質就是每天要吃一盒冰淇淋；但是由於吃慣了，所以他從冰箱拿出冰淇淋的時候並沒有喜，吃的時候樂也是很普通；吃到一半就已經是不苦不樂受，只是例行公事。

有的人在苦受當中，道理也是一樣。苦受剛開始很痛苦，但是沒得治療，每天得要受這個苦。後來有點習慣了，有時候想東想西，就把那個苦給忘了；忘了之後就變成不苦不樂受，其實苦還是在，但他習慣了。譬如說平常人沒有胃痛的問題在，他覺得是不苦不樂受；但是胃一直在痛的人，有一天終於治好了，哇！他很歡喜，喜受就上來了，因爲他覺得：「**胃病治好了，好快樂！**」可是他其實沒有樂受，他只是沒有苦受，就當作是快樂，這裡面是有差別的。他所謂的樂，那個樂其實是不苦不樂受，以沒有苦受當作是快樂。所以不同的狀況有不同的感受，但是不論怎麼樣，大部分的時間都在不苦不樂受當中。

所以，譬如某個大企業家作了一筆生意，賺了二十億元進來了，很高興、很歡喜。可是到了明天，那歡喜只剩下不到一半；一週以後，很習慣了，就沒有喜受也沒有樂受，都沒有，他變成習慣了。所以臺灣有句話說：「**習慣成自然。**」就這個樣子。到那個時節，他還是不苦不樂受；可是再過一段時間，會變成苦受：「**我這些錢會不會遺失了？我這一些錢會不會貶值了？**」等等事情想了很多，所以樂受的時候會夾雜著苦受；這時候就不是無記，就會有善法、不善法出生。但不苦不樂受的狀態都是無記法，因爲不會生起善法，也不會生起惡法。用個例子來講，就好像是白癬一樣，假使這個白癬長在背上，那更不會有苦樂受；別人瞧都瞧不見，他也不痛不癢，不會對別人生起惡心來，所以不苦不樂受是「無記」。但是迦葉當時也許是沒有很清楚，也許是爲某一些人著想，特地就作了回應。然後 佛陀又有開示，我們來聽聽看：

經文：【迦葉白佛言：「此則不然。」佛告迦葉：「從樂生苦，從苦生苦，彼爲無記。」迦葉白佛言：「其譬如何？」佛告迦葉：「因食生病，食則是樂，病則是苦。彼白癬等，名爲無記。」迦葉白佛言：「若苦樂名無記者，父、母、子亦無記。」佛告迦葉：「此則不然。」迦葉白佛言：「其譬如何？」佛告迦葉：「如非想非非想等天，乃至無想，則恆住子法；善亦如是。」】

語譯：【摩訶迦葉稟白佛陀說：「您所說的這個道理不很正確。」佛陀告訴摩訶迦葉：「從樂出生了苦，從苦出生了苦，那些都是無記。」迦葉稟白佛陀說：「這個譬喻，應該怎麼說呢？」佛陀告訴摩訶迦葉：「由於飲食而生病，飲食是屬於快樂，病則是屬於苦。至於那白癬等一類的事情，全都叫作無記。」迦葉稟白佛陀說：「如果苦、樂都稱之爲無記的話，那麼父、母與子也是無記。」佛陀告訴迦葉：「你所說的這道理不正確。」迦葉稟白佛陀說：「那麼這個譬喻應當怎麼說呢？」佛陀告訴迦葉：「猶如非想非非想天等，乃至於無想天，都恆常住於子法；善也是一樣。」】

講義：因爲 佛陀說「不苦不樂受，猶如白癬等一類事情。」迦葉對此提出來說：「這講法好像不太對。」可是 佛陀有祂的解釋：「從樂生苦，或者從苦生苦，這都是會發生的。但是從樂生苦，這個苦便屬於無記；從苦而生的苦，這苦也是無記。」也就是說，例如，我們還是講冰淇淋吧，冰淇淋吃了很舒服，可是他剛好有牙周病，或者說他的牙齦萎縮，於是第一口還覺得很快樂，可是第二口便產生痛苦了，就是從樂生苦。那麼從苦生苦，譬如說小孩子，他做勞作的時候不小心被刀子割了，很痛！哇哇大哭，這就是苦；接著呢，媽媽不忍心，趕快拿了藥幫他清洗、又擦一擦；洗跟擦的過程他哭得更厲害，因爲更痛了；這是第二層的苦，因苦生苦。那麼從樂而生的那個苦是無記，因為它本身是樂受，但因為那個樂受裡面夾雜著苦；或者說假使你喜歡吃的食物，譬如冬天吃元宵，人家太盛情了，硬要你吃第二種不同的元宵；這時候從樂生苦，因為胃撐不下了，於是從樂生苦；但是這個吃的本身是樂受，而樂受所產生的那個苦，它是無記；因為它不是根本因，它是後面衍生出來的，都與異熟果無關。

那麼迦葉聽到 如來這麼講，知道一定是有原因，不然 如來不會這麼講。所以就稟白 佛陀說：「那麼這個譬喻，應當怎麼說？」佛陀就說了：「因為飲食而生病，飲食就是快樂，所生的病則是苦。」那麼因為飲食而生病，就好像有句俚語說：「人食五穀雜糧，哪有不生病的？」不管誰，只要你是吃五穀雜糧生存的，你一定遲早會有病；除非你都不吃五穀雜糧，只吃天上的甘露，那是另一回事。那麼這時就說，因為飲食而生病，食的本身是樂；正常的人，你們有沒有遇到誰，肚子餓了吃飯的時候哭喪著臉？沒有！除非他有病，不是正常人，而且剛好那一餐飯的內容是他不應該吃的，才會有苦，否則飲食都是快樂的；所以不管團體活動或幹什麼，只要一呼喚說：「開飯了！」哇，大家一擁而上。所以食是快樂的，但是因食而生的病，就是苦。

有的人，飲食的時候很快樂，可是他沒留意，那好吃的飲食不是他該吃的。比如說身體很燥，結果煮出來這一道菜是用桂圓去做的，或者說用桂圓乾去做出來的，那他吃的時候很快樂，一時不察就吃了；過一會兒，耳朵痛、牙齒搖晃或者身上哪裡痛，各種不等，渾身不舒服。假使他體質很寒，可是那廚房裡一道菜出來，非常好吃，是滷白菜！這大白菜滷得很香、很好吃，一時忍不住就吃了；待一會兒痛苦就來了。這就是說，飲食的本身是樂，樂就會引生善法，不會起惡心造惡業。但是因為病而產生的痛苦覺受，它就是苦。那個病是從飲食來的，所以是從樂而生苦。那麼後面這個苦呢，當他覺得難過的時候，他該不該去怪罪廚房說：「你為什麼煮這麼一道菜出來？」不該！他真要怪，只能怪自己說：「我不該吃它。」不能怪廚房典座：「你炒這麼香幹嘛？害我把它吃了就生病。」所以，因這個樂而生的苦，他不能取惡法，不會造惡業，就沒有來世的不好異熟果。那他當然也不會取善法而說：「不過典座煮這麼好吃的菜，是我不能吃的，氣死我了！」不能這樣，也沒有人會這樣。那他也不會取善法而說：「唉！典座煮這個太好了！害我生病。」不會吧？所以因這個樂而生的苦，這種的苦是無記的。

如來又再強調一次，那個白癬等的狀況都叫作「無記」。還是要再強調一遍：白癬等是無記，也就是說在不苦不樂受當中，所有事情全都是「無記」，不會有異熟果的產生。然而迦葉又稟白　佛陀說：「如果苦與樂可以名為無記的話，父、母、子女也是無記。」所以　佛陀說的是因樂而生苦，或者因苦而生苦，比如說，因苦而生苦的苦，原來的苦是不善法，因為他會怪罪東、怪罪西，會造惡。譬如小孩子被刀子割了，手很痛，媽媽為他敷藥，敷藥時當然痛；不懂事的孩子才會怪罪媽媽說：「妳幫我擦藥，為什麼這麼痛？」那是不懂事的孩子；懂事的孩子不會，就忍著。因為這是媽媽為他敷藥消毒，這是善法。

所以在醫院裡面也是一樣的道理，有的病患為什麼會被報導出來？因為醫生為他診治的時候，他有了另一種苦的覺受，於是他就罵醫生或者打醫生；人家就說他不懂事，違背常理，於是就報導出來；不然就是被告，道理是一樣的。所以苦受的本身當然會是惡法，因為苦受生起的時候，往往會怨天尤人等，乃至造作惡事，成為有記。但是因為苦受衍生出來的苦，不能再怨別人了；比如說他騎摩托車騎得飛快，然後出事了，送到醫院去，那是苦受；他一定會追究對方爲什麼使他受傷，乃至想要報復，於是產生惡法。但是在醫院裡面住院，每天不痛快，那就是「無記」；那是因苦而生的苦，他不可以怪醫生、怪護士、怪醫院，什麼都不能怪，所以它是「無記」。

這就是說，母法與子法要分清楚：一個主、一個從；從是「無記」，主才是「有記」。迦葉或許一時沒有體會到這個道理，或是爲眾生而故意請問，就說：「如果苦與樂名爲無記的話，那麼父、母、子，也應當是無記。」佛陀就說：「你講的這個道理不正確。」迦葉當然就請求　如來再作譬喻，如來就告訴摩訶迦葉：「猶如非想非非想等天。」「等天」就包括：無所有處、識無邊處、空無邊處，下到四禪天的無想天，這些都叫作「子法」。爲什麼它是子法？既然說是子法，那母法到底是什麼？「母法」就是禪定。禪定的本身是母法，可是禪定有許多的內涵：有未到地定、初禪、二禪……上到非想非非想定，這都屬於子法。所以在這一些子法當中安住的時候，不能夠說這是善法，也不能說這是惡法；可是修學禪定時，在修學的過程降伏其心，都說它叫作善法，這個才是母，但是所得的禪定境界本身是子。也就是說，你修學禪定是個善法，然後禪定修學有成，產生了這些定境；定境是子法，不是母法，所以這個定境的本身無關善惡。

說是無關善惡，這樣講也許有一點兒籠統，來作個說明：譬如說修證初禪。我們會裡面有不少人希望能夠證得初禪，也有少數人實證了，那我要作個說明。初禪的境界是子法，母法是未到地定以及伏除性障；意味著說，初禪非修非不修。往年我也常常講：「會外很多人說他們想要證初禪，那就每天打坐入定，可是一直都發不起初禪。」我就解釋那個原因：「初禪是果實，可是要得這個果實之前，你先得要墾地、栽種、灑水、施肥、培土等功夫。」也就是說，你在修學未到地定的過程裡面，那過程就是降伏其心滅除性障的過程。

就好像一隻猿猴蹦蹦跳跳，你把牠綁在木樁上，牠也還是蹦蹦跳跳；那要經過一段長時間的過程，一直把牠拴在那裡，到最後牠就乖乖待在那裡了，於是坐在木樁上不動了，表示「定」生起了。可是定生起之後，要能夠發起初禪前，卻得要伏除性障——或者降伏性障、或者除掉性障，把五蓋給降伏或者斷除了，然後藉著未到地定就可以自動地發起初禪。所以初禪不是每天努力修定，想要讓它發起來、它就發起的；而是在歷緣對境之中，不斷地去爲眾生作事，把自己的自我給放下；然後對於欲界世間的諸法沒有貪戀，一心只爲眾生去作事；那這個貪欲蓋、瞋恚蓋……等五蓋就漸漸降伏；降伏了以後，本來已經有未到地定，這時就自動發起初禪。

所以初禪不是努力打坐可以修來的，而必須要把五蓋降伏或者斷除，這些都是日常生活中要自修的事。那這個修未到地定以及伏除五蓋的過程，它是根本，是母；沒有這個根本爲母，就沒有子法的初禪現起。所以初禪是「子」，也就是說定境是子，「母」則是禪定的修學、五蓋的降伏，道理是這樣的。所以 佛說：「**如非想非非想等天，乃至無想，則恆住子法。**」那麼善法也是同樣的道理。因此，修善法而產生了某一個惡法的話，那個惡法是無記；那個惡法是無記，只是個人威儀的問題，不會造惡。

比如說，準備了很好的飲食去供養某一家人，不巧的是，你送到他家的時候，他家正好來了一位朋友，所以你送的飲食便少了一份。那家人偏又不知好歹，出口抱怨：「**你怎麼不爲我多準備一份來？我這個好朋友今天就沒得吃了。**」你送這個飲食去是善法，因這個善法在那裡引生了個不善法出來；可是那個不善法不是母，而是子。本來很快樂送餐去，這下被他這麼一埋怨，心中生起了苦受，這是因樂生苦；可是這時候如果心中忍不下，就回嘴了：「你這個人也眞不曉事！我好心送飲食來給你，還要挨你一頓罵。」這便是惡法，可是這個惡法是「無記」，因爲你的根本是之前的「善法」，是你送那個飲食去；你沒有料到他會多出一個人來，而他也不曉事，就亂埋怨。你覺得他太不懂事了：「啊？把我好心當成驢肝肺！」於是當場就回嘴了。回嘴也是個惡法，可是這個惡法還是叫「無記」，因爲它不是「母法」，不會有異熟果。

就好像我們講戒的受持，違犯時要先看根本。根本才是母，所以根本罪是「母」，方便罪、成已罪是「子」。所以一定要從「根本」去斷定這件事情的本身是什麼，如果根本被斷定成另外一種，那就變成另一種罪了；可是如果這個根本是另外一種，他就變成無罪而且有功德。譬如說同樣殺人，而且是故意殺人，有一種情況有功德，另一種情況有重罪。你受了菩薩戒是不該殺人的，所以殺人犯重，而且又是故意去把他殺掉，眞的就犯重；如果又有方便罪，也有成已罪，那就是罪在地獄了。可是有時候故意殺人是功德，爲什麼？因爲救人哪！譬如說某一個人，他拿著一個手榴彈，準備在人群中爆炸。那你明知道他很確定要作這件事情，無論如何都無法勸阻；那你觀察到不動手不行的時候就動手了；這時你殺人的根本是救人，不是殺人。換言之，同樣是故意殺人，可是根本罪不同，因此所作的方便罪和成已罪就變成罪或者功德，區分就不一樣了。道理是這樣，所以要看根本是什麼。

所以母是什麼？子是什麼？這得要分清楚。那麼在禪定境界裡面都是「無記」。可是善法而引生的惡法也是「無記」，所以假使你哪天送了五百萬元，去給一個窮途潦倒的好朋友，他竟然跟你抱怨：「你爲什麼不送一千萬來？送這麼少！」而且不是開玩笑，是跟你生氣。那這時候你心裡老大不痛快，就回嘴：「沒有人肯送你五百萬元，就我送給你，你還埋怨什麼？」可是回嘴了以後，回到家來，心裡面還想：「唉！我送就送了，轉頭走了就算了，何必跟他回嘴？欸！我好像這也有犯戒吧？」趕快去找親教師要懺悔。親教師也許告訴你：「這是無記，不用懺悔；因爲這是因善而生的惡，所以它是無記。」因爲並沒有造作惡業，道理是這個樣子。那迦葉與 如來接著又有對話：

經文：【迦葉白佛言：「世尊！如佛所說，受、想是眾生。是故，非想非非想處，應非眾生。」佛告迦葉：「彼有行分。我說此眾生法者，除無想天。」迦葉白佛言：「眾生爲是色，爲非色耶？」佛告迦葉：「眾生亦非色、亦非非色，然成就彼法名爲眾生。」迦葉白佛言：「若如是，非眾生成就法；更有異眾生者，不應有無色天。若然者，無二法：世間色及無色。」佛告迦葉：「法亦非色，非法亦非色。」】

語譯：【摩訶迦葉稟白佛陀說：「世尊！猶如佛陀您所說，受與想是眾生。由於這個緣故，非想非非想處的有情，應該不是眾生。」佛陀告訴摩訶迦葉：「他們仍然還有心行的成分，依然是眾生。我說這個眾生法的時候，是除掉無想天。」摩訶迦葉稟白佛陀說：「眾生到底是色，或是非色呢？」佛陀告訴摩訶迦葉：「眾生也可以非色，也可以非非色；然而成就那一些法時都叫作眾生。」迦葉稟白佛陀說：「如果是像您所說這樣的話，那就不是由眾生來成就法了；應該還有另外的眾生，就不應該有無色天。如果是這樣，就不可能有兩個法：世間色以及無色。」佛陀告訴摩訶迦葉：「法也不是色法，非法也不是色法。」】

講義：迦葉稟白　如來說：「世尊！猶如佛陀您所說，受與想是眾生。」這個說法也眞有道理，因爲眾生就是有受、有想。所以什麼叫眾生？五蘊是眾生。五蘊的內涵是什麼？色、受、想、行、識。如果有色、有身行，也有六識，而沒有受與想，你不會覺得他是眾生；但是只要有六識在，他就一定會有受與想；有「受」、有「想」就會有情緒的反應，所以叫作有情。無情之所以爲無情，是因爲它們沒有情緒。如果無情有情緒，那你想世間會變成怎麼樣？也許你不斷地作著筆記，那枝筆發生情緒了：「你爲什麼一直用我？」也許你在電腦上工作，電腦有情緒了，螢幕上不是照你所想的那樣寫出來。它不斷地出現字句：「你爲什麼老是煩我？」那表示什麼？表示它就有受與想。有受與想就是有情，不會是無情。所以躺在醫院裡面，長年躺在那裡，不會有反應的，醫師就說他叫作植物人；因爲他沒有反應，表示他無受、無想。當然另外一種是假性植物人，現在不談他。所以情緒之所從來，是因爲有那個覺受，然後了知那個覺受是苦、是樂；因此他就有情緒反應，所以就把他叫作有情，名爲眾生。

因此摩訶迦葉就說：「受、想就是眾生。」因爲從人間的境界來看，沒有受與想就不會是眾生；他又從這個人間的片面現象，就來指稱非想非非想處的有情，說那個有情應該就不是眾生。但摩訶迦葉難道不懂嗎？他是個俱解脫的人，也是 如來指定的第一長子呢，所以非想非非想處的境界他是實證的，因此他才能夠斷身見而去證滅盡定，他並不是不知道。可是有的人混淆了，他就為這些人提出來請問。所以 佛陀就說了：「**非想非非想處仍然有『行』的成分存在。**」

所以在人間證得非想非非想定之後，捨壽了，就生到非想非非想天去。在那個時候，他意識住在非想非非想定裡面，連自己都不加以了知；他以為已經住在涅槃的境界中，認為自己這樣就是消失了、就是出三界；原因是他沒有斷身見，所以誤以為是涅槃。在非想非非想天中完全不了知自己，所以忘了一切法，好像涅槃。可是他意識仍然存在，意識繼續住於非想非非想定之中，短至一剎那，長至八萬大劫，都叫作意識心的「行」。因為意識存在就是心行，凡是落於「行」中，就是無常之法，終必毀壞，只是時間早晚的差別。所以，如來說他那個境界中，還有「行」的成分存在；只是那個行的成分很少了，不容易發覺，其實還是在的。

那麼　如來就聲明：「我所說這個眾生法的意涵，是把無想天除外。」也就是說：「無想天不函蓋在眾生裡面。」那現在有個問題來了：奇怪！既然生到無想天去，那還是天人哪，還是有情的一種，爲什麼把他排除在「眾生」的範圍之外？這就是說：從識陰六個識的在或不在，來定義什麼叫作眾生。所以法無常法，不要拘定某一個說法，就說　佛這裡講的跟那裡講的好像矛盾。不！沒有矛盾！就像我也曾經跟諸位舉例講過的，說無覺有觀、無覺無觀、有覺有觀，在禪定與第一義諦中的定義是不同的，有沒有？道理是一樣的，那是從有沒有五塵的覺觀來定義有覺有觀、乃至無覺無觀；這跟了義法「無覺觀者名爲心性」中的定義不同，那是指完全離六塵的覺觀的，又不一樣了。所以要看那一些經文的字句是在講什麼，要這樣來定義。

那爲什麼把無想天排除在眾生的範圍之外？爲什麼除外？無想天的境界要先說明一下，因爲佛教界有很多人都誤會了。從未到地定發起初禪，然後進修二禪、三禪、四禪，要到了四禪之後才能取證無想定；不是南懷瑾或以前某些大法師講的，說只要坐到心裡面沒有語言、文字時，說那就是無想定。他們都誤會了！坐到沒有語言、文字，頂多是淺的未到地定，通常都還是欲界定罷了，還談不上無相念佛的功夫，還有一大段距離！無想定是要先有深的未到地定，接著伏除性障、發起初禪；再進修二禪，離五塵境界，進入二禪等至位；然後嫻熟了，再進修三禪、四禪，在四禪息脈俱斷的境界都很嫻熟了以後，把覺知心滅掉，也就是六識全部滅掉，這時才能夠叫作無想定。可是四禪的境界息脈俱斷：心跳停了、呼吸也停了，這才能夠說是第四禪；要有這個境界，然後在四禪的定境中把六識給斷掉；當六識不存在了，這時沒有能知、能覺者，這才能夠叫作無想定。證得無想定之後呢，捨報以後就上生無想天。

剛生到無想天的時候，會發覺自己生在第四禪天裡面，竟然還有知覺！於是他在自己的天宮裡面坐下來，立刻又把六識心滅除了，當作是無餘涅槃。滅除了意識心，他住在四禪天自己的宮殿中，就只有一個天身坐在那裡，不知不覺——有點像是晚上睡著無夢一樣。這和人類晚上睡著無夢有點類似，不過他是因爲禪定而得到那個境界。那麼他在無想天中壽命長短不拘，短則一劫，長則五百劫，這時候都沒有六識現起。既沒有六識現起就沒有受與想，也沒有意識的心行，所以不是眾生，因爲完全沒有受、想。

可是非想非非想天仍然是眾生，因爲還是有想；想即是知，這是說他不是完全的無知；因爲他意識還在，只是不反觀自己在或不在，也不去了知一切的定境法塵，所以看起來好像是沒有知；但是如果沒有知，他的意識不可能還存在，他就不可能安住於那個定境中；其實還是有知，因此也可以叫作「非知非非知定」。看來好像是沒有知了，其實還是有知的；似乎是沒有想，其實還是有想，所以叫作非想非非想定；那表示他意識還在，意識還在就不能說他不是「**眾生**」。

那麼講到無色界的法了，摩訶迦葉又稟白　佛陀說：「**那麼眾生是有色呢？還是沒有色呢？**」因爲眾生眞的很麻煩，你必須從不同的層面去提問，然後從不同的面向講出來，否則你說不是這個，他說一定是那個；你說不是那個，他就想一定是這個。這就是眾生。因此他要問：「**那眾生到底是有色還是無色？**」其實以他的智慧，會笨到這個地步嗎？一定不會呀！當然是爲眾生而問的。非想非非想天都還算是眾生，可是沒有色法呀，純粹是心法，那到底眾生該說是有色還是無色呢？佛陀就告訴迦葉：「**眾生也不是色法、也不是沒有色法，但是成就色法與非色法的就叫作眾生。**」所以成就色法的有情當中，只有一種不叫作眾生，就是無想天；因爲他沒有受、想，他的六識都滅了，那就不叫作眾生。除此以外，不管他是無色界的有情，或者是色界、欲界中的有情都叫作「眾生」，只除了無想天。

那迦葉就順著這個語脈問下去了：「如果眞是這樣的話，那麼就不一定所有的眾生都成就了法。」也就是說：「就不是眾生來成就法了，那麼假使應該還有不同的眾生時，就不應該是有無色天了。」講的好像也有道理，不是由眾生來成就法。「眾生法」有它的定義在，但這個眾生法，好像就不是眾生成就了法，因爲有那麼一個法叫作無想天，卻不叫作「眾生」；反過來就說，如果另外有別的眾生的話，就不應該有無色天。也就是說，眾生到底是有色還是無色？通常都說有色才是眾生，因爲無色界的眾生看不見！誰知道？沒有人知道他們的存在。你不能夠指著某一個方向說：「那就是眾生。」因爲人家都看不見。不說人家看不見，你指著那個方向，指著他說「那就是眾生」時，其實你自己也沒看見，只是亂指。所以看不見的，如何證明呢？他們非色啊！所以非色時，你不能夠指稱他們是眾生。如果非色的法也可以說是眾生，那就跟一般所知的眾生不一樣。因此，如果一定要有色才能說他是眾生，那麼你就不應該說，有「**無色天**」也是眾生了。那麼到底「**無色天**」是眾生，或者不是眾生？因爲看不見、指不出來，也沒有辦法現前證明，說他有受、有想。

接著，摩訶迦葉就作了一個結論說：「**如果眞的像是這樣的話，就沒有這兩個法：世間色以及無色。**」也就是說，如果無色天也該說是眾生，可是他沒有色法，誰能證明他？如果這樣的話，就沒有世間色和無色兩種眾生可以說了。無色的眾生跟世間有色法的眾生，是不一樣的，那這時候就混在一起，讓眾生更迷糊了。所以 如來就把它作了個界定：「**法亦非色，非法亦非色。**」法，有時候指的是眾生之所從來，叫作如來藏；有時候是指眾生所思、所想的那些內涵也叫作「**法**」；有時候說眾生所用的一切，或者所指稱的一切，或者所施設的一切都叫作「**法**」；所以「**法**」有時候定義是不同的，看這時候是指什麼樣的定義，要看它的前後字句來定義。那麼這裡就回到了剛開始講的那個地方了：法也是非色。當你指稱如來藏的時候，那是「**法**」，但這個「**法**」不是如來藏自體，所以當你以「**法**」來指稱如來藏的時候，如來藏三個字這個聲音也是「**法**」，這個法「**非色**」；可是當你的三個聲音是指稱如來藏的時候，不是在這三個字或三個聲音上面，而是在如來藏的心體自身上來講，那個如來藏也是「法」，可是如來藏一樣「非色」。那麼你經由如來藏而衍生出來，有有色的眾生，也有無色的眾生，這也是「法」。

如果你施設一種莫須有的、實際上不存在的有情，說他是眾生，那也是法，只是這個法叫作「非法」，可是這個「非法」一定不會是「色法」。所以如果有的人說：「我有一樣寶貝賣給你。這個杯子你看不見，永遠不會壞，你拿在手上，認為它存在就是存在。這個杯子賣你一萬元就好。」那你一定不買，你一定說這叫作「非法」。又譬如那個童話故事——國王的新衣，有沒有？國王的新衣其實不存在，只是國王被騙了，以為他果眞穿著新衣，所以赤身裸體上街遊行，那也叫作「非法」。所以那一件國王的新衣也是「非法」，而那個非法一定不是色法。

所以說，非法不可能是色法，當你拿著一個杯蓋，這是色法。如果你說：「我現在從這個杯蓋再變化出來一個無形的杯蓋在我手裡面。」聰明人都知道你這個是「非法」，非法一定不是色，沒有實質。這有一點兒在講玄學了吧？有一點兒在講理論了，但這個理論的熏習過程，其實也是學佛的一個必要的過程，這也是應該要學的。接下來摩訶迦葉與 佛陀又有對答：

經文：【迦葉白佛言：「云何，爲法與解脫俱？爲非法與解脫俱？無色天亦有解脫？」佛告迦葉：「不然，唯有爲法、無爲法，是故，無色天是有爲數，解脫是無爲，無色天有色性耳。」迦葉白佛言：「世尊！一切有爲是色，非色是無爲。無色天有色者，是佛境界，非我等境界。」佛告迦葉：「善哉！善哉！是我境界，非汝等境界。如是諸佛世尊到解脫者，彼悉有色，解脫亦有色。」】

語譯：【迦葉稟白佛陀說：「這到底是什麼樣的道理，是法與解脫同時存在呢？或者是非法與解脫同時存在呢？無色界天也有解脫嗎？」佛陀告訴摩訶迦葉：「不是這樣的，只有分爲有爲法與無爲法，由於這樣的緣故，無色天是有爲之數，解脫則是無爲，無色天還是有色性的。」迦葉稟白佛陀說：「世尊！一切有爲是色法，非色是無爲。無色天而有色的話，那是佛的境界，不是我們弟子眾等的境界。」佛陀告訴摩訶迦葉：「說得好呀！說得好啊！是我的境界，不是你們的境界。就像是這個道理，諸佛世尊到達解脫的話，祂們全部都是有色，解脫也是有色的。」】

講義：這時候有沒有聯想到我寫的哪一本書？十幾年前的《邪見與佛法》，有沒有聯想起來？法與解脫是同時存在的呢？或者是非法與解脫同時存在？這就牽涉到末法時代那一些假名大師的落處了，得要舉出來講，才容易明白這兩句在講什麼。我們十幾年前講《邪見與佛法》，後來出版成書。我們說：「**阿羅漢們入了無餘涅槃以後，那一個無餘涅槃裡面的境界，其實就是如來藏自住的境界。**」如果你們有讀過我那一本《邪見與佛法》，應該還有這個印象。當時這本書對佛教界是很震撼的，可是沒有人敢吭聲；因為他們不知己、也不知彼，不敢講話。可是前人沒有說過，我竟然把它講了，對佛教界而言，那是聞所未聞的法，很不容易讓人信受的。

可是我就講了，因為我的現觀就是這樣，這不是用思惟推論去得出來的結論，而是無餘涅槃的現觀就是這樣子；所以我就說了，阿羅漢沒有證涅槃。當年講這個話，在佛教界看來，簡直就是大逆不道。因為 如來說：「**阿羅漢證得有餘、無餘涅槃。**」這蕭平實何許人？膽子這麼大！竟然敢違背 佛所說，公開說：「**阿羅漢沒有證無餘涅槃。**」所幸我提出來以後，接著解釋：「**阿羅漢入無餘涅槃時，捨盡了五陰十八界的全部，所以阿羅漢已經不存在了；**

那這時候稱爲無餘涅槃，是誰證無餘涅槃？既然已經沒有阿羅漢在，所以就沒有阿羅漢證無餘涅槃。」

我這麼一講，也沒有人能推翻。不管他們是要從邏輯上面，或者他們要從聖教量上面提出來反對，都辦不到，所以佛教界默然。然後我說：「但是無餘涅槃裡面不是斷滅空，而是如來藏獨存；滅盡了五蘊十八界等一切法，所以無餘涅槃不是斷滅空。」我這樣談了出來，說就是如來藏獨住，稱之爲無餘涅槃。那無餘涅槃才是眞解脫，而這個解脫的境界裡面，到底「法」是同時存在或者不存在？法就是如來藏，所以是如來藏與涅槃解脫同時存在才對啊！如來藏之不存，涅槃何以依附？所以實際上沒有「涅槃」這個法，涅槃就是依如來藏而施設的。那麼這樣就解釋了「法」與「解脫」是不是同時同處的存在。

可是，又講到另一種凡夫大師們對解脫的妄想。那些六識論的法師們自語相違、自相矛盾而無所知，譬如釋印順是最明顯的例子。他書上說：「五陰十八界等都是緣起性空。這一切法滅盡了，那就是無餘涅槃。」請問這樣的涅槃是「法」或者「非法」？「法」或者「非法」？對啊！就是「非法」

呀！因為他這個主張跟斷見外道一模一樣。斷見外道認為人死後一了百了，什麼都沒有了，成為斷滅空了，那就不再出生了；沒有後世、沒有前世，就這樣消失了，那就是涅槃。釋印順這麼講，就跟斷見外道一樣了，那就變成「**非法**」，因為這樣的涅槃並不存在，而且「**非色**」。所以他講的「**非法與解脫俱**」就是錯誤的主張，變成說：不存在的解脫把它叫作解脫，那就成為「**非法**」，所以他就是「**非法與解脫俱**」。這麼一解釋，這句經文就懂了。

但他為什麼後來又自語相違？因為他說的是要滅盡一切法成為涅槃，可是轉念一想，這樣又變成跟斷滅空一樣，同於斷見外道；所以他只好又把意識細分了一分出來叫作「細意識」，說這個細意識常住不壞，所以不是斷滅空。那如果細意識常住不壞而稱為涅槃，這個涅槃是法或者非法？依舊就是「**非法**」！因為細意識還是意識。意識不論粗細，不論過去、現在、未來的意識，也不論很久的過去，或者很久的未來意識，全都叫作「意識」。意識永遠是生滅法！那他細分一分意識出來叫作「細意識」，說細意識常住不壞，所以涅槃就不壞；那麼涅槃就不是滅盡一切法了，涅槃就是同時有細意識存在，可是細意識仍然是意識，仍是「**意法因緣生**」，這仍然是輪迴的境界！

而且三界內外也沒有一個常住不壞的「細意識」！所以那個細意識依舊名為「非法」。所以他的涅槃是與「非法」同時存在，正好就是這一句經文講的「**非法與解脫俱**」。

接著下一句，「**無色天亦有解脫？**」無色界天有沒有解脫？如果無色界天有解脫，那麼那個證得非想非非想定的須跋陀羅，就不需要在　如來捨壽前一刻來拜見　如來；然後經由　如來為他說法，斷了身見，他才成為俱解脫阿羅漢，才能取無餘涅槃。如果無色天有解脫的話，如來初成佛時，也不必用佛眼去觀察鬱頭藍弗跑到哪裡去了？他證得非想非非想定，如來還沒有成佛前，他已經死了，往生到非想非非想天去了，找不到他來說話了，因為無色。如來以一切種智觀察時，知道他往生非想非非想天，但生在那一天時無色，就找不到人，有色才能找到。所以無色天最高層次的非想非非想天都尚且沒有「**解脫**」，就不必談到無色天以下的色界四天。

所以迦葉提出這三個題目來，佛陀告訴迦葉說：你講的道理不正確，只有有為法與無為法這兩個區分。「**法**」若是要作區分的話，就是有為法、無為法。那麼由於這兩個區分的緣故，無色天它是「**有為**」之數，而解脫是「**無**

爲」。「解脱」的境界沒有任何一法可說，完全的無爲。無色天是因爲意識的有爲、有作，修禪定而證得了四空定，所以才能夠受生於無色天；所以那是有爲之數，不是無爲法。

然而解脫是無爲。比如說，諸位之中有許多人證得本來自性清淨涅槃，咱們就依這個涅槃來講。當你證悟了，現觀自身中的第八識如來藏，祂的境界是本來性、自性性、清淨性、涅槃性，合起來就是「本來自性清淨涅槃」。第八識這四個自性是本來就存在的，那麼這四個自性是如來藏自己的自性，當你現觀如來藏自身存在的當下，證實祂本身就是不生不滅、不生不死的，那就是涅槃「解脫」。但是這個涅槃「解脫」無妨和你這個有爲數的五陰十八界以及種種心所法同時並存；而你這個五陰十八界及各種心所法都是有爲數，如來藏的本來解脫依然是無爲，二者並存同時同處而不相妨礙；你證得第八識如來藏以後，現觀即是如此。

那麼同樣的道理，你依於本來自性清淨涅槃來觀待阿羅漢所證的有餘涅槃，以及死後所入的無餘涅槃，會發覺一個事實，就是阿羅漢他還沒有入無餘涅槃時的有餘涅槃，依舊是「有爲與無爲」併同存在，他的如來藏本身就是解脫、是無爲，但跟如來藏同時存在的五陰十八界及心所法等，仍然是有爲數，依舊不離「**有爲與無爲**」兩個法。所以 如來說：「**就是只有有爲法跟無爲法兩個法。**」這兩個法其實是同時存在的，所以呢，由於有爲法與無爲法的緣故，「**無色天是有爲數，解脫是無爲**」。但是 如來附帶了一句話：「**無色天還是有色性的。**」

迦葉就稟白 佛陀說：「**世尊！一切有爲是色，非色是無爲。**」他爲什麼這麼下定論呢？一切有爲都是色法。因爲無色天你看不見他有什麼有爲，那自己如果住在四空定的境界當中，也不會看見自己有什麼有爲法，因爲就純粹是在定中一念不生、無所作爲而長時間地安住。所以從世間相來看呢，無色就是無爲，「**非色**」沒有色就是無爲，所以無色界有情都不會作出什麼事來。那你如果從另一個層面來講，如來藏是「**色**」或者「**非色**」？這不好答了喔！對了，不好答。如來藏到底是「**色**」或者「**非色**」？嗄？「**非色**」幹嘛又加個「**非非色**」？（有人答話，聽不清楚。）對喔！講得好！如來藏非色非非色。

但是非色非非色的道理要先知道，然後再來界定爲什麼是「**非色**」？爲什麼又「**非非色**」？如來藏既然能生蘊處界等法，而蘊處界當中有許多是「**色**」；如果祂沒有色性，焉能出生你這個色法？所以不能說祂完全「**非色**」；但是如果說祂有色，祂自身卻明明無色，所以祂又是「**非色**」，因此這應該說祂非色非非色。但是如果如來藏不與色法同在，那麼你這個蘊處界就不存在了；蘊處界不存在的時候，你就不能看見有爲之法；所以得要這個「**非色**」的如來藏與所生的、有色的蘊處界同在，才能夠有「**有爲法**」的現前。

所以一切「**有爲法**」之能被看見，一定是有色；即使是識陰六個識是「**有爲法**」，但識陰這六個識如果不假以五色根加上六塵，那麼識陰六個識連現起都不可能，何況能成就有爲？所以說：「**一切有爲是色。**」如果純粹的「**非色**」，說你識陰六個識在這個色陰上面，儘管想了很多的有爲法，在你沒有去作之前，每一個人看你都是無爲，都說你現在沒有想要幹什麼。可是你如果一動了手、一動了身體，人家就會想：「**喔！他現在大概想要幹什麼。**」因爲這個「**有爲**」要透過「**色**」來顯現。所以「**一切有爲是色，非色的就是無爲**」。譬如說在四空定裡面，三界中的一切賢聖、一切凡夫，都不能夠說他是「**有爲**」，因爲假使有個愚鈍的菩薩悟後受生於四空天，誰也看不見他想要幹什麼，也看不見他正在幹什麼，而他也眞的沒有在幹什麼，就只是一念不生。

那這個「**非色**」另一個意涵指的是如來藏，因爲法是有色，也是非色。法是第八識如來藏，非色是無爲，而如來藏本身是無爲的。即使現前在人間和你這個五陰十八界同時同處，祂也還是無爲。假使你證悟了如來藏，現前看見祂的運作，你去詳細觀察看看，如來藏到底是有爲還是無爲？你證悟了以後，你身中的如來藏曾經想過要吃飯嗎？曾經想過要去喝水嗎？全都是你的五陰想要，或者想不要。所以我剛出來弘法，《公案拈提》第一輯裡的第一百則，來果禪師那一則，我就憑他一個字說他沒有悟。因爲他說：「**眞如住在身中會不會悶？會不會想要到外面去？**」請問：要與不要的是誰？是意識啊！如來藏從來不會想要或想不要，何況是會悶？所以他講了一堆，看來好像很不錯，可是一個字就露出馬腳來了，更別說他的其餘開示都有破綻。

因此當年有很多人不服說：「**你蕭平實憑什麼？單憑人家一句話就說人家悟錯了？**」其實有時不用一句話，往往一個字就夠了。所以「**非色**」的如來藏永遠是「**無爲**」，從來沒有想說，我要生欲界天去享福；從來沒有想說，我要到色界天去享受定福；從來也沒有想說，這個五陰這麼惡劣，讓他下去地獄，我不要陪他去。永遠都不會！所以祂真的是「無為」。

接著，迦葉說：「無色天有色者，是佛境界，非我等境界。」無色天有色，這是如來的境界。縱然在無色天裡面，隨時隨地都可以變化色法出來，而示現到色界天來，這不是阿羅漢們、十大弟子們辦得到的事。那麼如果有人往生到無色天去，縱然是得無生法忍的菩薩生到無色天去，同樣也是會混到壽盡，才會下來色界或者人間，因此菩薩們沒有誰會受生在無色界天。可是如來神力可以住於無色天，隨時隨地變化有色之身與眾生互動，所以那是如來的境界，不是諸弟子們的境界。那麼在「無色天」裡面為什麼又能變化呢？除了無生法忍的究竟以外，那得要依賴佛地的心所法可以一一自行運作的功德才能成辦，不是菩薩們能作到的。那麼諸佛如來之所以能這樣作，也是因為非色的法——如來藏，祂具有大種性自性，所以依於佛地的智慧功德可以這樣變現，因此那是諸佛的境界，不是弟子們的境界。這時候，佛陀告訴摩訶迦葉說：「你講得眞好啊！講得眞好啊！這是我的境界，不是你們的境界。」

那麼　世尊又解釋了：「像這樣的諸佛世尊到解脫的境界，他們全部都有色，諸佛的解脫也是有色的。」這時候如果是六識論者，印順那一派人就想不通了：「解脫明明是滅盡一切法呀！爲什麼諸佛世尊到達解脫境界，全部都還有色？」他們心中充滿著懷疑：「爲什麼解脫也是有色？」其實，從我那個《邪見與佛法》講的阿羅漢沒有證涅槃，把它翻過來看不就得了？阿羅漢沒有證涅槃，是因爲入無餘涅槃以後，他蘊處界全部滅了，沒有阿羅漢存在了，那麼誰證涅槃？可是諸菩薩們跟隨　如來修學解脫，結果證的是本來自性清淨涅槃；現證本來自性清淨涅槃時，蘊處界具足存在，現前看見阿羅漢所證的涅槃，其實就是這個本來自性清淨涅槃，只是他們不知道。而他們入了無餘涅槃以後，還是如來藏的本來自性清淨涅槃；可是阿羅漢的蘊處界滅了，當然沒有證得無餘涅槃。菩薩追隨　如來所證這個本來自性清淨涅槃，現觀的時候，蘊處界依舊不減一分一毫，所以五色根以及六塵全部具足存在；而由六識來現觀這個色法時，色法與本來自性清淨涅槃如來藏的解脫同時並存。那麼諸佛如來下生人間示現成佛，示現成佛時，諸佛如來的蘊處界也是一樣存在著；教導菩薩們實證了解脫，菩薩們證解脫後的蘊處界一樣存

所以，末法時代絕大多數的人，都在諸方假名善知識的邪教導之下作了錯誤的學習，建立了邪知、邪見，所以就主張：一切法滅盡的空無叫作「解脫」。但是推究他們這樣想的原因，是因爲他們詳細閱讀經論之後，知道無餘涅槃裡面是滅盡蘊處界及一切心所法的，無受也無想，更無任何心行。那他們就誤會，以爲解脫就是把所有一切諸法滅盡而不復生起，名爲解脫；那麼那樣的解脫就跟斷滅空一樣。可是他們沒有覺察自己的落處有問題，因此就這樣教導眾生；而眾生一無所知，也跟著這樣學習，所以產生了錯誤的認知，就會認爲解脫是滅盡一切法。乃至於《阿含經》裡面，央掘魔羅菩薩出來破斥阿羅漢們，他說：「解脫不是一切法空，還有如來藏不空。」但是大師們依舊誤會，所以我們在這個部分就要稍微加以發揮，讓大家更瞭解。好，今天只能講到這裡。

《大法鼓經》我們上週講到第十五頁倒數第三行，今天要從最後一段開始：

經文：【佛告迦葉：「云何無色天？天處所作，汝知不？迦葉！云何有色

天，名無色數不？」迦葉白佛言：「非我等境界。」佛告迦葉：「如是，諸佛世尊到解脫者皆有色，汝當觀察。」迦葉白佛言：「世尊！若如是，得解脫者復應受苦樂。」佛告迦葉：「如有病眾生，服藥離病已，還復病耶？」迦葉白佛言：「若有業者，則必有病。」佛告迦葉：「無業者，彼有病耶？」迦葉白佛言：「不也。世尊！」佛告迦葉：「如是，離苦樂是解脫，當知苦樂是病。如丈夫，是得涅槃者。」】

語譯：【佛陀告訴摩訶迦葉：「你知道無色界天嗎？天的境界之所作，你知不知道？迦葉！到底什麼是有色天，可以算在無色天的法數之中嗎？」迦葉稟白佛陀說：「這不是我們大家的境界。」佛陀告訴摩訶迦葉：「就像是你說的這樣，諸佛世尊到究竟解脫的境界都是有色，你應當要如此觀察。」迦葉稟白佛陀說：「世尊！如果像您說的這樣，那麼得到解脫的人將來還應該會領受苦樂。」佛陀告訴摩訶迦葉：「譬如有病的眾生，服藥之後離開病了，還有病在嗎？」迦葉稟白佛陀說：「如果有業的話，就必定會有病。」佛陀告訴摩訶迦葉：「那麼沒有業的人，他還會有病嗎？」迦葉稟白佛陀說：「不會的。世尊！」佛陀告訴摩訶迦葉：「就像是這個樣子，離苦樂就是得解脫，

應當知道苦、樂都是病。如果是眞正的丈夫，那就是得到涅槃的人。」】

釋義：「云何無色天？」先提出這個題目來討論，什麼是無色界的天？「天」是相對於人間的有情，說他叫作天。表示「天」的層次是比較高的，在上而不是在下。那麼「天」到底是有情或是無情？「天」到底是有情或無情？（眾答：有情。）說對了。世間人對於「天」究竟是有情或者無情，他們的觀念是很模糊的，所以很多人認爲說：「天」就是天上某一種世界叫作天；但其實，天上某一種世界是因爲那些有情而命名爲「天界」，所以那個境界是天人、天主所住的境界，才叫作「天界」。所以「天」的本身是有情，天界的有情稱之爲「天」。這是講世間天，不是解脫天與第一義天。

那麼接著來談到「無色天」，請問諸位，無色天一定住在無色界嗎？不是喔？不一定？這個讓大家動動腦筋吧。無色天說白了，只要證得四空定，捨壽可以往生到無色天去的人，不管他是住在人間，乃至假使可能的話，有某一個鬼神他每天努力修定，後來證得四空定，那他住在鬼趣中，也可以叫作「無色天」。所以「無色天」的有情，有可能他住在無色界，因爲他受報去了，他的異熟果報就是生無色天；但也有可能他住在鬼神界，也有可能他住在諸佛的淨土世界中，也有可能他仍然住在人間，甚至於也有可能他住在兜率陀天、在彌勒內院；他努力修定證得「無色定」，他就是無色天，這個道理要先建立。

一般的人不懂，都從世俗表相來看。甚至於有許多人學佛，其實不是眞的學佛，但他自認爲在學佛了；因此他到寺院裡面學佛已經學了十幾年，但還是弄不清楚這些道理。所以那一類人，假使給他回到一千多年前，戒日王那個年代，讓他參加玄奘法師的無遮大會，他也會覺得說：「你玄奘早上說法說完了，中午不也得吃飯？那你叫什麼菩薩？」他又不信了。到了晚上，他看見玄奘菩薩晚上也得睡覺，就想：「那他算什麼菩薩？菩薩不應該睡覺嘛！不都被供在案上不睡覺的嗎？」然而那十八天的無遮大會，法義論證十八天圓滿了，二乘人跟外道都讚歎玄奘，二乘尊稱玄奘是「解脫天」，大乘人尊稱玄奘菩薩是「第一義天」；這時候他聽見了，一定想：「那你明明還在人間哪！我看你也跟人家一樣用走的，又不是用飛的，你憑什麼叫作『天』？」他會這樣想。

等而下之，譬如跟隨著他的師父學法，他的師父已經得初禪或者二禪了。有一天，也許他往世的某一個善知識墮落鬼神道，因爲鬼神有小五通，看得見他師父的境界，知道他師父超過欲界天的境界，猜測那一定是在色界天了。可是看見這個好朋友對他師父一點都沒有恭敬心，所以忍不住要去救他，因此晚上跟他託夢：「你師父不是欲界天的層次，他那個天的層次比欲界天還高，所以我看不見。你要好好學，你要恭敬奉侍。」等到醒過來，看看他的師父，又想：「師父起來也得洗臉、喝水，也得吃早粥。他不吃饅頭還撐不到中午哩，這算什麼天！」他還是不信。因爲他只看世間事的表相，不看人家內裡的實質。

那麼師父也許被他的那個託夢的鬼神來拜託：「師父！您不要跟他見怪，您幫我救救他。」師父想一想：「好吧，救吧。」所以找了他來，跟他講要如何得初禪，初禪的境界是什麼，應該怎麼修。說完了，他依舊不信，因爲他現前看見的是，師父中午還要吃飯哪。那麼凌晨四點起板，所以中午時師父還得要小睡一下，所以他不信哪！像這種人只有一個辦法能度他，就是用神通；但是用神通度了他，也只是讓他對師父起信，可是師父講的色界的境界，他依舊是不信的，他也不相信師父有那個色界的境界。他也許心裡想：「師父編造了這個境界來欺矇我。」因為在他的認知裡面，叫作眼見為憑。

可是師父的色界境界怎麼能讓他看見呢？一直要到什麼時候他信？要到師父逼著他每天好好修，修到他也發起那個境界了才信：「喔！果然師父有那個色界天的境界！」可是問題又來了，假使他師父發起初禪的時候，是一剎那間遍身發；而他發起時是有次第的運運而動，是慢慢遍身的，這就有差別了。師父體驗到的是初禪天身的狀況，而他體驗不到；這兩種善根發所得到的初禪天的體驗是不同的，所以他只能想像初禪天身的狀況，只能想像初禪天人是怎麼回事；他體驗不到初禪天身時，那他對師父又有一分懷疑。

那麼他的問題出在哪裡？在於他的「信」不足。所以關於「天」這個意涵該怎麼定義？這一向少人說！很多的善知識知道有三界的境界，懂得有六道的境界，可是他們無法想像，根本不知，因此他們老是想：「天之所以為天，是因為生到那裡去所以叫作天，因為生到天界去。」而不知道說，是因為有那些天人的存在，才有那個「天」的境界。所以他們倒果為因，對「天」的認知就不同了。

那麼就像外道，他們想：「釋迦牟尼來人間成佛，就是來跟我們爭名聞利養。」那就表示他們完全不懂　佛的境界。佛連轉輪聖王都不要當了，才能在無數劫前證悟般若而入菩薩數中；然後再次第進修，連三界愛的習氣種子都滅盡無餘，才能成佛的，怎麼可能爲了那一些供養來跟他們爭呢？十幾年前，有時候還會聽到有的法師說法時說：「人爭一口氣，佛爭一爐香。」那他已經是謗佛了！表示他對　佛的境界完全無所知；這也表示他對於「天」的境界相無所知，對於「天」之所以爲天的道理更不懂，因此才會有這樣的謗佛問題產生。所以早年有些附佛外道一直在罵：「這蕭平實是要把我們搞倒，然後所有的名聞利養都歸他，獨尊一人。」這表示他們對蕭平實的境界完全不懂。

二〇〇三年那一批人發動法難，他們首先是攻擊我個人的人品；攻擊不成，才攻擊法，想要推翻這個法。他們剛開始攻擊我個人，私下去流傳，到處去傳說：「欸！你們知道嗎？蕭老師在會裡搞了多少錢，你們知道嗎？」後來這個法難的事情過去兩、三年了，有一位師兄幫我處理電腦的事；一面處理，一面聊著，他就談到說：「其實他們都不懂老師您的境界，您根本不用到人間來；您可以到色界天去，日子多快活！還要來人間給他們這樣誣衊。」我說：「你有智慧，能想到這個道理；他們就沒有智慧，沒想到這個道理。」一個能夠生到色界天的人，還會在世間藉佛法來搞錢財嗎？因爲能生到色界天的人，第一個要件就是離開欲界貪。對欲界法無所貪求，他才能夠斷除貪欲蓋，才能發起初禪；像這樣斷除貪欲蓋的人還會藉正法來搞錢？懂初禪的人，不用腦袋想，用膝蓋想就知道了；因爲他直接的反應就是：不可能！

然而不懂初禪修證的人就會想：他一定怎麼搞錢、怎麼搞錢。就這樣想個不停。這就表示當年他們得法太容易了，又是我當濫好人幫他悟入，才會有這樣的後果。而三界的層次以及它的內涵，我講經的時候以及增上班的課程中都講了，但他們都沒有聽進去，所以才會去懷疑說：我這個蕭平實還會去搞錢。所以學佛之見道固然很重要，但是見道之前必須要有的正知見，就是對於三界境界的瞭解：欲界是什麼境界，色界是什麼境界，無色界是什麼境界，一定要有所瞭解，才能對自己與師父眼前的修證所住的境界有所了知；否則悟了也沒用，只是把人間相應的這個五陰「我」否定了，可是欲界天的我，色界天、無色界的我，他還是會緊緊抓住，認爲那就是眞實的自我，就會反墮離念靈知去！

所以什麼叫作無色天？這個道理要懂。那麼我們來說明一下，這時候得要從欲界天往上來談了。「天」的層次越高，不是獲得越多，而是捨棄越多。就好像火箭，火箭共有三節；想要到太空去，你先要捨離第一節——最底下最粗大的那一節，那一節就叫作欲界。然後再往上飛一段時間，再把中間那一節（短一點、也細一點的那一節）也捨了，那表示超過色界。然後剩下最後那一節，小小的、最細小的那一節繼續飛；當那一節飛到完了，然後那一節也要捨掉，就可以飄遊在太空了，那比喻爲「出三界」，表示已經超過無色界。所以越往上，捨得越多，這個道理要記住；不是越往上拿得越多，拿得越多時就越重，越重就會沉下來，哪有可能往上呢？這個道理先講清楚了，下面就好說了。

在人間修定，只要對人間的法不貪著，並且能夠一念不生，就會發起「欲界定」；表示你的境界超過人間了，你可以到欲界天了。那欲界定的發起時，身心不動，那時只覺得色身就像被一層薄膜包住，都不會動搖。那一層薄膜很像什麼？就像荔枝，把最外層的粗殼剝掉，還有一層細細的薄膜。就像那一層薄薄的膜一樣包著你，都不會搖晃，就這樣一念不生；那是突然間現起的，叫作欲界定。這時候不會再生起妄想雜念，接著繼續再修；這過程可能會有許多幻境出現，都不要理它，繼續修，久了就會進入未到地定。

進到淺的未到地定時，就是很輕安的境界，不必用心、用力，自然而然就住在一念不生的境界裡面；身體的粗重感不見了，這是淺的未到地定。然後再轉入深的未到地定時，你睜著三分眼看著前方地上，住在定中，到後來就離開了五塵，而你自己不知道，就這樣住在定中，那就是深的未到地定；這個時候即使過了一天，出定之後也只是感覺過一會兒，你在定中沒有時間的感覺。等到出定的時候，眼皮眨不下來，因爲乾掉了。當你正在那個定中的時候，你不知道住在那個定中，一出定了才發覺：「欸！**我剛才是在那個定中。**」這時得要拉拉眼皮了，才能夠眨得下來。然後恍然發覺：「**天怎麼暗了？我才坐那麼一會兒。**」其實已經半天過去了！那是深的未到地定，這表示你超脫欲界天的境界了。

欲界天有六天的境界，越往下的天，跟人間越相像；所以四王天、忉利天他們都還有配偶、眷屬，因爲是地居天。但是到了夜摩天呢，無妨還是有家庭、眷屬，但是男女欲很淡薄了，只要擁抱一下就好、就滿足了，沒有像下二天兩根相入的狀況了。那麼如果到了兜率天呢，拉拉手就滿足了。到了化樂天，兩個人在一起，你瞧著我，我瞧著你，互相笑著就滿足了。如果到了他化自在天，夫妻倆只要能夠相看就滿足欲心了；有一句話說「相看兩不厭」，能夠看得見對方就好了。可是深未到地定成就的時候，你已經超過他化自在天了。這「**天**」的境界也得要知道，這叫作「**天處所作**」；所以天人到底在幹嘛？你要知道。

那麼到達色界天，色界天人不用飲食，既沒有飲食，就不需要聞香，舌根也不用嚐味；所以他們仍然有鼻根這個浮塵根，因爲他們還要呼吸；他們也仍然有舌根的浮塵根，因爲他們需要講話溝通，可是他們已經沒有人類這二個勝義根了。諸位也許想：「**那他們的色身到底怎麼回事？**」他們的色身很高大，正因爲他們的色身很高大，所以他們的色身不是像我們人類這樣粗重。色界天人有沒有五臟六腑？沒有！因爲他們不飲食，需要五臟六腑幹嘛？所以他們身中如雲如霧。天台宗智者大師說「如雲如影」，他說錯了！

色界天沒有影子，身中也不是黑暗的，怎麼叫「影」？我把它改了，叫作「如雲如霧」；他們身中沒有五臟六腑，就好像霧一樣，但是比霧濃一點，有點像大晴天上空很高的層積雲，很白，可是沒有那麼濃，比那個白色淺，也稀疏一點，但是比霧濃一點，所以我說「如雲如霧」。

那麼他們色身中都是這樣，沒有骨頭嗎？真的沒有骨頭！他們不需要骨頭；他們如果有骨頭，就跟人類一樣了。那諸位也許想：「咦？那他們身體到底是怎麼回事？裡面如雲如霧，那身體到底怎麼回事？」我告訴你：「就好像最薄的那種保鮮膜一樣，最薄的那一種，厚的不算；可是有很多的孔洞，就是毛細孔。身體裡面那個雲，如雲如霧，會在毛細孔進進出出；進進出出的時候就有快樂，這就是初禪天人。」那他們全身都有快樂，比起欲界天的下二天或者人間的男女和合更爲輕安而且快樂。也許有人問：「有遍全身嗎？沒有啊？」密宗說的第四喜，對不起！那個第四喜，男人在三十歲之前修第四喜還有可能，三十歲過後一日不如一日，等於「成佛」的境界會隨著年紀的增長而逐漸失去。所以許多學密宗的那些年輕比丘，他們都恨自己說：「早知道這樣，我三十歲以前就該出家了！怎麼現在才出家？」因爲他已經三十六歲，出家後在雙身法中沒有辦法修到第四喜，身體退化了。這道理，也證明密宗那雙身法並不是佛法！

那你說，證得初禪天身的人，他遍身毛孔都有樂觸；當他看到下方欲界天以及人類，當然想：「欸！那個欲界樂不足道哉。」他們會喜歡嗎？不會喜歡！那麼在人間，朝九晚五，好多人這樣努力，買個公寓還要貸款；等到他把分期付款還清，已經五十歲了。可是色界天人，他們都是自己有宮殿，根本不需要買房子；他生來就有宮殿，想要去到哪裡，一念之間，宮殿就載著他走，宮殿就等於他的汽車一樣；然後去到哪裡，見了誰、講完了，要回原處就回；如果不回原處，住那裡也可以，何處都行，這是色界天的境界。

所以能修得未到地定已經很好了，但那未到地定修得那麼好，很深了，爲什麼依舊無法發起初禪？因爲他對欲界法還沒有斷離，所以他發不起初禪。如果能發起初禪而不退失，表示他已經離開欲界愛了；特別是發起初禪時是遍身發的人，表示他的初禪是圓滿的、完整的，那這樣還會再貪欲界法嗎？不貪了！所以有禪定智慧的人得要知道：某某善知識他得初禪，某某善知識得三禪，某某善知識得無色定，他們的層次在哪裡，要懂得判定。那就不會去懷疑說：某某善知識貪了多少錢？不可能！因爲那是他所捨棄，才能到現在這個色界境界。

就好像有人吃了飯，後來嘔吐了，他還會再吃回去嗎？所以 如來說得很有道理：「假使有人去毀謗善知識，就等於他在指責那個善知識，自己把吐掉的食物又拿回去吃一樣。」如果有人在三乘菩提中見道了，而又退回去意識的境界，那是凡夫境界，等於回頭再執取以前所捨棄的境界；如來就說了一個譬喻：「如愚自食吐。」只有愚癡的人，才會把吐掉的東西又從地上撿回來吃，善知識從來不作這種事。

這道理告訴我們：學法之人必須要先懂得次法。次法就是三界的境界，這三個層次要先瞭解；然後再獲得解脫道的見道，乃至阿羅漢位，能夠判斷自己這個證境，是否已經超越了三界的境界。如果對三界境界不懂，而自稱超越了三界成阿羅漢，那是騙人的；所以爲什麼要先懂無色天，道理也是一樣。色界初禪天如是，越往上捨得越多，終於到了四禪天；那二禪、三禪我們就不談了，到四禪天的時候有兩條歧路，這兩條歧路走散了，那麼佛法這一條路，就會繞很遠、很久才能夠回來；第一條歧路是走上了無色天，第二條歧路則是走上了無想天。

走上「無色天」是什麼境界？他認為有這個色身在，就不能脫離生死，所以他要把色身給捨了。因為他在四禪的境界中捨了這個色身，所以他進入了空無邊處。但是他捨了色身進入空無邊處，無妨這個人身繼續存在，所以他出定了以後，還在欲界人間這個色身中；可是他捨壽後，就會生到空無邊處去，他就成了「無色天」的有情。

假使他有智慧，在人間時，第二天、第三天繼續入空無邊處，後來發覺：我還有這個覺知心在，雖然沒有五塵、沒有色身，但是我這個覺知心意識還在。雖然五識已經滅了，他知道這個意識心只要在，那就是三界中的境界，沒有解脫生死；於是繼續觀修，把那個「空」的境界捨了。因為既然在空無邊處裡面住，一定有個能住的意識心，那這個意識心趕快離開空無邊處，不要住在那個境界；於是他轉到意識自身的境界中安住，捨離空無邊處，生起意識無邊行相的勝解而證入，那就變成識無邊處，因為「意識」行相的境界無邊無際，所以空無邊處之後變成識無邊處。

結果他發覺這還是有「我」，因此他又想：「我應該把『識無邊』的這個境界也捨掉，畢竟這還是境界，不是涅槃。」所以捨掉以後，自己什麼都不緣；空無邊處不緣了，識無邊處的境界也不緣了，只住於意識自己的境界而沒有任何所緣；這個時候什麼都放捨了，感覺什麼都沒了，成爲無所有處。

可是有一天他會發覺：「欸！什麼都沒了！可是我爲什麼知道『什麼都沒有』呢？原來這『無所有處』還是有『我』存在啊。」所以又把這個無所有處捨了。這時候他不去了知定境中的境界了，不了知境界的時候就忘了自己的存在，不再緣於定境和自己了，看來似乎沒有自己在了知定境了，其實還是有了知，只是不了知定境與自我罷了，這樣就成爲非想非非想處定。他忘了意識自己還存在時，後來還是會出定，等他出定了，才發覺自己還在人間。可是在定中的時候，他覺得什麼都不知道；認爲說那是什麼都沒有，眞的是涅槃，其實那叫作非想非非想處定。

可是他爲什麼不能取證聖人所證的滅盡定？因爲他沒有斷我見！這就是四空天的境界。那世間的聰明人知道這個境界，就會說：「喔！這個人叫作天。」什麼天呢？無色天。不知道的人就說：「什麼天？還不跟我一樣要喝粥、吃饅頭！」然後到了晚上，看他家電燈都關了，「什麼天？不跟我一樣要睡覺！」所以他只看表相，不看實質，因爲他不懂。

那麼剛剛我們說了，證得二乘解脫果，是怎麼樣判定自己眞的出三界了呢？是因爲知道自己證得的「滅盡定」，或是自己所斷的煩惱如實斷除了，可以保證自己不受後有，那就是出三界的境界，這是連色界四天的境界，連無色四天的境界都超越了。同樣的道理，在大乘法中，你所謂的見道——明心開悟，是否出三界的境界呢？你也要依憑著對三界境界的瞭解，才能夠知道你這個見道正確與否。如果你所謂的開悟，所證的那個開悟境界，都還是在三界的境界裡面，就表示悟錯了。所以你之所悟，必定得是所悟標的在三界境界外，不屬於三界境界內的心，才能夠說你悟對了。

那麼這個就告訴大家：你想要懂得「**大法**」，得要先瞭解三界境界，所以不單要瞭解欲界天、色界天，連無色天也得瞭解。那麼如何能到達無色天？應當作什麼？你也得瞭解。換言之，想要生到欲界天時你要作什麼？想要生到色界天你要作什麼？想要到無色天你要作什麼？這些都理解了，然後來談你二乘菩提的實證以及大乘菩提的實證，是否超越這三界的境界？換句話說，「**天處所作**」你得要知道，所以 如來提出這個道理。要不然，也許有人會懷疑說，奇怪！你講「大法」，為什麼要談「無色天」？為什麼要談「天處所作」？當然要談哪！如果不知道「天處所作」，如何能到無色天？不到無色天，又如何能知道出三界的境界？

可是話說回來，假使是慧解脫，你只要知道欲界天所作、色界天所作就夠了；然後依於斷我見的智慧來達成「梵行已立」的所作，就是證得初禪而了知初禪天之所作；那麼你就可以斷五下分結、五上分結，成慧解脫而出三界了。但是你先得要對色界天與無色天的境界有所了知，這樣再來從你所實證的內涵，譬如說，慧解脫所實證的內涵、俱解脫實證的內涵，或者大乘菩薩證悟的實證內涵，來看看是否超越這三界諸天？如果超越了，那就表示你的實證正確。所以佛陀為了預防後世有人對「大法」產生誤會，因此特地提出這一點：「云何無色天？天處所作，汝知不？」這就是說：三界的層次，那一些內涵固然是次法，但是次法卻必須要瞭解；如果不懂次法，而直接說他成佛了，那都叫作假佛，在「六即佛」裡面叫作「名字即佛」，因為還沒有正確的觀行，到不了觀行即佛位。

所以在海峽兩岸，以前有些人自稱成佛，後來都收起來了；那臺灣現在還有妙字輩的附佛外道在自稱成佛的，你們看那些是不是佛？他們連三界境界都不懂，就算懂了，也只是知道次法，還談不上「法」；如果連「法」都談不上，「大法」就甭提了！所以學佛得要有學佛的內涵，而不是附庸風雅，跟著人家說：「我在學佛。」很有文雅的氣質？不是的！學佛沒有什麼文雅的氣質，因爲佛的境界沒有境界，哪來的文雅？這就告訴我們：你想要證道之前，那一些次法的內涵要先瞭解。

如果遇到一個善知識幫你證悟了，你正好用次法來檢驗，到底他幫我證悟的內涵，是否還在三界的境界中？假使他幫我所悟的法，仍是三界中的法，就是悟錯了，他就是假名善知識。這個道理懂了，普天之下一切道場任爾行，無人能敵！有個武俠小說人物叫作「任我行」，有沒有？那個名字還取得眞好。只要你眞的證道，天下任爾行啦！因爲你可以舉出來：「這位某某大師！你悟的這個境界是欲界境界。」譬如說，你也許遇到了什麼貢噶法王了，什麼黑帽子、紅帽子、黃帽子都不管他，都不管他們叫什麼法王，你就告訴他們：「你這個是欲界境界。你連欲界天的境界都還沒有超越，就別說甚麼成佛、解脫道，連邊都沾不上！」

後來終於遇見一位眞正在修行的大法師了，一問就說：「喔！你是證離念靈知！你這個最多就只是超越欲界天，因爲你是淺的未到地定，但你連梵行都還沒有建立，到不了色界天，就別提『出三界』的涅槃了！這還是『意識』境界。」就跟他點了。就算有人到了無色天境界，你也告訴他：「你這是無色天境界，離見道還有一大段距離。」也許他反問你：「那你有證得我這個無色天的境界嗎？」你無妨告訴他：「我沒有，但是我不在三界內，卻在三界裡跟你講話。」他聽了，不就矇了嗎？對啊！如來藏本來就在三界外啊！但是藉著如來藏，你在人間跟他講話。他要是不信，就跟他講：「我在三界中，但不離無餘涅槃。三十年後遇到行家，你說給他聽。」就走了，他怎麼想也想不通的。也就是說，這些次法要先懂，如果不懂三界境界，隨便人家一籠罩，就著了人家的道。因此，次法說起來好像層次不高，但次法其實是學佛的基礎，就好像蓋房子先要打好地基；地基沒打好，就蓋了房子；進門時不小心，肩膀一碰，整個房子倒了，那還能住嗎？所以次法要先瞭解。

可是這一些講完了，如來又提示說：「迦葉！云何有色天，名無色數不？」現在來談有色天了。「有色天」是從四王天開始，一直到四禪天，都叫作有色天。現在　如來問摩訶迦葉：「你説説看，有色天可以説屬於無色天的範圍裡面嗎？」或者説：「有色天可以叫作無色天嗎？」到底可不可以？嗄？不可以喔？到底可不可以？有色天可不可以叫作無色天？可以？那有的人都不表示意見呢？模稜兩可！這道理我剛剛已經講過了。譬如有個人住在人間，他幾世以來都有色界天的境界，但他不去色界天，特地要來人間跟人們廝混（臺灣話叫作「攀揉」），就是故意來人間跟大家混在一起，你兄我弟沒關係、你爸我兒也沒關係，混在一起成爲眷屬，這樣才好利樂大眾。

如果他生到色界天去，每天化了天身，化現在人間，人們也看不見他；除非有人的天眼是依色界定而修得的天眼，否則也看不見他；如果有人是依欲界定而修得的天眼，也看不見他，那他能利樂誰？所以他得要來人間取得人身，取得人身時就跟人類一樣，冷了要添衣、熱了會流汗，得要搧扇子、吹吹冷氣；餓了要吃飯，渴了要喝水，因爲人身本來就是這樣。但他雖然是個人，其實他的本質是色界天，因爲他每一世都可以住在色界天中，不必來人間。同樣的道理，如果他在色界天，或者他在欲界天，這都是有色天；但他證得的是「無色天」的境界，因爲他證得四空定了，那麼請問這個「有色天」可不可以叫作「無色天」？當然可以呀！那無色天為什麼加個「數」：「無色數」？因為無色天有四種，有數可數，所以叫作空無邊處天、識無邊處天、無所有處天、非想非非想處天，可以用四個數目來數它，所以叫作「無色數」。

但這個道理摩訶迦葉眞的不懂嗎？他不可能不懂的！因為他是個俱解脫者。但他就站在眾生的立場來回答 佛陀，說：「非我等境界。」從某一個層面來講，也可以說眞的非他的境界。譬如說，諸佛如來有觀禪、練禪、熏禪、修禪，觀、練、熏、修四種禪就是師子奮迅等四種三昧，那摩訶迦葉有些還辦不到。比如師子奮迅三昧可以從人間進入初禪、二禪、三禪、四禪，然後空無邊、識無邊、無所有、非想非非想處，好像獅子一直往前進，都不用停頓；然後從那裡再退回來無所有處、識無邊、空無邊、四禪、三禪、二禪、初禪；然後又從初禪來到二禪、三禪、四禪，這是師子奮迅三昧，這個境界摩訶迦葉沒問題。可是 如來不是只有這個觀禪，還有練禪、熏禪、修禪。譬如這四種裡面的超越三昧呢？他就沒有；而諸佛如來可以入初禪，從四禪出，再從四禪直接出定到人間；也可以在人間直接入四禪，從初禪出定；也可以從初禪直接進到非想非非想處，從非想非非想處出定；也可以從非想非非想處直接進入二禪，這叫作超越三昧。所以得要觀、練、熏、修等四種禪全部作到了，才算懂得說「有色天」是否眞的可以叫作「無色天」，這四種禪都完成了，才能夠說完全都懂。如果以這個境界來講，那摩訶迦葉當然說：「**非我等境界。**」

所以你們看，佛法那麼容易嗎？全都是凡夫才會自稱成佛啦！不管那些妙字輩的什麼人，今晚來聽了，回家再也不敢宣稱成佛了；所以無知的人才會自稱成佛了，聰明人很容易判斷：彌勒尊佛還沒有來示現成佛以前，誰自稱成佛，那都是凡夫；因爲懂得如來境界的人，他必然精通三乘菩提；通三乘菩提，他就知道什麼叫作成佛境界，他就不敢隨便亂說話了。但是摩訶迦葉因爲已經得俱解脫，而且在佛菩提中也證悟了，當然沒有一點點的我慢，或者落入我所裡面，因此他說：「非我等境界。」所以 佛陀就告訴摩訶迦葉說：「**就像是你說的這樣子，諸佛世尊與到達解脫的人都是有色，你應當觀察。**」

意思是說，解脫並不是滅盡一切法才叫作解脫。二乘聖者所證的無餘涅槃，那是 如來方便施設，而諸佛的究竟解脫全都有色。就像我們上週舉《央掘魔羅經》的說法，央掘魔羅大士說：「村莊空，是因爲村莊的人都離開了，叫作村莊空，而不是村莊毀壞了叫作村莊空；河空，是因爲水已經流乾了叫作河空，而不是那一條河的形狀物質都不見了；所以解脫是因爲煩惱斷盡了得解脫，不是人消失了才叫作解脫。」因此得解脫的阿羅漢，他的人還在人間，還是有色；差別只是，他死了入無餘涅槃就變無色。但諸佛如來的解脫都有色，所以如來成佛之後究竟解脫了，永遠不入無餘涅槃，常住於無住處涅槃而又函蓋了二乘的二種涅槃，以及菩薩的本來自性清淨涅槃，就這樣利樂眾生永無窮盡，所以永遠「有色」。

那現在請問諸位：諸佛如來示現入無餘涅槃以後，是一個示現；那祂示現完以後，會不會到無色界天去？不會喔？諸位都說不會，爲什麼呢？因爲祂被十無盡願所持，大慈大悲，永遠不取無餘涅槃。如果有佛示現入無餘涅槃後去無色天，那祂幹嘛？去當個愚癡者？不可能啊！連菩薩都不可能這樣作了，所以諸佛世尊會繼續在色究竟天，以及十方世界有眾生佛緣成熟了，但是沒有佛、菩薩住持正法，祂就去示現成佛；永遠都會繼續取得色身，永遠有色。所以在《央掘魔羅經》裡面，那一些阿羅漢們都被央掘魔羅大士斥責；央掘魔羅大士罵那些大阿羅漢們，罵得很難聽。罵他們是什麼？是蚊蚋！這就是罵他們是蚊蟲，什麼都不懂！罵得很厲害，可是罵得有道理。

也就是說，解脫是斷除煩惱，而不是像二乘人一樣，都要把自己滅掉。那不是眞解脫！滅掉以後，他的人不在了，是誰得解脫？固然，未來都不受生死苦，那是眞的，但是有誰領受解脫？所以央掘魔羅大士罵他們：「嗚呼！蚊蚋！」「嗚呼」就是哭的意思，說哭得很可憐說：「你們啊！眞的是蚊蚋啊！」「蚋」就是蚊子的蟲，還沒有長成蚊子。蚊子跟幼蟲都叫作蚊蚋，都函蓋在內。那些不迴心的大阿羅漢被罵成這樣，也眞可憐哪！可是沒轍，遇到了大士時，被罵也正常。

那　世尊在這裡講這一句話的意思，是要扭轉大家的想法：解脫不是像二乘聖人入滅後的非色，所以諸佛世尊到解脫者皆有色，是分段生死的煩惱斷盡、棄捨了，再把三界愛的習氣煩惱種子滅盡，再把無記性的異熟生死的變易生死也度過了，這是諸佛世尊的究竟解脫。到達這個究竟解脫的時候，就沒有必要再入無餘涅槃了，因爲隨時隨地都可以取無餘涅槃，於兩種生死都得自在。就好像有一個人發善心，到監獄裡面去當教化師，教化監獄裡的那一些犯罪者；那他把教化的工作作完了，他隨時就離開了。但他明天又要進去當教化師的時候，會不會覺得恐怖？不會呀！因爲他自由進出，那就不必急著說：「**我要遠離監獄，我再也不要看到監獄了。**」都不須要了！因爲他於監獄已得解脫。

那麼三界眾生就是住在三界牢獄中的有情，想辦法要逃離三界牢獄，因此很害怕生死；可是如果隨時有能力再度進入生死中又能隨時再離開生死，來去無礙，那就不須要對生死那麼恐怖，就可以在三界生死當中繼續來來去去了；於是諸佛世尊就像這樣，一直不斷地在有色的境界裡面來示現受生，這樣才能不斷地利樂有情。所以「**諸佛世尊到解脫者皆有色**」。這跟一般人眞正修學二乘菩提的見解，大異其趣。

那不懂的人就會說：「**啊！這第三轉法輪講的法，怎麼跟初轉法輪都矛盾呢？好像互相牴觸。**」其實沒有！只是他們不懂，所以認爲牴觸了。那麼如來吩咐說：「**汝當觀察。**」告訴他說：「**你應當這樣觀察。**」也就是要他擺脫二乘解脫的觀念。二乘解脫是把三界煩惱滅了以後，捨壽就入無餘涅槃，成爲無色；因爲「**不受後有**」，連無色天的境界都不存在。可是大乘法中不是這樣的，你如果證得「**大法**」，這個大法是出三界之法，但無妨繼續存在三界中，無所妨礙，這才叫作「**大法**」。爲大眾解說這樣的「**大法**」，才能叫作轉法輪。

所以現在我要剝奪人家一個名稱，叫作法輪功。他們其實沒有法輪，他們那些假法輪一遇到我，隨便發一下小小的功，就把他們的法輪打碎了。所以他們沒有法輪，那個功叫世間功，只是氣功，不是法輪功。欸！哪天同學會遇到我那位同學，我還會跟他提點一下說：「**你這個法輪功，沒資格自稱法輪功！**」這就是說，眞正的出三界法一定是遍一切處、遍一切時、遍一切識，同時也遍一切界；既然能遍十八界，當然也可以引申出來說遍三界，這才是眞正的「**大法**」；而這個眞正的大法本身不在三界中，卻無妨正在三界中運行。證得這樣的法，才能稱之爲「**大法**」，解說這個「**大法**」的經典就叫作《大法鼓經》。

那麼 如來說：「**諸佛世尊到解脫者皆有色。**」這時候迦葉又爲眾生想到一個問題了，他就稟白 佛陀說：「**世尊！若如是，得解脫者復應受苦樂。**」因爲有色，有色那就會有生、老、病、死苦。如果生到欲界天，欲界天不會生病，但也會老死；五衰相現名之爲老，然後過了就是壽盡命終，名之爲死；那麼生到色界天也會死啊！終有壽盡的一天；如果這樣的話，還是會有苦樂。他這麼一說，乍聽之下還眞有道理。那麼　如來就開示：「如有病眾生，服藥離病已，還復病耶？」人生病了，把藥吃過，病好了，病就消失了。然而病消失了，人無妨還在，人沒有消失；這時候，就是解脫於病苦。病，就譬喻生死，有情無妨繼續存在；解脫於生死病以後，就沒有生死病了，那人無妨繼續存在而得解脫。

這就像《央掘魔羅經》講的那個道理一樣。解脫是滅煩惱，不是把自己滅了。不被煩惱所繫縛，而隨時可以出離三界，這樣叫作解脫。那麼解脫之後，無妨發了大願，繼續來三界中利樂有情；所以解脫不是滅盡一切法，而是滅除了煩惱以後叫作解脫。所以說，把病滅了以後，人就解脫於病，所以治病時不需要把人殺死。如果把人殺死，病當然是好了沒錯，因爲人都不存在了，當然病就不存在了，可是那就不能叫作治病，要叫作殺人啊！所以，假使有個醫生把病人治死了，病人家屬會說他殺人，不會說他治好了病。同理，解脫是把生死病滅除了，人無妨繼續存在，這樣才叫作大乘法；所以大乘法的解脫跟二乘法講的解脫不一樣。而且二乘法那個解脫，沒有證得解脫者；雖然永遠不再受生死，沒有生死過程中的各種苦，但是人也消失了，所以那不是真解脫。

因此，如來講了這個道理，迦葉當然聽了就懂。但是阿羅漢還是會生病的，沒有哪個阿羅漢是不生病的，因爲他來人間取得人身，人身該病的時候就是會病；雖然他得俱解脫，無論哪一世他都可以往生到色究竟天去，因爲他若是後來轉當菩薩有無生法忍了，當然可以到色究竟天去，根本不會被病苦所惱；可是他爲了利樂有情來人間取得人身，那就跟人類一樣，當然會有病苦。即使哪天弟子得了流行感冒，去跟他請法，傳染給他了，他也不能怪弟子。因爲他要來人間之前，就已經認知到這個事實了；頂多像現代人，說：「你感冒了，要請法，先戴口罩再來！」可以這樣要求，但不能拒絕弟子請法，因爲他本來來人間的目的，就是讓眾生請法。所以阿羅漢位以上的菩薩還是會有病。

那摩訶迦葉順著這個語脈就問：「若有業者，則必有病。」因爲他也很清楚，自己是個阿羅漢、是菩薩，可是往世如果有人類的「業」在，就會感應到人間的病。既然來取得人身，就是因爲有人類的業在；可是如果沒有業呢，就不會有病。就好像地震來的時候，你如果心中有業，就趕快跑；如果心裡面想：「我又沒有業，管他的！照樣睡我的。」就是這樣。所以當年「九二一」大地震的時候，松山不是倒了一棟十二層的大樓？喔？東星大樓。那次不是臺北市搖得很厲害嗎？我說：「不管啦！我照睡，反正我又沒有那個業。」我翻個身繼續睡覺，不管它！同樣的道理，如果往昔跟某一些有情不曾有「業」，那跟那些有情有關的病你就不會生。如果在人間繼續有這個病、有那個病，就表示跟某一些有情還有那個「緣」在，那你就會生病。

可是有的病不是「業」引生，而是你自己糟蹋自己引生的。像我就是自己糟蹋自己，所以腰痠、腰痛，因爲我一天到晚在電腦前坐，一坐就是三個小時最少；等到覺得膀胱急的時候都要用跑的去洗手，因爲不然，恐怕會來不及了；都是這樣子，就這樣作怪，所以我的腰痠、腰痛，是自己引生的病。不過諸位別擔心！我已經畢業了，我從腰痠班、腰痛班畢業了。怎麼畢業的？一定很多人想要知道，這個知識順便就傳了吧！之所以腰痛、腰痠是因爲你的椎間盤移位了，由於是提重物而移位了。椎間盤移位原因是因爲你的肌肉力氣不夠，所以你稍微提個重物，它就移位了。移位之後，只要作個動作，每天作，作上一週，它就歸位了。可是歸位以後，腰痠還是照痠，腰痛還是照痛，接著就是要鍛鍊你的背肌、腹肌以及腰的側肌，全部都要鍛鍊；特別是你這個腰痠、腰痛會延伸到你的腳掌去，你特別要訓練側肌，這是要領。所以有很多方法拉開脊椎骨，以及作各種不同類的運動，這些都可以治癒腰痠、腰痛。有需要的話，我再來開這個班（大眾笑⋯⋯）。反正我從腰痛班畢業了！我自己摸索出來，加上我們一位師兄幫我推拿。治療腰痛的初期一定要推拿，但推拿的方法要正確，然後自己要輔助作很多的運動。所以我現在每天要運動一小時，很乖，乖得不得了！但是不同的腰痠，要有不同的方式來處理；那這個就不是「業」，這是自己把身體弄壞，跟業無關。

如果要廣義地來說，那就跟「業」有關了，但並不是跟我的業有關，而是跟眾生的業有關；爲了眾生，努力一直作、一直作，就把身體弄壞了。這就是說，譬如你遇見了某一種疾病，是外來的，那不是你自己太辛苦把身體弄壞的，那就屬於業。譬如說流行性感冒，那流行感冒病毒哪裡來的？都是在冬天流行。但病毒是怎麼來的？是候鳥帶來給你。但是人間又需要那些鳥來，結果卻又怪流行感冒到處流傳，那是沒道理的！你既然要那些鳥，你就要接受這個流行感冒，這就是眾生的業。那你如果剛剛洗好澡，然後冷氣開二十一度直接吹，感冒了，那個不是業！（大眾笑…）那是自己作怪得來的。所以不要什麼都推給業：「唉唷！我的業好重喔！」那叫作「自作孽」，不是業。但若是外來的，無緣無故被感染了或者怎麼樣，那就是業。所以沒有那個業，那就不會有病。因此 如來反問說：「無業者，彼有病耶？」摩訶迦葉只好回答說：「不會的。世尊！」

於是 佛就作一個總結：「如是，離苦樂是解脫，當知苦樂是病。如丈夫，是得涅槃者。」也就是說：「只要離開了苦、離開了樂，那才是解脫啦。所以愚癡的有情追求的是離苦得樂。」那有人想：「佛法不也說離苦得樂嗎？」對啊！修證佛法爲的是離苦得樂，但是佛法中說的「樂」，是以涅槃爲樂，而涅槃是離苦樂的。就像《大般涅槃經》裡面說：「有姊妹兩個人，一個人叫作功德天，另一個人叫作黑暗女。」佛法中說：「有智之人，二俱不受。」而愚癡的人看見功德天來了，趕快迎進門來住，因爲功德天告訴他：「只要我住進來，你要什麼有什麼，所以你要財得財、要名得名、要權勢得權勢。」

可是功德天住進來一小段時間，黑暗女接著就來了。才過幾天，黑暗女來了，她也要求住進來。這主人問說：「那妳住進來，我有什麼好處？」她說：「我住進來，你沒有好處！我住進來，你所得到的都會失去，健康的人也會生病……等。」這個主人說：「那我不要讓妳進來！」那黑暗女說：「不行！你只要讓我姊姊功德天住進去，我就一定要住進來。」

這表示什麼？世間人追求快樂，以什麼為樂？（有人答話，聽不清楚）眞的嗎？你叫他受苦，他會說快樂嗎？不會啊！所以他想盡辦法追求快樂。「我要賺進大筆大筆錢財」，大筆錢財賺進來時很快樂。「啊！我還要娶個好老婆。」好老婆娶進來了，他想：「我再娶一個美貌的偏房。」又娶進來了，很快樂了。「我還要再生個萬金兒子。」萬金兒子也有了，「我還要再生個千金女兒。」這不就是功德天住進來了嗎？很快樂！但是曾幾何時？要捨壽了，萬貫家財都得捨了，就失去了！那時妻離子散哪！因為他全部都要放棄，要轉到下一世去了，總不能要求人家陪葬吧？陪葬了以後，來世也一樣不跟他。所以只要功德天住進來，黑暗女就在了；所以求快樂，求得之後，快樂有一天一定會失去，所以樂的另外一面就是苦。

今天假使給你中了樂透，沒兩、三年花光了，想起來多懊惱！「早知道，我不要那樣花錢。」但是來不及了！所以許多洋人中了樂透以後，過個三、五年，他變得比中樂透之前還要窮，後悔說：「當年我要是沒得樂透就好了。」這就是愚癡人！這樂存在的當下，苦就跟在裡面了；苦與樂是一體的兩面，只有離開苦與離開樂才是眞解脫。所以眞正親證的法是無苦亦無樂，但是世間人都不懂；莫說世間人，在佛法中還有非常多是被人家尊稱爲大法師的，他們所謂的證道，也都是不離世間樂，當然背後就是有苦。

譬如說密宗的宗喀巴好了。宗喀巴講的至樂，他叫作俱生樂，結果是五陰的境界，而且是具足五陰。但是他們要修那個第四喜的境界，前面的過程也很辛苦，你看他們要先修寶瓶氣，要修中脈觀想、明點觀想；然後還要練腿功，要雙盤然後跳躍喔！你們有沒有看以前有時電視上介紹密宗的修行？他們表演給你看：他是雙盤，雙盤好了之後用膝蓋這樣跳躍。有沒有？你們沒有看過啊？孤陋寡聞！（大眾笑…）欸！有的甚至練得非常好！他坐在地面床下，一跳、兩跳就跳到床上去了；他練到這個地步，那功夫還眞棒！但是練那個功夫幹嘛？表示他有很強的力量可以練坐姿的雙身法。所以不知道的人看熱鬧，懂的人說：「啊！那是爲雙身法作準備。」那麼你想，他修拙火、明點、氣脈等，以及練那個雙盤的跳躍功，那過程也很辛苦呢！絕對不輕鬆！結果終於練好了，然後密灌頂之後，可以修雙身法了，得到的所謂第四喜是人間的樂，但是他死了就會失去。但佛法中所證的第八識眞如，死後仍然不會消失，就轉到下一世去，又繼續當菩薩。

學密的男性，當他到了三十五、六歲時，性能力下降了，無法達到第四喜時就說：「唉呀！我成佛的境界退失了！」笑死人！成佛以後會失去成佛的境界啊？所以世間人，什麼樣的狀態都有。他們那些就是苦中作樂，何曾有眞實常住的樂？眞實的樂是寂滅爲樂，寂滅爲樂卻是離苦、離樂的。完全沒有苦樂時，那叫作涅槃，那才是解脫啦！所以他們密宗雙身法的第四喜而認爲那叫作成佛、叫作解脫，其實是落在世間的苦與樂之中被繫縛了。如來說：「當知苦樂是病。」所以宗喀巴是病人！（大眾笑…）廣論團體中的所有老師與學人也都是病人。今天講到這裡。

《大法鼓經》上週講到十六頁第五行：「當知苦樂是病。」接下來說：「如丈夫，是得涅槃者。」離苦樂才是眞解脫，有苦樂的境界就是病；既然苦樂就是病，不管它是「苦」或者「樂」，就全部都要治；因爲苦樂既然是病，就要把苦樂除掉。那我們上週最後也說：「苦與樂其實是一體兩面。」既然苦、樂是一體兩面，有樂時表示其中就有苦，樂是附帶著苦的，因爲落入意識中了；就好像功德天會附帶著黑暗女，道理是一樣的，那麼唯有離苦離樂才是眞解脫。換句話說，苦與樂都是病，沒有苦樂的人就是無病的人；無病的人就好像一個「丈夫」，身強體壯，身心無病。那麼這樣的一位丈夫，譬喻他沒有病，那就是一個完全離苦、離樂的眞實法性；所以這樣的「丈夫」，他就是得到涅槃的人。

涅槃到底是什麼？涅就是不生，槃就是不滅；涅就是不來，槃就是不去；「涅槃」的意思就是沒有生死兩邊，沒有生死、沒有生滅就是涅槃。那麼如果有人斷了五上分結，說他得有餘涅槃、無餘涅槃，而他接受了這個涅槃，也就是他實證了阿羅漢果，心中無有恐怖；如是轉依而能夠遠離一切的生死恐怖，那就是一個「大丈夫」；那麼他當然知道無餘涅槃之中無苦也無樂，這就是眞正的大丈夫了。

可是當他成爲這樣解脫的大丈夫，捨壽的時候到來，捨了蘊處界，入了無餘涅槃中，其實是無所入。他所入的那個無餘涅槃中的境界，其實就是現前第八識如來藏獨住的解脫境界。所以無餘涅槃之中就是如來藏，如來藏就是「大丈夫」。「涅槃」是依如來藏不生一切法而施設，所以涅槃不是眞實有，涅槃是依如來藏而施設。但是無餘涅槃之中就是第八識如來藏，而涅槃是無病者，是「大丈夫」。涅槃之中就是如來藏，所以大丈夫就是如來藏，因此說：「如丈夫，是得涅槃者。」那麼 如來這樣解釋之後，摩訶迦葉又怎麼請問的呢？

經文：【迦葉白佛言：「若離苦樂是解脫者，無業、病盡耶？」佛告迦葉：「世間樂者，彼則是苦。於彼出離，如是業盡，得解脫。」迦葉白佛言：「不復終盡耶？」佛告迦葉：「譬虛空如海，虛空如海耶？虛空無譬。解脫無譬，亦復如是。無色天有色而不可知，亦不可知似此似彼；如是住，如是遊戲，非是聲聞、緣覺境界，解脫亦如是。」】

語譯：【摩訶迦葉稟白佛陀說：「如果離開苦與樂就是解脫的話，那個境界是否沒有業？是否病已經滅除了呢？」佛陀告訴摩訶迦葉：「世間所說的各種快樂，那些其實都是苦。對世間的樂與苦能得出離的話，像這樣子就說業已經滅盡了，得到了解脫。」摩訶迦葉稟白佛陀說：「不是要繼續把一切法滅除淨盡嗎？」佛陀告訴摩訶迦葉：「譬如虛空猶如大海，虛空眞的如同大海一樣嗎？虛空其實沒有什麼可以譬喻。解脫沒有什麼世間法可以譬喻，道理也是像這樣的。無色天而有色法這是不可知的，也不可能讓人知道像這個、或像那個；就像是這樣安住，就像是這樣子遊戲人間與法海中，這不是聲聞和緣覺聖人所知道的境界，大乘眞正的解脫也是像這樣子。」】

講義：離苦樂就是沒有病了，那就是得涅槃，得涅槃就是得解脫。現在摩訶迦葉提出了問題說：「如果離開苦、離開樂就是解脫的話，那麼這樣的解脫，是否一切的業已經滅盡了？是否一切的病已經滅盡了？」他提出這個問題來，因爲對於聲聞人而言，「得解脫」就是離一切苦樂。住於無餘涅槃的境界中，是沒有絲毫的苦與樂可說的，這是二乘聖人的所知。那麼他現在提出這個問題來，這是有原因的，因爲 如來在《大法鼓經》講到這個地步的時候，都沒有說到解脫就是滅盡一切法；如來都沒有這麼講，都只是說離苦、離樂，沒有說要滅盡一切法。所以現在就有這個問題了，佛法眞正的離苦離樂，不是永遠保住那個樂，然後故意忽視那個樂；也不是永遠都離開苦，而是說：「在苦的當下，其實已經沒有苦樂。」但這個境界難可思議，所以摩訶迦葉在這上面，就爲大家提出請問。

他的意思是說：「應該是業已經受償完畢。病—也就是對一切苦樂之法—都遠離了，那才叫作病盡了。」這時到底談的是什麼內容的苦與樂呢？這就必須要界定清楚。猶如佛法的修學都說要離苦得樂，那麼既然離苦而得到了樂，那不也是「病」嗎？因爲苦與樂兩個都是病呀！那麼如何才是病盡？如何才是離苦樂？這就要探究了。所以佛法中說離苦得樂，那個樂到底是怎麼定義的？

佛法實證後所得的那個「樂」，是不是像世間法中說的，今天中了樂透第一大獎，好快樂！那不就是苦與樂的一邊了嗎？那又是「病」了！如果智慧不夠，乾脆就說：「那就不要離苦離樂了，佛法也不用學了，因爲佛法是要離苦得樂，然而得樂就是病啊！」也許又有人這麼想：「可是佛法雖然說離苦得樂，但是佛法也說『涅槃寂靜，以寂滅爲樂』啊！既然是寂滅，當然是一法也無；連一法都無的時候，哪來的苦樂？」所以一法也無，那個境界是無苦樂的；那無苦樂才是常，才是永恆，才是不生不死，那才是眞寂滅。換句話說，六根、六塵、六識都不在了，所以絕對寂滅，這就是「涅槃」，因此三法印或四法印都說涅槃寂靜。而佛法告訴大家的樂，就是以寂滅爲樂，說這個寂滅的無境界的境界中其實沒有樂，但施設爲佛法實證上的究竟快樂；因爲無苦樂，就離一切煩惱，所以無病，因此解脫是滅除煩惱。解脫不是滅盡一切法而說解脫，而是滅盡了煩惱而說解脫。

因此，佛陀告訴摩訶迦葉：「世間人所說的快樂，那不是出世間樂，而是屬於具有苦性的世間樂。」世間之樂是無常，終究會過去，樂不可保，所以失去的時候就會生苦。不但失去樂之後生苦，還沒有失去之時就已經有苦了，因爲心裡擔心著：這個樂什麼時候會失去啊？所以尚未失去就已經有苦。尚未失去之前正在受樂，心裡面就已經在想：「這個樂什麼時候會不見了？」因爲樂是無常，必定有行苦與壞苦，所以「世間樂者，彼則是苦」。如果能夠於世間樂以及伴隨著的苦得以出離，這樣就稱爲「業」已經盡了，就稱爲得到解脫了。

出離世間的樂到底可不可能？生存在人間，可不可能出離世間的樂？你們認為可不可能？（有人答話，聽不清楚）嗄？可能喔？這麼肯定喔？答對了！可以出離，但不是你出離，而是如來藏本來就出離；而你轉依了你的自心如來第八識無苦無樂的境界，就說你已經離苦樂、得涅槃、得解脫；卻無妨你這個五蘊的身心繼續有苦樂。換句話說，在你五蘊身心不離苦樂的當下，就已經離苦樂了，這樣叫作「業盡，得解脫」。所以解脫不是你得解脫，是祂第八識本來解脫；但是你證得祂以後，轉依了祂，你就說：「我得解脫！因為轉依祂以後，臨命終的時節到來，心無恐怖，遠離顛倒夢想，究竟涅槃。」《心經》都唱誦過了，就是這個境界。

所以，大乘的解脫不是像二乘聖人一樣滅盡一切法而稱為解脫，是當下就解脫的。那麼淺學無智之人今晚初來乍到，都沒讀過我的書，也沒聽過我說法，第一次踏進正覺講堂來，剛好就聽到我這麼講；心裡面想不通，一定懷疑說：「這蕭平實慣會籠罩人，瘋言亂語。你們大家也信？」可是大家就信哪！因為不獨我一人如是實證，我們已經有很多人如是實證，都可以現觀的。所以我說到哪裡，他們就現前觀察到哪裡，證明如是所說為誠實語。

所以佛法厲害啊！不是聲聞、緣覺之所能知。他們知道的是解脫道，不是眞佛法。眞佛法是第一義諦實相妙理，函蓋了二乘的解脫道，才是眞佛法。那麼這個道理不容易懂，初來乍到者，聽我這麼一說，心裡面想：「怎麼可能得解脫？離苦樂的時候，又繼續有苦樂，那不就是不離苦樂了嗎？」可是佛法正好是：不離苦樂之中，已經離苦樂；有苦樂的五蘊身心，無妨痛得哀哀大叫的時候，嘴裡卻說：「無苦無樂。」

所以，得解脫的禪師一天到晚都說：「快活啊！快活啊！」弟子們上來，供養了一盞茶，喝了就說：「快活啊！快活啊！」請他老人家上堂，這過堂過完了，他又說：「快活啊！快活啊！」不論什麼都快活，一生都喊快活。可偏偏到了臨命終的時候卻大喊說：「苦啊！苦啊！」弟子眾們好生不解，提出來問：「師父！您不是一生都喊快活嗎？怎麼到這個時節喊苦了？」師父就問：「你知道什麼叫快活？」徒弟們不懂。最後師父說：「好生體會著，我要走了。」又喊著：「快活啊！」然後就走了。那到底是快活、還是苦？看表相，他有苦、有樂；可是當他喊快活，或是當他喊苦時，並不是眞快活，也不是眞苦，他在告訴你的是「離苦樂的涅槃」；只是弟子們不懂，落於句下，各個死於句下。

所以祖師都學 釋迦老爸的教外別傳，因此慣使機鋒，都不明講。所以徒眾們每天上來忙不完的事，他也是跟著應對進退，吩咐完了沒事。等到老人家要走了，弟子眾問他說：「師父！您也把家底傳給我吧。」要求法呀！因為寺眾還沒有一個人悟入，但師父就要走了，怎麼辦？可師父不吝嗇，就說：「好！你過來，我告訴你。」那個弟子走了過來，還是不會；這師父就把枕頭抽出來，丟到地上，然後就走了。這就是「離苦樂」的境界啊！可是呢，盲者依然盲，啞者依然啞，無可奈何。

這就是說，二乘聖者所以為的解脫、涅槃，那是滅盡一切法，是離三界才稱之為「得解脫」。但是菩薩們不離三界，不滅任何一法，就已經證涅槃、得解脫，這才是佛法呀！可是二乘人何曾能知呢？因此摩訶迦葉乾脆又為大眾問了：「不復終盡耶？」意思是說：「不再說是像二乘聖人那樣把一切法滅盡終了嗎？」因為在《阿含經》裡面，屬於初轉法輪的經都說：「不受後有就是得解脫、證涅槃；不受後有就是滅盡一切法。」所以一切法到死的時候終了，未來再也不生，這樣稱之為證無生；所以未來不生一切法，根本不會再有蘊處界出生了。

可是諸位記得嗎？六祖惠能罵人家是將滅止生，說那個不是大乘法中的本來無生。禪宗的開悟，就是佛法唯識學中講的「眞見道」。「眞見道」證得的是本來無生，而二乘人證得的無生是將滅止生，是把有生的蘊處界等一切法滅盡，不再有後世任何一法出生，是這樣滅盡一切法而說無生。但大乘的見道不同，不滅一切法，萬法容許它不斷地生滅不住，但是其中有個「無生」的，祂是本來無生，而且一直都存在著，所以不用滅盡一切法。因此說，般若講的無生，不是在講二乘的一切法滅盡、一切法終了。

所以摩訶迦葉提出這個問題來：「**不復終盡耶？**」那麼 佛陀告訴摩訶迦葉：「**好比說，虛空猶如大海。**」這只是一個譬喻，說虛空好像大海，但虛空永遠都不等於大海呀。人站在海邊，往大海看去，無邊無際，覺得大海太廣闊了！從站在海邊的一個小小的人身來看大海時，大海與虛空幾乎是一樣大。那麼就有人講了個譬喻說：虛空猶如大海。然而聽的人卻不可以說「虛空就是大海」；乃至不可以說「虛空猶如大海」，因為虛空是虛空，大海還是大海。所以 如來說：「**其實虛空不可以用什麼東西來譬喻。**」你說虛空猶如大海，問題是：大海還有彼岸，虛空卻沒有彼岸；大海可以使大船、小船浮起來，虛空卻不能把大船、小船浮起來，有種種的不同，終究不可以說：虛空猶如大海。

所以一個譬喻拿來說時，把大海拿來譬喻虛空，但其實虛空不是眞的猶如大海，因爲虛空無盡，大海有盡；虛空無色，大海有色，還有種種的不同。所以聽到人家說虛空猶如大海的時候，不要相信虛空猶如大海，而要知道那只是一個譬喻。就好像說，有個人看不慣某人的家室，私底下就說：「某某人的老婆好像母夜叉。」但是某某人的老婆好像母夜叉，不是眞的母夜叉。又譬如說「河東獅吼」，「河東獅吼」是講誰的老婆？是蘇東坡朋友之妻的典故，說她河東獅吼。但是在吼的那個女人不是「河東獅」，意思一樣，它只是一個譬喻，但那個譬喻不是眞實的。所以「虛空如海」，其實虛空不是眞的如海，它畢竟只是個譬喻。其實虛空沒有一個事或物可以拿來譬喻，虛空就是一切法無，就是無色無心，什麼都沒有，所以你沒有辦法拿一個具體的事物來形容虛空；因爲虛空是無，大海仍然是有，所以「虛空無譬」。

「解脫無譬，亦復如是。」解脫，也沒有辦法用什麼拿來譬喻。譬如說二乘解脫，阿羅漢入無餘涅槃那是眞正的解脫；在那個無餘涅槃之中，一切法皆無，無有一法存在，那時候你要說：「它像什麼呢？」沒法子說！也許有人說：「既然一切法都不存在了，那麼那個『無餘涅槃』應該說『猶如虛空』。」好！說猶如虛空，那麼二乘涅槃眞的猶如虛空嗎？不像是！只是有那麼一點點兒像，因爲虛空是無法呀！「無」稱之爲虛空，問題是：虛空其實不是眞的「無」！虛空只是依色法的邊際來施設，叫作虛空。依於物質的邊際，在沒有物的地方叫作虛空。譬如這一個杯子，杯子以外的地方沒有東西，叫作虛空，所以虛空是依附杯子而施設。你沒有辦法說：「這個就是虛空。」當你說這個是虛空的時候，其實大家只看到你的手，你沒有拿到什麼東西來表示那是虛空。

我現在也只是作個譬喻，說杯子的外緣沒有任何色法，它叫作虛空。可是我如果把杯子隱藏了，我說：「這個就是虛空。」大家看到什麼？還是看到手這個「有」。那我要跟他解釋：就是我這個吸管，我這個手以外的地方，於沒有手、沒有吸管的地方，沒有任何物質的地方叫作「虛空」。喔！大家終於懂了：原來虛空是依物質的邊際來施設。因爲沒有一個東西可以叫作虛空，所以虛空又名**色邊色**；是依於色法這一邊所施設的一個色法。好了，那你說涅槃猶如虛空，涅槃豈不是變成「色法」——色邊色？欸！這裡又有問題了。

這個意思是說，虛空沒有譬喻可講；解脫也是一樣，沒有譬喻可講。我們必須依於實證者的立場來爲大家解說，因爲這是現觀，是現量而不是思惟所得的比量，更不是非量；但這是唯證乃知的事，所以涅槃到底該怎麼解說？這就是善知識必須要爲大眾著眼的地方了。涅槃其實不存在，沒有一個法可以叫作涅槃；涅槃只是依如來藏的自住境界而立名。

譬如說，《般若經》裡面講：「設復有法過於涅槃，我亦說如幻如夢。」現在問題來了：「學佛不是爲了要證涅槃出生死嗎？」二乘菩提裡面努力辛苦修學，正是爲了證有餘、無餘涅槃；大乘法裡面廣修六度萬行的目的，也是爲了證涅槃哪！所以那麼辛苦修學各種次法，然後熏習般若，最後要證悟，是證得本來自性清淨涅槃，這也是涅槃哪！那爲什麼又說「假使有個法超過涅槃，也是如幻如夢」？不只是說涅槃如幻如夢呢，說連「超過涅槃的那個法也如幻如夢！」那麼請問諸位：「有哪個法超過涅槃？」沒有啊？其實有！剛才我跟諸位報告了：「涅槃依如來藏立名」，那「如來藏」不就超過涅槃了？這樣看來，如來藏也如幻如夢呢，對吧？對啊！如來藏也如幻如夢。

這時心中有沒有開始驚嚇了？心想：「我就是要求證如來藏，不然我進正覺幹嘛？結果你今天告訴我：如來藏如幻如夢。」但我跟你講，當我說個如來藏，祂就有兩層意涵。第一個意涵，是藉著「如來藏」這三個字來指涉能生萬法的第八識，但是等你說個「如來藏」的時候，那只是聲音，已經不是如來藏了！所以你說：「涅槃依如來藏有，如來藏亦復如幻如夢。」對啊！如果我說如來藏時的聲音就代表是如來藏，應該就是說，我如果說了如來藏就有如來藏；那我一個晚上講過幾句如來藏了？那不是要生出一堆的如來藏了嗎？所以這如來藏三字或聲音如幻如夢哪！你一天到晚講祂，祂也不了知你說的如來藏；但你證如來藏之後，你要轉依於祂。轉依如來藏以後，祂的境界中不自覺有如來藏自己，也沒有涅槃可言，所以呢，不管誰說如來藏，都是如幻如夢。對祂而言，一切如幻如夢，都不眞實。

那麼這樣看，如來藏可譬喻嗎？沒有辦法譬喻的。就像《如來藏經》講了九個譬喻，那九個譬喻都在譬喻如來藏，可是多少人讀了《如來藏經》，依舊摸不著邊際，所以譬喻中所說的不等於如來藏。就像是指月之指，終究不等於明月；所以各種的譬喻在說明解脫，各種譬喻在說明涅槃，而說明涅槃的譬喻，以及說明解脫的譬喻，並不等於涅槃也不等於解脫，所以任何譬喻都不到涅槃，也不到解脫。所以說涅槃唯證乃知，解脫唯證乃知，這就牽涉到上座部的第一次分裂。從部派佛教分裂的第一次開始，後來逐漸分裂成爲十八個部派，繼續分裂後就更多了，稱爲部派佛教，都屬於聲聞法。

「部派佛教」第一次分裂，就是從「上座部」分裂出個「大眾部」來，本來就只一個聲聞教。那長老們說：「**我生已盡，梵行已立，所作已辦，不受後有。**」可是有些人不信，說：「**你們這些長老故弄玄虛，你們有沒有得解脫，得要如來跟你們印證才算數。**」長老們說：「**不！有沒有得解脫，我們自己清楚。**」因爲死後會不會再受生，自己很清楚，不需要 如來印證，聖教中也如是說。可是他們不信，就分裂出去了，說那些長老大妄語，這就是「部派佛教」第一次分裂。

這表示他們對解脫無知，對涅槃無知。《阿含經》裡面記載非常之多。聖弟子們往往第一天聞 佛說法，於二乘菩提中得了「法眼淨」，就是證初果，有解脫的見地了，再向 佛陀乞求出家。佛允許他出家之後，他一個晚上樹下坐、山洞裡坐，繼續深入思惟之後；第二天早上來向　佛陀報告：「我生已盡，梵行已立，所作已辦，不受後有。」後面再加上三個字：「知如眞。」所以他們是自知自作證，然後來向　佛陀報告的。因爲下一輩子會不會再出生，或者眞的有能力入涅槃了，那是他自己知道的事。就好像說，你現在在肚子餓了沒有，是自己知道的。沒有餓，肚子還撐著，騙人家說：「我餓了！」他也知道自己在騙自己呀！如果現在吃飽了，騙人家說：「我現在正餓。」也是自己騙自己。飽了他知道飽，這是現量；阿羅漢的證境也是現量，所以「知如眞」。可是這阿羅漢們來到大乘菩薩面前，菩薩跟他講：「你是可以『不受後有』，但你的所知不眞！」阿羅漢可能第一次聽聞到菩薩這麼指責，回頭問：「爲何不眞？」菩薩就問他：「那你入無餘涅槃之後，知道涅槃裡面是怎麼回事？」阿羅漢閉嘴了。所以菩薩說：「你在二乘人面前知如眞，來到我面前所知不眞，這是有層次差別的。」那如果阿羅漢又請問：「那無餘涅槃裡面是什麼境界？」菩薩費盡口舌爲他解說了也不懂，因爲他沒有實證第八識如來藏，所以「虛空無譬、解脱無譬」道理是一樣的。

唯有菩薩實證了如來藏，不用滅盡一切法，「不復終盡」；把現前如來藏伴隨著萬法存在的當下，分成兩個部分來看：「萬法是生滅的，如來藏不生不滅；如來藏自身所住的境界不在萬法中，沒有一法可得。然而第八識如來藏確實存在，可以現觀，祂就是無餘涅槃中的本際，這樣就知道無餘涅槃中是怎麼回事。」然而無妨萬法繼續生滅，所以萬法有生滅，第八識眞如無生滅；生滅與不生滅和合，名爲第八阿賴耶識。這都是現觀的事，不是比量，不是意識猜測推度所得。但是當你爲大眾說明：「解脫就是如來藏獨存，不生一切法。」誰聽懂？一定有人說：「我聽懂，就是祂獨存，不生一切法。」那問題是：「祂獨存是什麼境界？」又不知道了！所以不論怎麼譬喻，尚未實證者終究不懂，因此說：「解脫無譬，亦復如是。」

接著 如來附帶說：「無色天有色而不可知。」無色天有色，這話有點奇怪吧？既然是無色天，當然無色呀，那爲什麼又說有色？無色天是因爲他現在的「正報」生在無色天，所以他無色。但假使無色天眞的無色，那他在無色天的正報受完了，下墮人間，就應該也是無色啊！可爲什麼他下墮人間以後依舊有色？這表示無色天有情是現在無色，可是無色的當下，他的色法種子是存在的，只是不現行；「不現行」所以假名無色，不是眞無色；假使眞無色，他下墮人間時就不應該繼續有色。

所以無色天而有色，是不可知的，這不是聲聞、緣覺所知道的；這是諸菩薩們追隨　如來修學方才能知的。無色天既然無色，你就不能夠說：「無色天中的某甲，生得好像無色天那位某乙。」既然無色怎麼會好像？也許有人聰明，他想：「既然都無色，那無色跟無色不就好像了嗎？」說得也是喔，其實不對！凡是「像」，一定要是兩個有色之法才能說他們像不像。既然都無色，無可比擬，如何說他像或不像？所以無色天說像或是說不像都不對啦！因此　如來說：「亦不可知似此似彼。」既然無色，你就不可以說像這個、像那個啊！

就像是如來藏，有人問禪師：「如來藏像什麼？」他想要實證，所以問問看如來藏像什麼，他才好去找；也許從和尚口裡套一套，看能不能套個什麼出來。沒想到和尚跟他說：「說似一物即不中。」當你說祂像個什麼的時候，都不對了。問題來了，他既然是禪師，應該他要指導人家證悟，時時刻刻都應該有爲人處才是。那他答這一句，好像沒有指導人！有一天，也許弟子想到了這一點，上來抗議：「師父！您既然是禪師，就應該有指導我的地方，為什麼卻跟我說『說似一物即不中』？」這時候，禪師和顏悅色告訴他說：「來來來！你過來，我告訴你。」他靠過來了，禪師很溫柔地拎著他的耳朵，細聲跟他講：「不可以告訴人喔！」一把就將他推出方丈了。欸！還眞的「說似一物即不中」了，但禪師分明已經說了。可是你到底要說祂像什麼？祂無形無色，怎能說祂像什麼？所以禪師就變著法兒告訴他，看他慧力夠不夠。要是慧力夠了，當下就會了，於是說：「果然『說似一物即不中』！」嗨！原來吃了禪師口水，到這時候就會同一鼻孔出氣。饒他侍者追隨禪師身邊二十年，一樣聽不懂！

所以，「無色天有色而不可知，亦不可知似此似彼。」我們套一句話說：「眞如有色而不可知，亦不可知似此似彼。」你要說眞如（也就是如來藏），你要說祂無色嗎？也不行！假使祂無色，那應該說你現前這個色蘊就不是祂生的，可祂偏偏生了你這個色蘊哪！所以祂雖然無形無色，其實祂也有色，但是二乘聖人與諸凡夫都不可知。那你如果說：「既然有色而不可知。那祂有色，總可以說像什麼、像什麼吧？」欸！卻又不可以說祂像什麼。

這個「有色而不可知」，不是聲聞、緣覺的境界，只有實證了以後，依照如來的教誨去瞭解爲什麼祂有色；這就是《楞伽經》七種性自性裡面的一個，叫作「大種性自性」。假使如來藏無色（究竟無色），又如何能出生你這個色蘊？假使如來藏完全無色，又如何能夠變生山河大地以及天界器世間？所以如來藏自身固然無形無色，而其實祂有色，只是祂這個色性不可知。唯有什麼人能證能知呢？諸佛菩薩能證能知，上從諸佛，下至第七住菩薩。

那麼如來藏「不可知似此似彼」，可是我們往年打禪三，有好多同修，有的人說：「啊！原來那邊飛過去那一隻鳥，牠的如來藏跟我一樣。」甚至於我們早期有個師姊破參了，看到地上一條蜈蚣爬過來，竟然不怕，竟然說：「啊！蜈蚣菩薩的如來藏跟我一樣。」蜈蚣倒變成菩薩了。平常是要汗毛直豎，所以趕快大喊：「媽呀！救命啊！」到這時候不怕了，那不就「似此似彼」了嗎？問題是：如果沒有實證呢？眞的叫作「不似此、不似彼」；一旦實證了，就說「似此似彼」。可是你要從實際理地來看時，再問她說：「牠眞的像妳嗎？妳眞的像牠嗎？」她說：「不！牠的如來藏像我的如來藏，不是牠的如來藏像我，也不是我的如來藏像牠。」因爲同樣無色，但是自性一模一樣。從這個層面來說，似此似彼；實際理地無一物可得，何能說似此似彼？所以 如來說：「亦不可知似此似彼。」

然後 如來說：「如是住，如是遊戲，非是聲聞、緣覺境界。」經中很多地方都這麼講，說這不是聲聞、緣覺境界。早年我講經後，整理成書本流通出去，書中我也這麼講。當年的佛教界很不服氣，特別是印順派的那些六識論的僧人，大大地不服氣。甚至於我還講了一句話，講得很絕，我說：「今天縱使南洋眞有阿羅漢來到正覺講堂，保證他開不了口。」他們更氣，因爲他們認爲阿羅漢修證最高，阿羅漢就是佛；沒想到他們「二乘佛」來到正覺講堂也開不了口，氣壞了！然而氣歸氣，他們也開不得口；因爲人家阿羅漢都開不了口了，他們凡夫僧能開什麼口？而其實不單我這麼講，如來聖教早就這麼講了；《勝鬘經》也講，好多部經典都這麼說，這不是我蕭平實一家之言。因爲你得要先證得如來藏，證得這第八識之後，還要經過善知識加以鍾鍊。

如果證得了，沒經過善知識的鍾鍊，對於這個「無色天有色而不可知」依舊不懂，對於「如來藏有色」依舊不懂，仍然是不可知。可是經過善知識鍾鍊了以後，智慧開始生起了：「啊！果然如此！如來藏無形無色，但是祂有色，所以能生我這個色陰。有了這個色陰，才有我這個識陰六個識以及意根隨時運行。」他就能現觀了。這時候就敢公然拍胸脯說：「如來藏有色而不可知，是凡夫境界；如來藏有色而能知，是賢聖境界。」他就敢拍胸脯公開講了。因爲他知道了：「正因爲如來藏有『大種性自性』，所以能出生我這個五蘊的身心。」這時就可以說：「如來藏有色而可知。」既然如來藏有色而可知，無色天當然有色，怎麼會是無色？只是如來藏有無變現色陰罷了，然後 如來說了：「應當像這樣安住。」要住在這樣的境界裡面。這是智慧，不是有境界的境界，而是般若智慧的境界！像這樣住，像這樣遊戲，是怎麼遊戲的？死了就去投胎啊！投胎了，長大求學；長大了學法之後，悟了出來弘法；弘法了之後給眾生糟蹋，糟蹋到死，又繼續投胎度眾生，就這樣遊戲人間一場。菩薩就是這樣遊戲人間的，但是有神通的凡夫出來說法，即使亂說一氣，也是被大眾崇拜供養的。

所以，每年都有好多同修替我抱怨：「蕭老師也眞可憐！不求名、不求利、爲眾生，卻被眾生罵成邪魔外道。換了我，早不幹了！」我說：「當然啊！你不幹了，因爲你還沒有入地啊！（大眾笑…）等你入地後，你就繼續幹了。」因爲菩薩遊戲人間就是這樣遊的。所以當你修到入地的時候，有時候定中看見往世的事，有時候是夢中看見了，全部整個串聯起來時就說：「喔，原來我是這樣遊戲人間的。」後來認了，認了就繼續遊戲，所以被眾生糟蹋，唉！很習慣啦！不以爲意了。

所以早期有好多人，常常會印下網路上罵蕭平實的話來給我。我說：「謝謝！謝謝！」人家問說：「老師，您都不看哪？」我說：「我早知道他們罵什麼了，還要看幹嘛？」這不用看了！早就知道他們是罵什麼了，而菩薩這樣一世一世被罵，很早就習慣了，都無所謂！因爲菩薩沒有臉，沒有臉所以人家正面罵、背面罵都沒關係，因爲沒有正面的臉就沒有背面了，怎麼罵都無所謂；明著罵、暗裡罵都行，不以爲意！這樣子安住，不動其心，該作的便去作；就這樣一世一世在人間遊戲，把度眾生的辛苦事當作是一場遊戲。遊戲完了，如來來接引時吩咐說：「這一世玩好了，也夠老了，色身不好用，接著你到某處投胎去吧。」那就是把這一世度眾的分數上交了，又重新開始另一場遊戲。

你們看家裡孫子在玩電子遊戲，有沒有？到最後「game over」就是遊戲終了，分數就在那裡，然後交出去了。欸！下一場開始！這就是菩薩遊戲人間。所以菩薩遊戲人間，不是每天到晚讓人家供養、禮拜，走到哪裡都是一大堆人簇擁著。不是這樣遊的！菩薩有時很孤獨的，舉目天下無一知音。菩薩剛開始都是當寡人，因爲沒有一個知音。我這一世剛出世弘法的時候，我也一直期待：「**哪個道場有誰是證悟的？**」只要知道有誰證悟，就想要去參訪結交，可是我永遠只能稱孤道寡，然後就開始去接引有緣人了。於是，有緣人一個一個接引回來了，就開始有知音，外面的知音再也不想了。菩薩遊戲人間就是這樣玩的。

可是到了四地以後，不叫遊戲人間了，要叫遊戲三界。也許他住在人間，可是他專門去度天界的人；所以早齋已罷，經行完了上座，意生身出去度眾了；到某一「天界」去度哪些人，或者到某一個世界度哪些人，他就這樣遊戲三界。那如果哪天你師父是這樣遊戲三界的，表示你未來世要見到他的機會不多了，因爲他開始要度天界的很多人了；假使偶然你遇見了他，也許你有感應到：「**啊！這是我師父。**」趕快禮拜、供養，也許他轉頭就走，根本不回頭理你，因爲他還有別的事：某一個天界有情，某一個世界有情，他們一群人在那邊等他呢。這時候，你得要死拉活拉把他拉住，告訴他：「師父啊！您至少也留個初地、二地的菩薩弟子給我們吧！」讓他不好邁開步伐，你得要有智慧這樣作。否則呢，你只能憑著他往世的著作去修、去讀，可是那時候也許你根本讀不懂！

所以講到這裡，我倒想說：「我哪一天把往世寫的論拿來講一講。」老實說，寫得也不賴啊！現在都沒有人講，也沒有人讀。所以菩薩遊戲人間不是一天到晚高高在上，讓人家奉承、供養的。有時生病，有時被人辱罵，甚至至於挨刀杖都可能；有時被殺了一命嗚呼，再去投胎，也算是遊戲一場，這就是菩薩的遊戲人間。但是這個遊戲人間有個前提，就是：「眞如有色而能知。」但這個能知是要基於實證，不是用推論的。當他這樣實證了，便可以遊戲人間了，就可以把這兩句話修改一下說：「眞如有色而不可知，亦不可知似此似彼，如是之人名爲凡夫。」那人家後面一想說：「那他就是菩薩！不是凡夫。」對吧？對啊！這樣子來顯示自己眞的有證悟，不是更好嗎？要不然就得學那位大法師說：「開悟的人都不說他開悟了，師父我從來都沒有說我有開悟。」可是這樣講，不覺得心虛嗎？開悟就講開悟，要像六祖那樣公開講，為什麼要遮遮掩掩？又不是幹壞事兒！殺人越貨就得要遮遮掩掩，這開悟是天下最大的好事，幹嘛要遮掩？哦！原來是怕別人悟了，出世弘法時宣稱開悟了，自己被比下去啦！眞的沒辦法！

可是要能夠依這種證悟後的現觀而安住，要能夠像這樣，以這個見地而遊戲人間、遊戲三界，這是菩薩的境界，不是聲聞、緣覺的境界。饒他三明六通大阿羅漢、辟支佛亦無法了知。那麼同樣的道理，解脫也是一樣，所以問說「解脫」到底有色或者無色？嗄？現在應該說有色了吧？所以你看佛法就這麼厲害。你從不同的層面來講，就有不同的說法。懂的人說：「啊！果然如此！」不懂的人說：「他講話自相矛盾，這說法變來變去！」可是家裡人一看，何曾有變？所以不懂的人就說有變，懂的人卻說無變。解脫無色是二乘涅槃，因為滅盡一切色、一切法；可是解脫如果無色，阿羅漢入涅槃前曾經聽聞 如來說法，他對大乘菩提曾經生起一念嚮往，雖然入了無餘涅槃，但是這個自心種子流注，也許經過無量無邊不可思議阿僧祇劫之後，一念觸動，出了無餘涅槃，他也許出現在無色界天，也許出現在色界天，也許出現在欲界（通常出現在下二界），他不是又有色了嗎？那請問：解脫到底有色或無色？有色啊！只是這個色不可知——聲聞、緣覺之所不知，唯有菩薩追隨諸佛如來實證之後而能知；解脫就像是這樣子，解脫「有色而不可知」。那麼接下來，摩訶迦葉又問什麼法？

經文：【迦葉白佛言：「世尊！一切眾生，誰之所作？」佛告迦葉：「眾生自作。」迦葉白佛言：「此義云何？」佛告迦葉：「作福者佛，作惡者眾生。」迦葉白佛言：「最初眾生，誰之所作？」佛告迦葉：「非想非非想等無色天，誰之所作？云何活？云何住？」迦葉白佛言：「於彼諸業所不能知，然唯業作。如是，眾生生死黑及涅槃白，誰之所作？」佛告迦葉：「業之所作，業起無量法，善起無量法。」迦葉白佛言：「何者業起？何者善起？」佛告迦葉：「業起者有，善起者解脫。」】

語譯：【迦葉稟白佛陀說：「世尊！一切眾生是誰所造作出生的呢？」佛陀告訴摩訶迦葉：「是眾生自己造作自己。」迦葉稟白佛陀說：「這個道理是怎麼回事呢？」佛陀告訴迦葉：「造作福業者名之為佛，造作惡業者名為眾生。」迦葉稟白佛陀說：「最早的眾生是誰所造作出來的？」佛陀告訴迦葉說：「非想非非想等無色天，又是誰所造作的呢？他們是怎麼安住的？」迦葉稟白佛陀說：「於他們各自的那一些諸業，是沒有辦法知道的，但他們全部都是業之所造作出生的。就像是這樣的道理，那麼眾生生死輪迴的黑法以及取證涅槃的白法，又是誰所造作出來的？」佛陀告訴摩訶迦葉：「是業之所造作，業會現起無量的法，善也會現起無量的法。」摩訶迦葉稟白佛陀說：「是怎麼樣說為業生起呢？又是怎麼樣說為善生起了？」佛陀告訴迦葉：「業生起的時候就是有了『有』，善生起的時候是解脫。」】

講義：摩訶迦葉稟白　佛陀：「世尊！一切眾生是誰所造作而出生的？」當然是如來藏啊！在同修會裡面，三句不離本行；但是你如果問到一神教徒，他們一定說：「上帝生的。」所以他們入了教會受洗以後，都說上帝是天父，那他們教友之間都互稱兄弟姊妹；所以在一神教裡面，如果兒子哪天見了老爸說：「兄弟！如何、如何……」他老爸不能生氣，因為同樣是天父所生，稱為兄弟是沒有過失的，老爸怎麼能生氣？這老爸不可以罵他說：「渾蛋！你是我生的，怎麼叫我兄弟？」不可以的，他兒子拿了《聖經》出來：

「你看！我稱呼你兄弟，沒錯吧？」老爸也得認了。

他們認爲一切眾生都是上帝所生，可是他們不覺得其中大有問題，我們卻認爲問題多多；因爲上帝既然是慈悲的、博愛的，幹嘛把我生出來被人類叫作豬？要給人吃？豬如果懂得是上帝創造牠，豬要抗議的呀！一定滿腔的怒火：「你這樣哪能叫博愛？你只愛人、不愛豬！」不但豬要抗議，狗啦、蛇啦、貓啦、鳥啊，全都要抗議，說上帝不博愛，只愛人。所以這基督教的教義充滿了很多的問題，自相矛盾；而他們不知道，表示他們的信徒智慧很低。

這在我剛剛學佛的時候，往世的證量都還沒有回來時，就跟一神教徒辯論過了。我才剛學佛，當然還沒有破參，有一次我在國稅局北投分局遇到一位小姐，因爲她戴著一個項鍊十字架。我那天剛好有空（大眾笑…），我就跟她說了：「妳認爲自己是上帝生的，那麼上帝到底是『常』、還是『無常』？那妳自己是常、還是無常？」這麼一問，她瞪大了眼睛，反過頭來問我：「你怎麼知道我『無常』？」我說：「且不說這個色身，說妳這個覺知心好了。妳這個色身會長大、會老、會死，當然無常，我們不談這麼淺的東西。說妳這個覺知心如果是常，那妳現在的智慧應該跟嬰兒一樣，什麼都不懂，那才是常啊！可是妳從小學習到現在，住在這裡謀生活，學了很多知識，跟妳出生的時候不一樣，顯然覺知心無常，因爲妳的種子變了！」她說：「什麼叫種子？」我說：「種子，換個名詞來說，就是『妳心中所知道的那一些內涵』。妳剛出生直到現在，內涵完全不一樣了。不說剛出生時到現在，只說五分鐘前的妳，跟五分鐘後現在的妳就不一樣了。五分鐘前的妳，沒聽我跟妳講過這些道理，那妳現在跟我談論過了，妳心中有這些觀念了，請問：妳這個心跟五分鐘前一樣嗎？」她閉嘴不答了。不曉得她後來有沒有進入佛教？我不知道！搞不好今天在會裡了。

所以眾生到底是誰作的？這在任何宗教裡面都是大哉問，這個命題很大，每一個宗教都得這麼探討，也都有這麼探討，不論婆羅門教、印度教、密宗、一神教，每一個宗教都有探討。但是眾生其實不是別人作的，都是自己作的。每一個有情都由自己的「如來藏」所造作出生。如來藏憑著祂所收集的無始劫來一切業種作爲動力，由祂自己的心所與自性來出生各自的有情，所以如來藏各自出生各自的有情。因此 佛告迦葉：「**眾生自作。**」因爲都是自己的如來藏所造作呀！

所以如果這一次出生爲英挺、健康，或者說出生爲美麗、健康，其實不必自傲於人，這是因爲往世造作了福業，所以今世得到這樣的果報；是往世付出了，現在收穫這個果實；既然是往世辛苦付出而得到現在的果實，就沒有什麼可以傲人的了。那如果這一世生得矮小又多災多病，也不需要怨天尤人，因爲也是自己作的。往世造作了什麼業，現在就得什麼樣的異熟果，因爲如來藏不會自己作主，祂憑業種來造作一切的人。

這些業種裡面有善業、有惡業、有淨業、有福業，憑著業種來各自造作應該有的眾生，所以才叫作眾生。而如來藏不作揀擇，如來藏不會起私心：**「上輩子我生了張三，雖然造作了大惡業，可是還有一點兒小善業，所以我先幫他生而爲人，大惡業以後再說啦。」**袒護他喔！如果是這樣，那就不叫如來藏，祂就不叫眞如，表示祂「不如」——不是眞正的如，才會有私心哪！假使眞如會這樣偏袒的話，三界會變成什麼模樣？人間就沒有牛可以拉犁、沒有牛可以拉車，也沒有馬可以騎著跑，人們就沒有動物的肉可以吃，因爲沒有一個如來藏要造作祂前世移轉惡業過來受報的五陰變成豬、變成狗，也不會有牛、馬。可是因爲如來藏無有念想，所以業種如何，祂就怎麼去運作出來；那業種該生爲地獄，就爲他生個地獄身；該生爲餓鬼，就爲他生個餓鬼身；該生爲畜生，就生爲一個畜生身；該生爲人，那就生爲一個人，乃至生爲天等；如來藏都依業而作，這是一個概略性的說明。

可是也許有人想：「既然是我自己的如來藏來出生我這個五蘊，爲什麼我的如來藏這一世不把我出生爲王永慶的兒子？」對吧？你們在內地，應該說：「爲什麼我的如來藏這一世不把我出生爲馬雲的兒子？」現在是誰最有錢？馬化騰還是誰？我不知道，引來作個譬喻而已。這時就有比較細的說法，這個「眾生自作」就引申出來，叫作自作自受、異作異受。眾生的異熟果，一定是自作自受！因爲往世的自己造作了福業，這一世就生爲馬雲、生爲王永慶；而往世如果造作了惡業呢？就生爲在路邊伸手乞討的乞丐，所以叫作自作自受。可是有的人要抗議了：「我哪兒知道自己往世造作了惡業？」

也許他含著金湯匙出世，心裡面懷疑說：「我往世眞的有修了很多福嗎？」因爲他不知道往世的事。爲什麼不知道往世？因爲五陰不同。這一世的五陰不從前世來，前世的五陰已經滅了，所以前世的五色根壞了，前世的六塵也沒過來，前世的六識也沒過來，所以不知道前一世幹了什麼？因爲不知道，所以只能想像，就會信受某一些邪說。可是如來藏完全是現量境界，如來藏不是用想像來出生這一世的你；祂憑著往世的業種，直接變生這一世的你，祂不憑想像。如來藏一點都不浪漫，完全不會有羅曼蒂克，祂面對的都是現量。非現量才會覺得說意境深遠，就是比量；一旦你入了那個現量，哪有意境？都是現量境界啊！如來藏正是這樣。

那麼，往世跟這一世不是同一個五陰，色身不同、六識不同、姓名不同、出生地不同，父母、子女、家庭、事業全部都不同，是另一個五陰；前一世的五陰造作了，換這一世的你來領受。所以你們都該感謝上一世的五陰，否則無法坐在這裡聽受了義正法。所以有的人不管怎麼努力學，都是聽聞那些相似正法，學的都是表相的佛法；那他們要怪，就怪往世的五陰！那你們要感恩呢，也是得感恩往世的五陰。所以上一世也許你名爲張三，這一世叫作李四，顯然不是同一個五陰，不同一個人！但上一世張三作了這些淨業，修了福業，來到這一世變成李四時，就來享受這個淨業與福業，但不是同一個人，那怎麼能叫作自作自受？所以要叫作異作異受了。

可是話題繞回來，上一世的張三跟這一世的李四畢竟是同一個人哪！因爲所造作的業都收藏在同一個如來藏裡面，前世的業種收藏在如來藏中，而如來藏由意根帶著就到這一世，所以雖然出生了另一個五陰，卻是同一個如來藏所生的血脈連續下來承受，因此又叫作自作自受，經中說爲「即作即受」。可是領受果報的時候，發覺跟前世造業的五陰畢竟不是同一個人，所以又名異作異受，這個道理諸位要懂。

但是不管自作自受或者異作異受其實一樣，都是「眾生自作」。你不可以推翻上一世那個五陰，因爲那個五陰所修的一切，所造作的一切，種子落謝時都在同一個如來藏裡面收存。同一個如來藏依據那些業種變現了這一世的你，所以當然是自作自受。而你不是別人的如來藏變生的，不是上帝創造的，不是大梵天、不是極微、不是四大等所造作的，是你自己的如來藏所造作而出生的，所以說：「眾生之所從來都是自作。」今天講到這裡。

《大法鼓經》我們上週講到十六頁第三段第二行的「眾生自作」。記得我們也簡單地說明了自作自受和異作異受的道理，那麼關於「眾生自作」的事情，接下來後面還會再有討論，這是涉及一切法的根本因。現在暫且依經文的順序來講。佛告迦葉：「眾生自作。」迦葉就稟白 佛陀說：「此義云何？」他爲眾生請問「眾生自作」這個道理是怎麼說的？佛陀告訴迦葉：「造作福業的人是佛，造作惡業的人是眾生。」所以如果造作惡業以後被人瞧見了，那麼我們就說那個人是眾生；可是永遠都不造作惡業，連一點點的惡業習氣都沒有，那就是佛。

當然這個「佛」字也可以從「理」上和「事」上的不同來講，在「理」上來講，每一個人各自的如來藏從來都不造惡業，所以祂是佛。祂永遠只造福業，所以不論眾生如何善與惡，祂一直都對所出生的眾生造福。那麼如果說會造作惡業，那都是五陰的事，五陰便是「眾生」，所以佛不造惡業。也就是說，你的眞如心永遠不造作惡業，只會造作福業。因此即使惡人的眞如心，對那個惡人永遠都造福給他；惡人的那個自性佛眞如心，不會起心動念說：「我這一世出生了這個五陰，一天到晚在幹壞事，我就讓他生病幹不了惡事！」祂永遠不會這樣作、不會這樣想，繼續幫他保持健康，不斷地造福他。

所以他的眞如心不會說：「我這一世生的這個五陰是個壞蛋，我讓他不知道餓，讓他不知道痛，他很快就會死掉。」祂不會這樣想，更不會這樣作。所以你們看那些戲劇，整齣戲演下來，排在最後死的是誰？正是惡人！這個人是最後死。你們看他的眞如心，不會讓他先死，繼續每天造福於他，這個眞的叫作「作福者佛」，這個「佛」字是講第八識如來藏。而他的五陰成日裡造作惡業，大惡、小惡沒停過，那個就是「眾生」。

那麼如果從事修上來講，一直到成佛之前，多多少少都會有一些惡業，特別是七地滿心之前，因爲他還有習氣種子隨眠；這些種子流注出來，就會有一些小惡業，但不會引生異熟果；那如果是三賢位的習種性之中，造點兒小惡業也就是平常事了。可是如果已經究竟成佛了，一切所爲都不離福業，所以凡有所作，一切時中起心動念都是福，這是從事修上來講。如果還會造作惡業，通常是在三賢位的習種性裡面，因爲貪、瞋、癡的現行還沒有開始斷除，很清楚地可以說這是「眾生」；因爲是眾生，所以稱之爲人。爲何這麼說呢？因爲人有聖有凡，凡人固然是人，聖人也是人。若不是人，怎麼會叫作聖人？這道理一定不變。

那麼既然是人，他就同時具有人格。人的格是什麼？人的格就是不害家人親人，可是會對其他不相干的人加以危害。那如果連家人都加以殺害，人們聽到了或看見了，會怎麼罵？對了，正是諸位講的畜生，就表示他沒有人格。所以在人間再怎麼惡的人，他對父母、子女、家人終究不作傷害；但是對外人時，也許行善、也許行惡，就不一定了，那麼就說他是個人。所以當他行善的時候，大眾說他是善人；當他對別人造惡的時候，人家說他是惡人。那麼惡人是不是人呢？是人，所以他是眾生，還有人格。所以當人家告訴你說：「**我以我的『人格』跟你擔保。**」這句話不可信！（大眾笑…）因爲人的格，對親人、師長、父母、子女他會保護；可是對別人時，他會想辦法去爭取自己的利益，有時候不顧別人死活，那也是人，叫作惡人。

因此面對世間法的時候，你只要去判斷那一件事該不該、當不當？不要聽他說什麼人格的話，因爲人格是不可信的，有時善、有時惡，不一定。如果對方實證了三乘菩提，已經遠離了分段生死了，那時他也不會說：「**我以人格跟你保證。**」因爲他不是人，他叫作菩薩；他可以不必來當人，永遠不用再來三界中。那他跟你保證，不用講人格、菩薩格或什麼格，他跟你保證時，你是可以信他的。這表示什麼？表示說：「**作福的是從來不落入三界法**

中的人，那就是第八識如來藏；作惡的一定是住在三界法中的五陰。」所以「作福者佛，作惡者眾生」。

那麼 如來這樣開示了，迦葉稟白 佛陀說：「最初眾生，誰之所作？」因爲學大乘法的人，學到某一個層次以後，就會觸及這個問題：眾生在三界中輪轉，總會有最開始的那一世吧？那麼最開始的那一世的眾生，是誰所造作的？這就是還沒有實證的人，才會生起這樣的想法。實證之後不會有這個想法，可是有時會有例外。曾經有人在我幫助下證悟了，後來他找個沒人留意的時間來問我：「我們證得這個如來藏了，那如來藏是什麼時候開始有的？」我聽了好笑，答覆他說：「假使如來藏是有一個開始的時間，就表示如來藏是被另一個法出生。如果是有生的，咱們證祂幹什麼？如果是有生的，《心經》要改寫了，三轉法輪的所有經典都要改寫。」最後我告訴他：「這個心無始無終。你要不信的話，窮汝一生去探究；等你找到這個心是什麼時候出生的，以及從什麼法出生的，你來告訴我，我拜你爲師。」眞的！我願意拜他爲師。不但我，連諸佛都要拜他爲師呢，因爲諸佛都說：這個心無始無終。爲什麼祂無始無終？佛說：「這沒道理可言，法爾如是。」

所以想要探討：「**最初眾生，誰之所作？**」一定要先探討：「**出生眾生的心是否無始？**」先要探討這一點。那麼如果親證了之後，再怎麼推究都無法證實這第八識如來藏曾經有生，這就證明如來藏無始便已存在，所以稱爲「**法爾如是**」，這也是「**法爾道理**」。假使第八識如來藏無始存在，而祂必然會出生眾生，那就表明了一個道理：「**眾生是無始的，因爲如來藏不可能不出生眾生。眾生永遠都有『業』隨身哪，既然有『業』隨身，如來藏就會依著祂所攜帶的業種出生了眾生。**」那麼如來藏不可能沒有業種，因爲眾生造了業，祂一定自動收藏；既然如此，祂就一定會出生眾生。祂出生了眾生以後，顯示出一個道理：由無始的如來藏每一世都會出生眾生，證明眾生也是無始的。所以眾生有沒有哪一個或哪一世是最初的？沒有！

現在牽涉到一個現代所謂進化論的學說。依據進化論的講法，人是恐龍變成的，是恐龍進化成的，而恐龍是海底的魚類進化成的。那麼現在有問題了，人既然是恐龍進化成的，那就表示：恐龍滅絕以後才有人，因爲進化不是短時間可以完成的。結果現在考古學家發現了一個已經變成化石岩石腳模，那個腳模是「三趾龍」的腳模；那個腳模是牠走過泥巴以後留下那個腳印，然後經過很多億年漸漸下沉，埋到海底了；然後地殼變動又浮上來，已經變成岩石了，變成水成岩了。可是那個恐龍的大腳印上面留下一個人類的腳印，人類的腳印跟牠的重疊。這已經證明：人當年跟恐龍是同時存在的，搞不好，恐龍是被人類獵食時死光的。當然我這是說笑話！如果恐龍又是從爬行的四隻腳的動物演變成的，而那些爬行類的四腳動物又是海底的魚類變成的，那麼問題又來了：「為什麼海底還有很多的魚類不跟著進化？」這沒道理啊！如果牠能進化，我就能進化；我能進化，另一個也能進化。更何況魚類與恐龍是卵生動物，人類是胎生動物，恐龍如何進化成人類？所以那個進化論是侷限在一個很小時空的小變化中的所知，去判斷很久遠時間前的事情，那是一個錯誤的結論。並且還有其他的多種理由，證明人類不是由恐龍變成的，且不說它。而現在科學界不斷地在推翻以前的認知之中。

因此，人類到底是誰所作的？依據天主教的《聖經》說：「人是上帝創作的。」《聖經》說：「依著神的形象來造人。」換句話說，神也有形象，神不是無形無相的，神就是有色法。那麼如果是依於神的形象來造人，神就是五陰；神又是慈悲的，那就不應該造了某一些人，分了他的靈下來，然後造作惡業，害得神間接也要承擔惡業。然後神又把惡人打入地獄、永不超生，那不是把神造的人，以及神分出來的靈打入地獄永不超生嗎？你說這個神的腦筋是不是有問題？假使你可以造人，那你造出來的一個人，一定會把他好好規範，不讓他造惡業；即使他造了惡業，頂多把他抓了來，搧幾個耳光，教訓、教訓就好了，不要讓他入地獄永不超生，因爲那惡人也是你自己的一部分。那就等於把自己一根手指頭、兩根手指頭打入地獄，永不超生，有這麼笨的神嗎？「神」有個解釋的名詞，說是「**聰明正直名之爲神**」。如果有那種神不夠聰明也不夠正直，因爲他還故意弄了蘋果來誘惑亞當夏娃，然後把他們趕出伊甸園，最後再把他們打入地獄，永不超生，那就不正直了，怎能稱之爲神！那他也不知道自己創造出來的人將來會背叛他，表示他不聰明；不聰明、不正直就不叫作神，那叫作胡說八道。

同樣的道理，眾生到底是誰之所作？眾生經由佛法的實證，經由諸佛如來的聖教而能證明，全都證明眾生不是誰所作的，都是由各人自己的如來藏作爲根本因，憑藉如來藏所執持的業種來造作出來的。所以該造作爲畜生，如來藏就把他造作爲畜生；該造作爲天人，如來藏就把他造作爲天人，全都是如來藏之所作。但如來藏不能無緣無故，隨性所至就把他造作出來，而是憑著所執持的業種來造作；所以陰狠毒辣的人，雖然沒有造作很大的惡業，但是一天到晚都讓人家吃虧，很陰險毒辣；那他死後，如來藏依據他這一生的業種，就幫他造成長長的、溜來溜去的眾生，有毒，咬了人就死掉了，叫作毒蛇。如果不耍心機，但是一天到晚要吞別人的東西，強行吞噬，死後就幫他變成蟒蛇，就是這一類。所以如來藏為因，藉著業的緣，就出生了眾生。然而話頭拉回來，如來藏既然無始，你就沒有辦法去探究說：「**誰是最初的眾生？**」所以那個進化論是很膚淺的說法，從有智慧的人來看，說那個就像三歲娃在講夢話。

因此摩訶迦葉作了這個提問以後，佛陀告訴迦葉，用反問的方式來講：「**非想非非想等無色天，誰之所作？云何活？云何住？**」因為談眾生太複雜了，就講非想非非想天等四個無色天的有情，比較簡單一點。你如果講人，那麼世間人類有色、有識，也有受、想、行，這總共五陰談起來比較複雜。既然要探究最初眾生，那不然就講非想非非想天等四無色天的有情，最簡單明瞭。這四無色天沒有色陰，所以沒有五色根，也沒有具足的六塵可言；他最多只有個定境法塵，加上意識以及定心所，就這樣，這是最單純的。所以不談識陰六個識具足，只是談其中一個意識，而且是極細意識，這最單純了，加上個定境法塵就這樣安住。這時候心住在非想非非想天，或者下面的無所有處、識無邊處、空無邊處，這都是只有細意識在；這個細意識獨存，依著定境法塵而存在；那麼這樣的有情是誰所作的？他們又是如何存活的？他們又是怎麼安住的？這個最單純了！

這個意識心很微細了，因爲已經超過色界了，沒有五識中的色界三識陪伴了，而且連色界境界的意識都滅失了，只剩下四空定裡面的細意識；那如果是非想非非想天，那就是三界的最細意識了，我們可以稱之爲極細意識。那麼非想非非想天這個意識，不能夠說祂「法爾如是」；假使祂是法爾如是，那麼應該人間每一個人隨時隨地都可以進入非想非非想天的境界，每天打坐都可以入非想非非想定了。可又沒有！因爲他得要修定而捨去很多法，然後住在非想非非想處，死了才能生到那裡去。那這個細意識或者說極細意識，不可能自己本然存在，那他到底誰之所作？

第二個問題：「云何活？」他的壽命是怎樣維持的？因爲生到無色天一

樣有壽命啊！當他生到空無邊處，壽命一萬大劫；往上識無邊處，加一倍，兩萬大劫；往上無所有處，再加一倍，四萬大劫；如果到了非想非非想處，八萬大劫。那他這個壽命是怎麼維持的？他這個壽命是依於他在人間修學四空定的時候，那個四空定的品質來決定他生到無色天的壽命。如果死了，生到無色天去了，還要再看他在人間時的定力如何，來決定他在「無色天」是否可以維持他的定力；因爲在那裡修定並不容易。意識在那個境界是不動其心的，很難繼續修定，通常都是只依在人間所修得的定力品質去維持他的壽命，例外是很少的。

那他們是怎麼生活的？也就是問「云何住？」老實說，無色天人沒有生活，人間才有生活。無色天哪裡有生活？他們就是一天到晚住在定境裡面。那裡沒有色、聲、香、味、觸，怎麼生活？色界天人容許還有生活，他們只是沒有香塵、味塵，可是他們跟其他的天人之間還是互有往來，因此還可以算是有生活。可是無色天中，你不見我，我不見你，因爲大家都無色，誰也看不見誰；你不知我，我也不知你，因爲無從往來，根本就沒有生活可言！那就是問：他們在無色天是怎麼安住的？其實沒有所謂的「如何安住」的問題，因爲在無色天就只有那個定境法塵，所以無色天的空無邊處想要轉進識無邊處，難之又難；乃至於無所有處想要轉進非想非非想處，同樣難之又難！因此如果現在證得了空無邊處，想要轉進的話，還得在人間繼續努力進修才容易轉進；因爲人間有這個意識很好用，很伶俐，可以觀察定境之中「**應云何取、應云何捨**」而可以轉進；一旦生到了空處天，那就只是依著他在人間所證的定境那樣去安住。

所以 如來提出這個反問：「**非想非非想等無色天，誰之所作？云何活？云何住？**」這時候，摩訶迦葉也只能稟白 佛陀說：「**於彼諸業所不能知，然唯業作。**」爲什麼他們可以生到無色天？因爲他們在人間造作了無色天的業，因此死後往生到無色天。他們生無色天的時候，就能知道自己的業是什麼嗎？他們生到無色天的時候，也不知道自己的業是什麼。只知道：「**我努力修定，證得四空定，所以如今生無色天。**」那還只是捨報時的所知；生到無色天去了，再也不動這個腦筋了。假使他意識再動這個腦筋，那就下來人間了。所以無色天人不動其心，他只是住在那個定境之中。所以「**無色天**」的有情對於能生到無色天的「業」並不知道，至於業在哪裡？他們也不知道，無從了知！所以摩訶迦葉說：「於彼諸業所不能知」，他不覺得那是有業的。他只知道修四空定成就，死後就直接生到四空天，不動其心了。

假使在無色天中住一萬大劫或五萬大劫，他們一旦動心，就表示會從非想非非想天或其他的三天下墮。因為他們的意識心才一動，第一剎那「率爾初心」，第二剎那生起了「尋求心」，想要瞭解現在動的心是什麼境界的時候，到第三剎那成為「決定心」，知道了；然而到決定心的階段時就下墮了，因為他離開那個定境了，他的壽命已經終了。所以他不可能動心，一旦動心，壽命便終了。他們就這樣住啊！所以他們不可能在那個境界裡面還去思索：「我為什麼生到無色天來？」所以他們對於這個「業」是無所知的。

那麼摩訶迦葉作了一個結論：「然唯業作。」雖然無色天等四天的天人都不知道是什麼業，但其實他們全都是「業」所作。因為他們在人間修了四空定，依於這樣的業種，使他們死後生在四空天的處所，其實那是沒有處所的，就只是意識的境界。然後摩訶迦葉緊接著又提出問題來：「如是，眾生生死黑及涅槃白，誰之所作？」既然談到都是因為「業」，所以生無色天，同樣的道理，生在色界天、欲界天、人間或者三惡道中，莫不如是；所以他又提出來：「既然是這樣，眾生有兩種業：黑業及白業。黑業是生死，白業是涅槃。」眾生在三界六道、二十五有之中不斷地輪轉（雖然諸位之中有的人是乘願再來，不能一概而論），但眾生這樣不斷輪轉，正是因爲造作了許多會導致生死輪迴的黑業。在因緣法中說：「順著因緣法而不斷地流轉生死，說那叫作『黑業』；如果能夠從因緣法不斷地往前追溯，那就叫作『白業』。」因爲往前追溯，如果追溯成功了，就證得「涅槃」；如果是順著因緣法輪轉到生、老、病、死，那就是黑業，所以生死的由來是從黑業來的。

黑業有許多種，但是歸納起來，不外乎以貪、瞋、癡爲根本。有貪，所以生在欲界中；離貪，就表示欲界中貪、瞋、癡這三毒去掉了貪毒，所以生到色界中了。那如果生在無色天呢，那就是在人間的時候，把貪、瞋二毒降伏了，所以生在無色天；無色天最具體的代表叫作癡，所以菩薩從來不生無色天。菩薩證得非想非非想處，死後也不生無色天；因爲菩薩如果證得非想非非想處，一定是最佳的定力；那麼生到那裡去，整整八萬大劫都是一念不生，什麼事兒都幹不了，就這樣浪費掉八萬大劫的時光，那不是愚癡嗎？欸！給他個高帽子叫作大白癡。所以菩薩沒有人要生無色天的，因爲那裡無所事事，浪費生命！

想想看：如果是八萬大劫，以賢劫來講，後面還有九百九十六尊佛，他就空過了！然後未來還有七萬九千九百九十九劫中，一定還會有很多佛可以遇見。八萬大劫中一定多多少少也有……不說幾百尊佛，至少也有幾十尊佛吧？如果娑婆世界無佛出現，也可以到別的世界尋求有佛出現的地方，為什麼要浪費在非想非非想天中？所以生到無色天，那就是具足愚癡，因為他誤以為那就是無餘涅槃，就這樣安住八萬大劫。八萬大劫到了，「率爾初心」現起，接著尋求心後成為決定心時，就會發覺：「原來這不是無餘涅槃！」但已經晚了，這三個剎那之後就下來人間了。

下來人間時，再當人的機會很少。我常常笑那一種人，下來人間去當毛蟲剛好，因為依舊離念；然後出生了，只管吃，也不打妄想；吃到夠大了，又化成蛹；在蛹裡面住那麼長的時間，也是愚癡的境界，一念不生，跟非想非非想天蠻類似的；然後羽化變成蝴蝶、蛾、蜻蜓都不一定；所以你們如果看見蝴蝶、蛾、蜻蜓，別羨慕！那個梁山伯、祝英台說死後化成一對蝴蝶，你儂我儂，那是愚癡人編出來的故事，是世俗人的妄想！所以這一些事情導致眾生不斷地輪迴生死，歸納起來就是貪、瞋、癡。

所以輪迴生死的那個因，就是由於貪、瞋、癡而造作了黑業，這個就叫作「生死黑」。可是「生死黑」的道理，佛教界流傳到末法時代的今天也是少人知，譬如有個大法師的書中說，努力學佛求開悟，然後說：「這一悟了，從此就過著幸福快樂的生活。」快樂是什麼境界？意識的境界啊！有樂就不離苦，苦與樂是一體兩面！那他認爲：只要沒有語言、文字、妄想，就叫作開悟，所以認爲說：「參禪事畢，從此以後就過著幸福快樂的日子。」這還是四大山頭中的大法師講的哩。那麼以這種意識境界而住，結果呢？死後，中陰身現起了，才知道原來這不是涅槃，大妄語業已經成就，爲時已晚了！當他臨命終時發覺：本來清清楚楚、明明白白的了了靈知，怎麼越來越昏沉了？這時候動個念：「糟了！保不住了，這不是涅槃！」但是想要開口懺悔，爲時已晚，開不了口了。所以這樣努力修行，結果還是「生死黑」，他造作了黑業——大妄語。如果等而下之，大妄語之後又誤導眾生跟著大妄語，那可就不是繼續在人間生死，大約不離無間地獄的生死，那更是「生死黑」。

有的道場教導大眾：「你要努力布施啊！只要努力布施，窮其一生都很快樂地布施，都沒有懊悔，那就是證得『歡喜地』。」她不說斷我見、證阿羅漢果，也不說證悟明心，更不用證得無生法忍，只要努力歡喜地布施，一生都很歡喜、都沒有懊悔，說這樣叫作初地歡喜地。那自己這樣認爲，還誤導門下所有徒眾這樣誤認，努力歡喜布施了一世，結果呢？繼續輪轉生死，而且不是在人間生死，那也是「生死黑」，因爲造作了不離生死的黑業。

有的道場比較老實，提出了主張：「我們都不要犯大妄語業。我們努力去布施，努力護持正法、護持三寶，來世無妨繼續出家，繼續作個修行人。」這夠好了吧？對啊！相形於前面兩者，夠好了。另外有的道場說：「我們只要努力去修十善業，從來不犯五戒，我們死後可以生天堂，那麼在天堂裡面過著幸福快樂的日子，叫作天道。」這也不錯，至少遠比教人歡喜布施而說是證初地，成就大妄語業，死後入地獄的道場要好多了。

又譬如說一神教，說要好好當個「主」所牧養的羔羊，不要跟「主」搗蛋；死後生到「主」的天堂，去當「主」的僕人；就好像去當一個大富長者的僕人一樣，衣食住行無憂，但永遠是當僕人。他們也說：「生到天堂去，雖然是主的僕人，但是永遠不會死，當一個快樂的天人。」他們以爲天人不會死，其實也是有壽命侷限的，等到死的時候就知道了；因爲死前五衰相現，才知道說：「**啊！原來生到這裡也會死。**」但是來不及了！所以他們在人間造作善業，成立許多的浸□會、同□會，也到處去救濟眾生；或者不管叫作什麼軍，全都一樣，結果得到的是繼續輪迴生死而不中斷。所以表面看來，他們在修福、行善，其實也是「**生死黑**」，因爲不離生死。更何況他們還會遵照《聖經》說的剪除異己，更是「**生死黑**」。

那麼如何是「**涅槃白**」？就是要反過來呀！凡有所思、所行、所作，皆是背離生死業，那就是三乘菩提的實證。只有背離生死業的人，才能證得涅槃。所以二乘聖者始從初果，末到阿羅漢位，都是爲著遠離三界生死；遠離三界生死才能證得涅槃。涅槃是常住的，是不生不死的境界；證這個不生不死的境界才是「白業」。現在可能有人就想：「**那您蕭老師說證得涅槃才是白業，可是菩薩又不許入涅槃，要繼續在生死中邁向佛地。那我不還是『生死黑』嗎？**」乍聽之下，似乎有道理，其實不然！菩薩也是證涅槃的呀！因爲菩薩在第七住位證得本來自性清淨涅槃，而涅槃是白業；繼續進修，入地之前得要取證阿羅漢果，那時具足有餘涅槃、無餘涅槃，這也是「**涅槃白**」呀！

然後起惑潤生繼續行菩薩道，發十大願而無盡期，意樂清淨時就入地了；入地時，固然是起惑潤生，所以不說他證得有餘、無餘涅槃，而把他的如來藏回復原來的阿賴耶識名稱，但他隨時都是可以取無餘涅槃的，這也是「涅槃白」；因爲他已經現見：有餘涅槃、無餘涅槃不過是依如來藏的本來自性清淨涅槃而立名，所以他依著這個本來自性清淨涅槃，入地後繼續斷除三界愛的習氣種子，圓滿了七地心。這時候，連煩惱障的習氣種子都滅盡了，但是依舊不提有餘、無餘涅槃，依然依仗他因地所證的本來自性清淨涅槃，繼續邁向佛地。這個過程中，再去斷盡一切異熟種子的生滅，把變易生死也斷盡了，最終成佛具足四種涅槃；因爲這時加上了「無住處涅槃」，這也是「涅槃白」呀！

這樣大致瞭解眾生的「生死黑」以及「涅槃白」，可是追根究柢，總是要窮究到本源。眾生輪迴生死，不離「生死黑」；那一些「業」到底誰人所作？誰人所持？然後誰人受報而輪轉生死不停？總要追溯到本源吧！因爲有眞正在學佛的人都知道，上一世的五陰不來到此世，此世的五陰不會去到後世，那麼這是誰之所作？是每一世不同的五陰所作。但是問題緊接著來：

「既然五陰只能存在一世，所造的『生死黑』的業種，又是誰之所持而能去到來世受報？」現在就是要追究這個問題。同樣的道理，「涅槃白」這是趣向解脫生死的白業，但這一些白業，誰之所作？誰人所持？而到後世得果，這也要追究。

譬如說，二乘解脫的無學果——阿羅漢果，從《阿含經》的記載來看似乎很簡單；這外道來見 佛，或者禮拜供養，或者只有禮拜沒供養，或者連禮拜都沒有，來了就直接求法；有時甚至不揀空閒，硬拉住 如來要求法。但 如來太慈悲了，就爲他開示，所以「施論、戒論、生天之論、欲爲不淨、上漏爲患、出要爲上（或者有時候說『出離爲要』）」，看他聽得進心裡面去了，接著爲他講四聖諦。講完了，求法者當場得法眼淨，成初果人；馬上就乞求如來，准許他在僧團中出家。如來准了，他就告退下去，山洞裡坐或樹下坐，思惟了整整一夜，明天早上前來報告說：「我生已盡，梵行已立，所作已辦，不受後有。」說他是阿羅漢了，如來就爲他認可。看來好簡單喔！不到二十四小時，就這樣成阿羅漢了。

可是這裡面有個楔子，就好像禪宗祖師開悟的公案一樣，大家都忽略了。你們把《景德傳燈錄》、《五燈會元》等禪宗記錄請了出來，一翻：某某禪師去見個什麼禪師，然後幾句話之下，或者一棒之下悟了。那不過幾句話欸！絕對不會超過一個小時。但是在這一悟之前，他已經江西、湖南不斷地奔走十幾年、二十幾年了！所以不要只看他悟的那個當下，要替他想一想或思惟一下：「**他在這一悟之前，已經走江湖幾年了？**」江西、湖南來來去去奔走，不就是「走江湖」嗎？同樣的道理，這外道來見佛，不到二十四個小時，他就成爲阿羅漢了。大家只看到他這一世成阿羅漢，可是這一世之前呢？大家都沒看到，經典中也沒有說他過去修學解脫道已經幾「劫」了，也都沒談，提都沒提！

現在問題來了，這一世看來是二十四個小時之內成爲阿羅漢，但在這一世之前，他們已經修了很多劫了，所以才可能在得到「**法眼淨**」之後的那個晚上，「**梵行已立、所作已辦**」。「**梵行已立**」是以什麼作爲證驗標準？以發起具足的「初禪」作證驗的標準；如果初禪沒有具足發起，不能說他「**梵行已立**」；那麼他憑什麼聽聞　如來爲他說法之後，一個晚上就發起初禪？然後繼續觀行四聖諦而「**所作已辦**」？他憑什麼？憑的是往世修行累積下來的那一些福德，而那一些種子都是白業；但那些白業的種子，是誰從往世帶到這一世？這就是問題！所以學法不能只看一世。

就好像我剛出來弘法，佛教界很不服氣。很多人私下裡講：「**這蕭平實，這一世學佛才不過五年，說什麼明心又見性。其誰能信？**」因為他們只看這一世，他們不看往世，更何況我不只是明心與眼見佛性。所以這一些阿羅漢們，他們有這一些「**白業**」從往世帶到這一世來，才能夠在　佛陀一席說法之下得「**法眼淨**」，在那晚上因法的思惟，心得決定而離欲成就初禪，以及斷除我所執與我執，所以第二天天未亮時就證得阿羅漢。甚至於有的阿羅漢叫作「**善來比丘**」，因為　如來看見他來了，就跟他說：「**來得好啊！比丘。**」他當下「**鬚髮自落**」。他又沒有用刮鬍刀刮鬍子，為什麼就說他鬍子掉光了？又沒有拿剃刀來剃頭，為什麼說他頭髮就掉光了？其實「鬚髮」不是講這個實質的鬚髮，而是那六個根本煩惱加上隨煩惱斷了，所以他成為阿羅漢。其實那些阿羅漢、善來比丘，後來證明全都是菩薩。那他們憑什麼一句：「**來得好啊！比丘。**」就可以成為阿羅漢，就成為菩薩？因為他有往世的「**涅槃白業**」帶到這一世來。

那麼問題就來了：「那個涅槃白業的種子，是誰帶過來的？」一定要有個主體帶到這一世來，也總得往世有人修行呀！而且，「那一些涅槃白業的種子是誰之所作？」這總得探究啊！這才是修學佛法最重要的一個中心主旨，一定要先探討這個；如果不探討這個，忙修瞎練都沒用！如果把這個道理放在一邊不管，說他可以修學佛法、可以成佛，那都是自欺欺人！例如什麼人自欺欺人？釋印順！他書中明白寫著：「不必有第八阿賴耶識執持種子，這業種會自己存在，會來到這一世成就。」可是問題來了，「如果沒有各人各有一個如來藏執持往世修行造業的種子，那麼一切有情造作的善業、惡業、黑業、白業，種子要存在哪裡？」存在虛空飄來飄去，一切有情的業種互相混來混去而成爲雜亂？事實上不可能！因爲因果分明而不錯亂呀！縱使可能存在虛空，那麼大家都存在虛空，混過來、混過去，不是你儂我儂嗎？好了，那造善業的人辛辛苦苦造了善業，來世受報墮落三惡道，他們都是傻瓜嗎？造惡業的人們，一天到晚花天酒地、殘害眾生，卻是報得生在欲界天中或人中，他們都算是聰明人喔？

就算業種可以成功不混在一起好了，來世那些業種憑什麼能夠出生五陰？憑什麼？業種是被造作出來的，不是能生的法；被造作出來的竟然可以生出來世的五陰喔？這沒道理啊！一定得是能生的法才能生五陰哪！然而能生的法只有一個——第八阿賴耶識如來藏。業種是被生的，如果被生的法可以生五陰，好極了！天下大亂！爲什麼說「好極了」？因爲惡人喜歡哪！惡人就怕不亂！這個道理可能有的人還沒有聯想出來，我就跟諸位說吧！被生的法譬如說意根，意根是被生的法，從如來藏裡面不斷流注出意根的種子，才有意根的存在；有了意根，再出生五色根，五色根也是被生的法；六根具足了，可以出生六塵，六塵也是被生的法；六根、六塵相觸了生六識，六識也是被生的法。這些被生的法如果能生，那你意根也可以想：「我這一世大概沒機會結婚了，我乾脆意根自己生個兒子好了，香火有繼。」是不是？對啊！被生的法也可以生啊！那意識想：「意根搞不好晚上夢中出生了個兒子，我白天也來生個兒子吧！」意識是被生的法，那意識這麼想，搞不好前五識也依樣畫葫蘆。前五識大概想：「意根、意識都生個兒子；就沒有女兒，我喜歡女兒。」大家都來出生諸法。可是不可能成功啊！因爲被生的法永遠不能出生任何法，只有能生的才能生諸法。

同理，「業種」是被造作出來的，所以業種是被生的法，那麼業種怎麼可能出生來世的五陰？縱使業種眞的能出生來世的五陰，那個業種到底是怎麼存在的？存在虛空嗎？那就應該一切有情的業種都會混合在一起啊，沒有因果律了。如果不存在虛空呢？那是有什麼載體承載著業種來到這一世而成就了五陰？若是主張不需有個常住的載體第八識，承載業種來出生此世的五陰，那就變成「無因論」了。

就好像說種子，不管是樹的種子，或稻糧、五穀雜糧的種子，它一定有個載體；譬如說你吃一顆番石榴，裡面有種子，種子得要由那一顆果實收藏著；你吃番茄，番茄有許多種子，也要有那個番茄果實來承載。有人也許想到優曇鉢華——無花果。無花果有沒有種子？有啊！一堆的種子啊！所以你吃起來的時候才有唏唏嗦嗦的感覺，它的種子也是要那顆果實承載著，那稻米、麥等也都一樣。譬如說稻子，那一粒米採割下來，它也有種子，就是那個胚芽；但那胚芽不能自己存在，它得要外面那個粗殼和裡面的細膜，然後一堆的澱粉來承載著那胚芽；所以種子一定要有載體，種子不能單獨存在，而且種子不是能生的法，它是被造作出來的。

那麼到底這些種子——不管「**涅槃白**」的種子或者「**生死黑**」的種子，是如何被帶到此世的？否則不會有眾生輪迴生死，也不會有聖者解脫生死，更不會有菩薩繼續在生死中不生不死、利樂有情。那麼這些種子是誰帶到此世來？一定有個載體，那就是第八阿賴耶識如來藏。可是造作「**生死黑**」是五蘊所造作，因為「**作福者佛，作惡者眾生**」啊！如果這些作惡的眾生背後沒有第八識「**作福的佛**」，他什麼惡都幹不了。

我這樣講，對某些人來講可能太深奧了。也許有人第一次來聽經，心想：「**這是你蕭平實編造的吧？杜撰禪，杜撰佛法。**」其實不然！這是實相法界中的事實。所以有個作福的如來藏，於背後支持著造惡的眾生，然後這些由五陰所造作的「**生死黑**」或者「**涅槃白**」的業種，才能夠由這個「**作福的佛**」第八識帶到這一世來；因此「**生死黑**」的染業可以繼續，「**涅槃白**」的淨業也可以繼續。那麼這樣看來，到底「**生死黑**」、「**涅槃白**」是誰之所作？從表面看來是五陰之所作，實際理地看來也還是「**佛**」之所作，這個「**佛**」就是眾生的自性佛——如來藏。

摩訶迦葉何嘗不知這個道理呢？他是故意要問，問了出來，這部《大法鼓經》才可以繼續進行，才能利樂大眾。因爲 如來已經告訴他：「應該稍有所問。」所以他這麼問了，佛陀就告訴摩訶迦葉：「**業之所作，業起無量法，善起無量法。**」如來藏這個根本因不會主動造作什麼，祂一向是被動性的；得要憑藉著「業」，如來藏才會依那個業種去運作，然後才顯示在外，才有「**生死黑**」或是有「**涅槃白**」。如來藏從來不會主動造作，可是在「**造福眾生**」上面，如來藏是永遠主動去作的；不管對方是惡人、還是善人。這樣講有點兒玄吧？好像有點兒玄喔，等你悟了就不玄！

因此，雖然是由如來藏來示現五陰的「**生死黑**」及「**涅槃白**」，實際上動機或者說動力還是在業；假使沒有業，如來藏什麼都不會作；正因爲有業，所以如來藏就在三界中示現了五陰的「**生死黑**」及「**涅槃白**」。假使把「鬚髮」斷盡，也就是煩惱斷盡，如來藏沒有憑藉的「業」，那麼死亡的時間到來時，如來藏就不再造作下一世的五陰，那就成爲無餘涅槃；所以從實質上來看，就是如來藏不再作爲了，因爲沒有生死業了。如果下一世還會再輪迴生死呢？那就是還有生死業。所以從現象上來說，就說這是「業」之所作。

因此，如來接著作了開示：「**業起無量法，善起無量法。**」業，有三界六道的各種不同，千差萬別，「業」因此可以生起無量法。可是如果是「涅槃白」相應的十善業，這個善也會生起無量法；所以有的人一世又一世、一劫又一劫努力修學各種次法（次法也就是施論、戒論、生天之論），然後他願意接受善知識教導，去觀察：「**欲界法是不清淨的，色界法還是有漏的，即使到了無色界也還是應該要出離。**」他願意去作這個觀行，接著才能修學四聖諦，於是成爲阿羅漢，這個也是善法呀。那這樣，也許一劫、也許兩劫、也許三劫，他證得阿羅漢果，其中有無量法。

如果是菩薩呢，要修行三大阿僧祇劫才能成佛；在這麼長的時間裡，他努力在修行，生起的法就更多了，可說是無量無邊哪！不說前兩大阿僧祇劫，但說大波羅蜜多的第三大阿僧祇劫，那只有八地、九地、十地，加上個等覺位一百劫；單單是這第三大阿僧祇劫，也得要滅盡過恆河沙數的無始無明所攝的上煩惱。過恆河沙數到底是多少？這才只是最後一大阿僧祇劫，前面兩大阿僧祇劫還都不談。那麼這一大阿僧祇劫中所起的無量法，都是依於「涅槃白」相應的善業而起，所以同樣「**善起無量法**」，但是比起解脫道來可就多更多了！所以 如來這麼開示。

摩訶迦葉又稟白 佛陀說：「什麼叫作業起？什麼叫作善起？」也就是說：「業所生起的，到底是哪些內涵？善所生起的又是哪些內涵？」因為既然談到業、談到善了，那就要去探究到底是哪些內容？這時候 佛陀告訴摩訶迦葉：「業所生起的都是『有』，善所生起的就是『解脫』。」換句話說，由「業」所生起的都是「生死黑」，都是輪轉生死的法；不管他在造業的時候，是利樂有情的福業，或是傷害有情的罪業，或者純粹只是自己過生活的無記業。譬如說，古人講的「採菊東籬下，悠然見南山」，那不會傷害人，雖然屬於無記業，但也是「生死黑」，因為它會導致輪轉生死，全都落在意境當中取境，不離能取與所取習氣種子。除非唸那兩句的時候，像禪師一樣不落在意境當中，而是指示「涅槃」的所在。所以一般唸那兩句時，難道沒有那個意境嗎？有！那就是意識境界。所以意境越深遠，就越發是意識的境界，所以意境深遠不值得羨慕！

還沒有證悟的人，聽見禪師說話，都說意境深遠，表示他不離生死；等他哪一天悟了，也當禪師了，就說：「這哪有什麼意境？」因為是如來藏的現量境界，那就解脫生死了。這道理是一樣的，所以不管他修的是對眾生有利的福業，或者是傷害眾生的罪業，或者只是自己過著意境深遠的生活，都一樣是「**生死黑**」；因爲那全都是業，跟「解脫」無關。所以有些道場說：「**我們下一世還要當什麼人。**」嗄？慈濟人喔？（大眾笑…）你講的喔，我沒講！同樣的道理，這也是「**生死黑**」，因爲言不及義、行不及義、思不及義，身、口、意行都不及於第一義。而且去到下一輩子再當某種人時，也不一定就是某種人。其實不是只有你講的那個道場，還有另外一個道場也在倡導，教信徒們來世要當某種人，只是這兩年不太講了；但那樣全都是「**生死黑**」，所造的都是業，叫作什麼業？善業、惡業、無記業，全都叫作「業」。

但「業」跟涅槃的善不同，所以只要是業所生起的，來世一定是三界有。三界有是一個粗略的歸納，講細一點叫「二十五有」，又歸類爲四種生，所謂卵胎溼化；但是每一種生，千差萬別，總而言之都是「業」所生起。但是有一種「善」所生起的是解脫，所以眾生五陰沒有本來解脫的。這意味著說：眾生沒有誰是本來就是阿羅漢，沒有誰本來就是辟支佛，也沒有誰本來就是佛或菩薩。一切的出三界解脫的聖者，都是要經由修學善法才能夠得解脫，才能成就實相般若；所以沒有誰是本來成佛的，本來只有「理即佛、名字即佛」，然後要經由觀行，走過這個「觀行即佛」位，才能夠成爲開悟的「相似即佛」；因爲你證悟了，同樣找到這個如來藏了，好像是佛了；但還不是佛，還得要分證「無生法忍」，成爲「分證即佛」，繼續進修，最後才能是「究竟即佛」。

所以沒有誰可以不必經由善法的熏習修學，就本來是佛，只有從理上來說眾生本來是佛；因爲眾生都有第八識如來藏，現在凡夫位是如來藏，證悟時也是如來藏，將來成佛時也是如來藏，改名無垢識；所以眾生本來是佛，這只是在理上說；還得經由理上的頓悟，然後再作事修，最後成爲究竟佛。無有不斷盡二障而成佛的，一切有情同樣都必須斷盡所知障、煩惱障才能成佛，沒有人是生而本來就沒有這二障的，所以沒有無始以來本來就成佛的人，因此仍然要修學許多的善法。這些善法不斷地修學，然後生起了功德，首先就是二乘解脫，然後是大乘解脫，最後究竟位、到達佛地時是究竟解脫；這都要經由善法而生起，所以 佛陀告訴迦葉說：「業起者有，善起者解脫。」

所以喇嘛教誤會了佛法就說他們有本初佛，而他們的本初佛什麼模樣？你們有沒有看過？你們大陸來的同修們也沒有看過嗎？大陸很多道場，可以說百分之九十的佛教寺院都學密。可能你們沒有闖入他們的方丈室或壇城去瞧一下，他們至少有一張畫像，弄一塊布遮著，我說它叫遮羞布，因爲一掀開來，他們畫的就是「本初佛」：一個所謂的佛，抱著女人交合，兩人都是赤身露體。他們爲什麼會說那叫作本初佛？因爲他們認爲所有的有情，不論聖人、凡夫都是這樣被生出來的；因此就說，所有的佛也是這樣被男女交合而生出來的，所以叫作本初佛。他們那個本初佛，本來的語音叫作「**阿里不達**」（大眾笑⋯⋯）。阿里不達！我們臺灣老人家罵人家，說人家不正經時就罵：「**你這傢伙一天到晚幹一些阿里不達的事！**」表示什麼？不正經！因爲成佛了以後竟然每天抱著個女人交合，二十四小時都不離開，那叫作不正經，這本初佛的音譯，在臺灣就變成罵人的話。但密宗說那叫作本初佛，因爲他們認爲所有的佛都是這樣被生出來的，那麼諸佛豈不都是凡夫異生了。他們這樣解釋，其實錯得很嚴重！所以那個叫作「**生死黑**」，因爲密宗的法落在五陰與我所中，他們只能看到事相上的事。

悉達多太子固然也有父母親，但祂是無量數劫修行成佛的，不是這麼一生就成佛的；然後是成佛後再經過無量無數百千萬億那由他劫之後，應往昔一千位兄弟之間的約定，來賢劫中一起成佛而再示現一次，這個道理要懂。因此世間沒有本來佛，都是要經由斷盡二障才能成佛；可是斷盡二障的過程中，要修學無量無邊的善法，因此說：「善起者解脫。」今天講到這裡。

《大法鼓經》上週講到十七頁第二行講完了，今天要從第二段開始：

經文：【迦葉白佛言：「無生處云何善起？」佛告迦葉：「如如不異。」迦葉白佛言：「若善起者，云何到無生處？」佛告迦葉：「行善業。」迦葉白佛言：「誰之所教？」佛告迦葉：「無始佛教。」】

語譯：【迦葉菩薩稟白佛陀說：「無生之處是怎麼樣能夠有善法生起？」佛陀告訴摩訶迦葉：「是如如不異的緣故啊。」迦葉又稟白佛陀說：「如果善而有法生起的話，那麼要怎麼樣能到達無生之處？」佛陀告訴迦葉：「要修行善業。」迦葉又稟白佛陀說：「這是誰之所教呢？」佛陀告訴迦葉說：「無始以來的佛這樣子教導的。」】

講義：因為上一句話 佛陀說：「善起者解脫。」但如果業起呢？那就是三界有，只有善法中所生起的才是解脫。舉凡是業，不論它是世間的善業或者惡業，乃至無記業，全都是落入三界有裡面。因此摩訶迦葉就爲大眾請示一個問題：「無生的地方，怎麼可能還會有善的法生起呢？」這有個前提要先瞭解：既然無生就無一法可得，如果還有法生起時就不是無生了。既然那無生之處無一法可得，怎麼可能還有善法生起？摩訶迦葉爲我們請問的是這個問題。這裡就牽涉到無生這個命題。

無生在三乘菩提中有兩個層面：第一個層面就是二乘菩提之中，修學到了阿羅漢果或者辟支佛果，也就是「不受後有」了，因爲這一世就是最後有。「不受後有」了，就沒有來生的五陰法再度生起了，這是證無生。但是這個證無生是把每一世都會生起的蘊處界等一切法滅盡，而不再有未來世的五陰出生，所以叫作「證無生」。那麼六祖就說，二乘菩提這一類人是將滅止生，是用滅掉蘊處界等法，不再出生未來世的蘊處界了叫作無生，因此是將滅止生，是用「滅」的方法來停止了再出生來世的五蘊。但是大乘法不是這樣，而是本來無生。換句話說，二乘法滅了以後無生，就沒有任何法再生起了；沒有任何法生起，就不可能再有善法生起。所以摩訶迦葉針對這個部分向 佛陀請示：「既然到了無生之處，如何又會有善法再生起？」這就是從二乘菩提來看善法生起解脫之法而得解脫，但是「無生處」似乎不應該有法生起，所以提出這個問題來。

但若改從大乘的無生來看，不只這樣而已。大乘法所證的無生，當然也函蓋了二乘法的無生，所以同樣可以使後世的五陰不再生起而成爲將滅止生，但是大乘法中不用眞的滅盡諸法來停止後有的出生，而是另外證得一個本來無生的實相心，五蘊的滅與不滅都與大乘的無生無關。所以蘊處界是否要滅掉，跟大乘菩薩所證的無生是無關的；把蘊處界滅掉了，不再有後世的蘊處界出生，只是二乘菩提中的無生；但是如果發起受生願而繼續受生，自度度他行菩薩道，看來是有世世的受生，實際理地依舊無生；而這個無生是本來就無生，所以不是將滅止生。

這就是說，在大乘法中，諸菩薩們隨佛修學，除了要證二乘菩提的無生以外，還要去證一個本來就無生的法，這樣的無生不是修來的，而是本有的，只是要經由修行而證實第八識的本來無生；那個無生法就是《佛藏經》講的「無分別法、無名相法」，也就是許多大乘經裡面，包括二乘經都有講到的阿賴耶識，亦名異熟識，亦名如來藏，佛地名爲無垢識。這一個心是本來就沒有出生過，無始劫來一直都存在；因爲祂本來就在，不曾有過出生的時候，所以祂是無生。證得這個本來無生之法，菩薩繼續修行，無妨斷盡我見、我執、我所執，然後又發起受生願，繼續受生在三界中利樂有情、自度度他，一直到成佛以後依舊不入滅，到各個世界去示現成佛利樂有情。所以二乘菩提的將滅止生，諸佛如來早就實證了；但是還要悟得大乘法的本來無生，依於解脫的功德以及這個本來無生之法，次第進修而成佛。成佛之後，入涅槃只是一種示現；示現完之後，十方世界只要有緣的眾生道業成熟了，就又繼續去攝受他們，這叫作大乘的無生。

這個大乘的無生函蓋了二乘的無生，所以在三界中來去自由，想入無餘涅槃也行；但因爲有了受生願，所以繼續受生於人間，或者受生到兜率天、色究竟天不等，這就是大乘的無生。而這種大乘的無生，是伴隨著一世又一世的蘊處界而有生死，表面看來有生死；所以看見菩薩們在人間一世又一世不斷地生死，而實際上沒有生死，因爲入地前就已經解脫生死、於生死得自在了。雖然這個有生死的蘊處界，一世一世面貌、姓名、身分、生長的處所各個不同；但是這個有生滅的法存在，就會有善法生起，也會有解脫的法生起。而這每一世的蘊處界以及每一世所回復的解脫善果，都和本來無生的如來藏如如不異。所以雖然已經到了無生之處，而無妨繼續有善法生起，繼續有解脫相應。所以大乘法中的「無生處」，無妨善法生起，因此 如來說「如如不異」。

只是 如來答覆得很簡略，所以一般人請到《大法鼓經》的時候，再怎麼讀還是讀不通，總覺得不知所云，所以《大法鼓經》不是那麼容易理解的。那我這麼一解釋，諸位恍然大悟：「喔！原來有個本來無生的，世世相同；然後同時有一個世世生滅的蘊處界，每一世各不相同；這兩個合在一起的時候，本來無生的就是『無生處』；那一世又一世各個不同的蘊處界無妨有解脫生起，也有善法生起，有解脫相應的功德。這個本來無生的如來藏以及一世又一世和解脫相應的各不相同的蘊處界，互相之間如如不異；因此『無生處』可以有善法生起，可以有解脫道相應，這並沒有矛盾。」

可是如果單從二乘的解脫果——單從二乘的解脫功德來理解這一句經文時，就解釋不通了。那我這樣解釋，諸位就瞭解了。所以「無生處」與解脫的善法生起，其實沒有矛盾，因為二者之間是「如如不異」的。菩薩是把每一世生滅性的蘊處界，含攝在本來無生的如來藏裡面，所以二者「**如如不異**」，都是由第八識如來藏所生。如來藏生出來的蘊處界無妨跟善法相應，無妨跟解脫相應，所以有善法生起；因此「**無生處**」就可以有善法種子生起，無有妨礙，這就是大乘法的妙處。

接著摩訶迦葉又稟白　佛陀說：「**如果有善法生起的話，那又如何能夠到達『無生處』？**」就是從反面又問回來。因爲有的人你跟他說明正面的道理，他聽不懂，你還要反面過來講，他才能懂。有時候你說這某一個法應該是怎樣、怎樣，你說明完了，他也聽進去了，「喔！懂了！」他懂了！可是遇到另一個人，講的是跟剛才這個法顚倒的、相反的、有牴觸的，他聽了也一樣說：「**喔！我懂了！**」那麼是否他眞的懂嗎？沒有眞懂！所以有時候要反過來講。佛菩薩總是怕人們不懂，所以反覆地說明。那麼玄奘菩薩爲什麼要主張說：「**若不摧邪，難以顯正。**」他說「**難以顯正**」，爲什麼呢？因爲那些相似法亂說一氣，你如果沒有把他們的錯誤破斥了，舉示出來與正法比較，大家不曉得那個說法跟正確的說法有什麼差別，就永遠被那些表相的大師給誤導，進道無期啊！他們的道業想要進步沒有期限的，也就是要很久遠。「無期」兩字的前面就是「遙遙」，很遠、很遠哪！所以要從反面再來說。

因此，摩訶迦葉又為大眾請示了這一點：「**若善起者，云何到『無生處』？**」有善生起就是有法，有法生起就不是無生之處，因為已經有法生起了！問得也有道理，但這是為那些凡夫們所問的，所以說是問得有道理。若是從實證的人來看時就沒有道理，根本不必作此一問；可是為了大眾，還是得問哪！他的意思是說：「**如果有善法生起，不管這個善法叫作解脫法，或者菩薩的可愛異熟果，這善法裡面有法生起了，那又怎麼能夠說已經到了『無生處』？**」因為「**無生處**」無法，永遠如是安住而無一法生起，才能叫作無生。那麼這個提問是有道理的，因為很多人不懂大乘法的本來無生，所以必須作此一問。那麼有的人，假使他在意識思惟層面領解了這個道理，可是要怎樣到「**無生處**」？又是個問題。

到「**無生處**」確實很困難，不說大乘法到「**無生處**」很難，單說最淺的二乘菩提到「**無生處**」，就已經很難了。所以諸位看看，所謂著作等身的釋印順，連二乘法的無生他都能誤會了；要是提到大乘法的本來無生，根本不用提！所以打從我們正覺弘法開始，他對正覺永遠不回應，因為他對二乘的無生都誤會了，那大乘的無生是他從來不曾涉獵的範圍；因此當我們提出證悟如來藏後在菩薩道五十二個階位中的見、修、行、果，他看就懂了。懂什麼？懂得說：「**我印順再也沒有開口的餘地了。**」他懂！所以終其一生，對我評論了以後寄給他的那一些書，他從來沒有一句話回應，因爲他聰明，知道不回應對自己最好。

這就是說，大乘法的無生，實證之前先要有二乘法無生的實證。也許有人現在就想：「**那二乘法無生的實證，我是不是要先證得阿羅漢果，再來正覺學法？**」我說不用！來正覺學法，正覺幫你先證二乘的無生，但不要以爲這二乘的無生一定是證阿羅漢果。不用的！二乘菩提阿羅漢的所證是什麼？「**我生已盡，梵行已立，所作已辦，不受後有。**」總共四句，在正覺學法時，你只要先證得第一句就夠了！「**我生已盡**」的定義是說：最多再歷經七次的人天往返就出三界了，這叫作「**我生已盡**」。還不用梵行已立，「**梵行已立**」是以發起初禪作爲證驗的標準，在明心之時用不著這個！但是「**我生已盡**」要先證，然後才證悟明心。

「**我生已盡**」就是初果人斷三縛結，不再妄認蘊處界爲眞實我；當然得要有次法支撐，最重要的一個支撐——在很多次法裡面最重要的一個支撐就是未到地定，有這樣的基礎就可以進而證得「我生已盡」的初果。證得這個初果之後，接著參禪，求證如來藏；因爲證得初果「我生已盡」的解脫智慧，不足以理解大乘無生之處，因爲那是將滅止生。大乘的「無生處」就是如來藏，如來藏自身的境界中無有一法可得，在這種無法的狀態中，就是大乘的「無生處」。然而這個「無生處」不用你把蘊處界滅了，去無餘涅槃裡面證。假使有人想：「那我應該把蘊處界滅盡，我死後入無餘涅槃，我去看看『無生處』是怎麼回事。」那就大錯特錯！因爲入了無餘涅槃，五蘊的你已經不在了，有誰能夠觀察無餘涅槃裡面是什麼境界？正要現在蘊處界具足的當下，來證得那個無生，然後不必入無餘涅槃，就已經知道無餘涅槃裡的境界是什麼，這才是大乘法中的本來無生。

到這個時節，五蘊的自己還在，看見同時同處的如來藏就是無餘涅槃的本際，祂自己的境界就是無餘涅槃。但是這個無餘涅槃是永遠存在的，名爲「無生處」，卻無妨出生了這個有生有滅的蘊處界，繼續跟解脫相應，繼續有善法生起，兩者是「如如不異」的。學佛到了這個地步，懂這個道理以後一定會想：「**那我要怎麼樣到達大乘法講的『無生處』？**」一定會想到這個命題。因爲學佛的目的就是要證那個本來無生啊！既然要證那個本來無生，當然要探究：「**有什麼辦法可以證？有什麼辦法能讓我到『無生處』？**」

這時摩訶迦葉請問了，佛陀簡單地答覆：「**行善業。**」我們前面講過善與惡的定義了。但這裡的「善」不是講世間法中的善，例如基督教救世軍：流傳到現代的救世軍都在行善，但不殺人，古代的十字軍專門殺害異教徒；但現在救世軍都在行善，而那個善是有執著的，永遠墮在生死中，不是這裡講的善業；因爲他們跟生死輪迴綁在一起呀！

又如一貫道說要吃素，不吃眾生肉；也要修善業，不要作壞事，將來死後天堂掛號、地獄除名，想要生到天堂去。但他們行善生天，是生在什麼天？欲界天！可是欲界天中還貪著欲法呀！這不是佛法修道中所說的善，而是世間法的善；因爲那是繼續要輪轉生死，所以那也是生死業。那麼佛法中說：「**我就受了五戒，再加受菩薩戒，行十善業道；然後我再努力念佛、努力學佛，那也是善法呀。**」對不起！那依舊是世間善，仍然不是這裡講的善業，因爲他依舊墮在生死中；那樣修行的目的，是爲了來世繼續過著好生活。所以才會有南部的大法師說：「這某某人開悟了以後，從此過著幸福快樂的日子。」請問：「幸福快樂的日子」是什麼樣的生活？欸！世俗法中人間的生活。那還是不離生死業啊！那不是這裡講的善業，這裡講的善業是「解脫」。解脫才是善。

那麼想要到大乘法所講的「無生處」，而又無妨有善法生起，無妨事事與解脫相應，這該怎麼到達呢？要「行善業」。如來說：「很簡單，行善業。」而這個善業就有講究了！這善業當然要跟「解脫」相應，才能稱之爲「善業」，否則都是生死業。那麼這個善業我們這裡就不用解釋，因爲禪淨班老師們都教了，而且這個善業不是三言兩語講得完。那諸位就在禪淨班、進階班中，由親教師教的好好去學便行了。「行善業」的初步成績就是進入增上班，這就是初步的成績。那該怎麼行呢？禪淨班、進階班諸位親教師都教給你們，我這裡就不再重複，因爲我這裡不是開禪淨班、進階班。

摩訶迦葉又請示　如來說：「要修行善業這件事情，是由誰教導給眾生的？」這算是打破砂鍋問到底了。對啊！又沒有善知識教導，那你要怎麼「行善業」呢？你對善業的內容都不清楚啊！所以我剛剛也舉例，連被稱爲佛學泰斗的釋印順對二乘的將滅止生都弄不清楚，大乘的本來無生更無其分，所以當然要有善知識教導。眾生在無始劫以來不斷地輪轉生死當中，是誰來教導眾生呢？也就是說：誰才是眞正的善知識？沒有善知識的話，要自己摸索成佛，那不是三大阿僧祇劫的事，那可能是無量無邊不可思議阿僧祇劫。因此摩訶迦葉問了：「**誰之所教？**」眾生之所以能夠成佛，一定是有人教導。之所以能夠證得二乘無生、大乘的本來無生，一定有善知識教導，否則憑眾生的世俗智慧焉能到達？這時候 佛陀告訴摩訶迦葉：「**無始佛教。**」就是說：眾生之所以能夠到「**無生處**」，而無妨有蘊處界出生，無妨有善法生起，二者「**如如不異**」，這是因爲無始劫以來有諸佛教導。

從來沒有一個菩薩敢說：我自己修行就能成佛。所有的菩薩只要有證悟了，都是仰推 如來。假使有個人證悟了，他認爲他悟了，也許他說出來的般若密意也是正確的，但他卻說：「**我是自己開悟的，不是佛陀教導，我也沒有老師教導。**」我告訴你：他的悟是不成功的。他一定只知道那個表相的密意，但他不是眞正的悟，因爲他沒有轉依成功。眞正轉依成功的人，才叫作證悟者。可是證悟不是知道答案就叫作悟，而是知道那個密意之後，有轉依成功才叫作證悟；轉依在成佛之道中是非常重要的法，而他竟然反對蕭平實主張的轉依。證悟的人不會高傲地宣稱：「我是自己開悟的，我不用佛陀教導！也不用善知識教導。」因爲他悟錯了：他沒有轉依成功。他的眼光還只在這一世利養上面，不曾理解到往世偶爾曾經追隨 如來與善知識。因此一切證悟的人，都說是追隨 如來的教導，一世一世修行到某一世，終於證悟了。

那麼摩訶迦葉問了：「誰之所教？」佛陀竟然也說：「無始佛教。」佛陀竟然沒有告訴大家說：「我教的啊！」都沒有啊！所以有時候我們幫助誰證悟了，他悟了以後卻說：「我去禪三前，自己就悟了。」那爲什麼還要去打過幾次禪三才拿到我的印證？他不是自己本來就悟了嗎？可是我從來沒有說：「無始以來，我都沒有跟任何佛菩薩學過，我就自己這一世開悟了。」我從來不曾這樣講，我很清楚知道自己多劫追隨諸佛如來修學。所以，聽人家講話的時候要聽懂，他可以不懂，但你要懂得。所以他如果說：「我自己悟的啊！」「我去禪三前就悟了。」「來到正覺之前，我就悟了！」那你就知道他沒有眞的悟，最多只是知道那個密意，並沒有證悟的本質，因爲他還落在五陰我之中，所悟的內容只是知識。

那麼現在問題來了：「無始佛教。」這個「無始」兩個字，現在一定在很多人心中打了一個很大的問號。「無始佛教」這個問題很大哩！那麼到底無始劫前的佛又是誰教的？這個問題就來了。那這個問題我們現在暫時不討論，先賣個關子，進入下一段再來討論。

經文：【迦葉白佛言：「一切無始，佛誰化？誰教？」佛告迦葉：「無始者，非一切聲聞、緣覺思量所知。若有士夫出於世間，智慧多聞如舍利弗，長夜思惟終不能知；佛之無始誰最為先，乃至涅槃、中間，亦不能知。復次，迦葉！如大目連以神通力求最初佛世界，無始終不能得。如是一切聲聞、緣覺、十地菩薩，如彌勒等，悉不能知。如佛元起難可得知，眾生元起亦復如是。」迦葉白佛言：「是故，世尊！無有作者，無有受者。」佛告迦葉：「因是作者、受者。」】

語譯：【摩訶迦葉稟白佛陀說：「既然一切都是無始，那麼佛陀是由誰來度化，由誰來教導？」佛陀告訴摩訶迦葉：「關於無始這一件事情，不是一

切聲聞、緣覺他們經由思量所能得知的。如果有人出現在世間，他的智慧以及多聞猶如舍利弗一樣，用盡了所有的時間，一直思惟到晚上都不睡覺，這樣努力思惟之後，終究無法了知；佛的無始，是哪一尊佛最在前面，是第一佛？乃至於諸佛涅槃，以及涅槃後中間下一尊佛出世之前，怎麼樣思惟也不能了知。此外，迦葉！例如大目犍連以他的神通力，想要求知最早的第一個佛世界，那也是無始，終究求不能得。就像是這樣子，一切聲聞、緣覺、十地菩薩，猶如彌勒菩薩等等，全部都不能了知。猶如諸佛的緣起難以了知，眾生的緣起也像是這樣難可得知。」摩訶迦葉稟白佛陀說：「就由於這樣的緣故，世尊！沒有一個作者，也沒有一個領受者。」佛陀告訴摩訶迦葉：「因是作者，也是受者。」】

講義：你看，摩訶迦葉那是入地後的菩薩，又是 佛的長子；但他講出來的，佛陀補上去以後又不同了。所以，不是證悟就了不得了，證悟才是剛剛註冊，還沒有眞正的實修。什麼時候開始眞正的實修？喔！諸位都知道喔！初地才開始修行啊！因爲初地的住地心開始才叫作修道位，在入初地之前乃至入地心時，都還在見道位中。所以剛證悟的時候，也許五天、也許五個月、也許五年、也許五世、也許五劫都還在「眞見道位」原地踏步。精進的人，過個一年半載就進入「相見道位」了。然而相見道位從第八住開始，一直到第十迴向位，都屬於「相見道」。那麼入地時總該修道了吧？也還沒有！入初地時還有個入地心、住地心、滿地心的差別，所以初地也有三心。

如果進入初地以後就原地踏步，覺得說：「哇！我證得初地了，很滿足了。」那就原地踏步，那麼他這個入地心也有可能五世、十世、百世、千世，都不一定。要走過這個入地心，眞正開始修道了，這時叫作難行能行、難忍能忍，如此開始一分一分去斷除習氣種子，這才叫作修道位。如果悟後一直都在應付現行，那就不是修道位了。這樣子證悟般若了，值得用下巴看人嗎？就不用了！可是往年我們看到很多所謂的「證悟的聖者」，看人都用下巴。那諸位來判定，他們到底悟了沒有？對喔！當然就是沒悟啦！這是很容易判定的一個標準。

所以證悟這回事不值得炫耀，但可以自豪，只是有個前提：只能放在心中，不能顯露出來。比如說，有時候走在街上，看見許多比丘、比丘尼都還不懂得進入正覺，就別提證悟了。那你看見了，心裡面可以自豪說：「好在我進入正覺證悟了！」但是別表現出來。也就是說，你既然轉依了如來藏，如來藏是無我性的，憑什麼說個「我」證悟了？證悟了以後，無我亦無人，什麼叫作「我證悟了」？因為你所看到的都是如來藏，只是一個又一個如來藏，哪裡有我？哪裡有人？「我證悟了」就表示有「人」存在，那就有眾生了。

現在回歸到這句經文來，摩訶迦葉稟白 佛陀說：「一切無始。」對啊！一切都是無始的，假使你想要探究自己往世是什麼時候才出現的？好像那些生物學家說恐龍是什麼時候出現的、人類是什麼時候出現的，那都是猜測而言，叫作愚癡人。所以那些生物學家依據達爾文的進化論，說人類是從恐龍變成的，而且是從最壞的恐龍變成的，叫作暴龍。問題來了：現在考古學界發現了古時候三趾龍的化石，有一個人類的腳印踩在三趾龍的腳印上面，顯然人類跟恐龍是同時存在的。這不就被推翻了嗎？而且還有卵生、胎生要如何進化改變等問題存在。所以那一些科學家講的東西一直在變、一直在改，只有佛法講的始終不易，永遠不改變。

那麼現在問題來了，「一切無始」表示眾生是無始本有的。也許哪一個人，以前是一神教的，被教導幾十年了，從小就被教導說：「我們人都是上帝生的。」另一個一神教說：「我們都是阿拉生的、眞主生的。」現在有個命題出現了：「你上帝可以無始本有，爲什麼我們人類就不可以無始本有？」因爲法界是平等的啊！法界裡面是沒有高低差別的，你可以無始，我就可以無始。就好像佛法中說的一樣：「我可以成佛，所以你們將來也可以成佛。」這才是眞平等。不可以說：「我是上帝，本來就是上帝；你們當我的羔羊，永遠就是當羔羊。」那就是不平等。不平等的法就不是法界的眞實相。

所以，上帝如果可以說他是無始的，我們就可以主張：「我們也是無始的。」所以你要探究自己：到底是什麼時候才出現的？你往前追，饒你宿命通無量無邊，遠遠超過八萬大劫的無量百千萬倍，你也追溯不到，因爲眾生是無始本有。所以眾生如果不學二乘菩提，那麼眾生就是無始無終，生死輪迴沒有終了的一天。假使哪一天去信基督教，而被上帝打入地獄，永不超生，可是時間到了，一樣超生，上帝也無可奈何！那你如果出來主張說：「你上帝講的不對！眾生是無始本有，不是你創造的。你胡說八道！」罵了他胡說八道，他瞋心大發，想要把你打入地獄，要讓你永不超生。結果打不下去，爲什麼？因爲你說的是眞理。說眞理，無過、有功！所以他無法把你打下去。這表示什麼？表示眞實的法是平等的，平等的法一定是無始的。

只有不平等的法才是生滅的，譬如蘊處界不會平等：有的人高頭大馬，有的人矮小瘦弱；有的人一生無病無痛，有的人一生病痛不斷。都不平等！所以有的人生來就是要當國王的，有的人生來就是當賤民，也不平等！但這些不平等法都是生滅法。在實相的境界中，永遠是平等的；凡是平等的法就是實相，實相是永無生滅；所以，假使有人來正覺提問：「你們證得如來藏了，那我請問你：『你知不知道如來藏是何時生的？』你都沒有辦法證明如來藏是何時生的，怎麼叫作證悟如來藏？」那就表示他是個門外漢。因爲如來藏本來無生，法爾如是，才是家珍；而他想要的只是生滅法，將來必壞，即是愚人。

這就是說，如來藏是無始的，所以眾生就是無始。那如果不學二乘菩提，永不入無餘涅槃，他就是「無始無終」，一世又一世不斷輪轉生死，永無盡期，直到他學二乘菩提有成。那麼他如果是個定性聲聞，是不迴心的阿羅漢，他就是「無始有終」，他將會入無餘涅槃，從此「不受後有」；可是如果他是不定種姓，有一天遇見了佛，或是遇見了菩薩，聽聞佛菩提道之後，心中有嚮往，於是迴心大乘，開始行菩薩道，那他將來也是「無始無終」；因為現見無餘涅槃的解脫境界當下已經存在，並不需要把蘊處界滅盡，那又何必入無餘涅槃？那麼他就一世又一世起受生願，繼續在三界中受生，自度度他，那當然就無始無終。

以上說的是「無始」，現在接著來說，既然一切眾生是無始的，那總有一段時間會出現第一尊佛吧？因為所有的有情要成佛，都不會是生來就是佛，不會說他無始以來本來就是佛，不會這樣的。所有的有情都同樣要經由兩個部分的修證才能成佛，那就是斷盡煩惱障以及斷盡所知障。煩惱障有三界愛的現行以及習氣種子隨眠的部分要斷；所知障就是無始無明，關於如來藏所含藏一切異熟種子，要把這變易生死斷盡；若沒有經過這兩個部分的斷與證，不可能成佛。那麼諸位想想：有沒有哪一尊佛是無始以來本來就是佛？不必修行、不必斷二障而本來就是佛？不可能！如果有佛是本來就是佛，那我們應該也可以像祂一樣，但為什麼我們不能？表示最開始（當然「最開始」這三個字是有語病的，因為無始）祂本來就是佛，那就不是眾生；那麼如果眾生要成佛，得要斷盡二障，而祂本來就是佛，我為什麼不可以本來也是佛？這個命題出現了，並且這個命題不可解；因為既是平等法，就應該大家都一樣。譬如說，每一個人都有自己的如來藏，狗、魚、鳥、螞蟻、細菌也都各有自己的如來藏，而且一切有情的如來藏自性都一樣，那才叫平等。如果有佛是本來就是佛，而眾生本來是眾生，那就不是平等法，所以沒有所謂的誰本來就是佛的事。

但是回到上一段的最後一句「**無始佛教**」，表示什麼？表示諸佛無始以來就有。為什麼說無始以來就有？因為眾生無始便有，你要往前去追溯到過無量無邊不可思議阿僧祇劫前的無量無邊不可思議的阿僧祇劫前，不管你怎麼追溯，一定已經有佛，所以無始的佛是你難以追溯的時節，你沒辦法追溯的！那我們現在來看看，到底　釋迦佛有沒有說明「無始劫以來是哪一尊佛最先成佛」？（請歐老師把它播出來。）

我們以前講過《妙法蓮華經》了，先舉示《妙法蓮華經》來講。卷六〈常不輕菩薩品第二十〉：「**乃往古昔，過無量無邊不可思議阿僧祇劫，有佛名威音王如來。**」釋迦如來說祂自己成佛以來，是無量無邊百千萬億那由他劫來到現在，祂成佛以來已經過那麼久了。但是比起這個「過無量無邊不可思議阿僧祇劫」，那又短很多了。這裡講的是 威音王如來，是二萬億 威音王佛中的第一尊佛，是在那個時候成佛。再來看《法華經》卷七〈妙莊嚴王本事品第二十七〉：「乃往古世，過無量無邊不可思議阿僧祇劫，有佛名雲雷音宿王華智、多陀阿伽度、阿羅訶、三藐三佛陀。」一樣是過無量無邊不可思議阿僧祇劫。再來看《佛說華手經》卷六〈驗行品第二十二〉：「乃往過去過無量無邊不可思議阿僧祇劫，劫名妙智。爾時有佛號普德增上雲音燈佛。」時間一樣。但是爲什麼佛教界古來一直有人說：「有個最初佛——本初佛。」天竺佛教界沒有這樣講，中國佛教界才有，應該是被密宗所誤導了。

我們接著再來看下一段，《妙法蓮華經》卷三〈化城喻品第七〉：【佛告諸比丘：「乃往過去無量無邊不可思議阿僧祇劫，爾時有佛，名大通智勝如來，應供、正遍知、明行足、善逝、世間解、無上士、調御丈夫、天人師、佛、世尊。其國名好城，劫名大相。諸比丘！彼佛滅度已來甚大久遠，譬如三千大千世界所有地種，假使有人磨以爲墨，過於東方千國土乃下一點，大如微塵；又過千國土復下一點，如是展轉盡地種墨，於汝等意云何？是諸國

土，若算師、若算師弟子，能得邊際知其數不？」「不也，世尊！」「諸比丘！是人所經國土，若點不點，盡末爲塵，一塵一劫；彼佛滅度已來，復過是數無量無邊百千萬億阿僧祇劫。我以如來知見力故，觀彼久遠，猶若今日。」】你看這個時間要怎麼算？現在就不去談它。這樣看來，大通智勝佛成佛的時間，似乎又比 威音王佛更久了，但是從經文中也無法證明是比第一尊 威音王佛的時間更早。

諸佛如來被 釋迦如來講過成佛最早的，我搜集出來就是這幾段經文，同樣都是過無量無邊不可思議阿僧祇劫；可是這幾位 如來都同樣是「過無量無邊不可思議阿僧祇劫」，就沒有說更早的了。但是，這表示沒有比祂們這三位 如來更早的嗎？不是！因爲 如來並沒有說祂們是最早成佛的啊！只是說那麼早以前有什麼如來出現。可是爲什麼中國佛教一直有人講，說有一尊佛叫作 威音王佛，是最早成佛的？其實他們是誤會了，斷章取義！我們再來看下一段，這就是個證明。

《妙法蓮華經》卷六〈常不輕菩薩品第二十〉：**「最初威音王如來既已滅度，正法滅後於像法中，增上慢比丘有大勢力，爾時有一菩薩比丘名常不**

輕。」那後面經文就不必再援引了。這裡有講「最初威音王如來既已滅度」，可是這「最初」兩字，不是講 威音王如來是最早的佛；但是有的禪師誤會了，所以就講 威音王佛以前如何、如何。其實 威音王佛不是最早成佛的，而這裡「最初」兩個字是講第一尊 威音王佛示現滅度後，正法、像法過去以後，有第二尊 威音王佛示現在人間；這樣連續兩萬億尊 威音王如來陸續出現在人間。而這兩萬億 威音王如來的第一尊就是「最初威音王如來」，是指兩萬億同名 威音王如來中的第一尊；不是說這第一尊的 威音王如來就是諸佛中最初的佛。所以這個就是中國佛教界的誤會，這裡要講清楚。

接著後來的密宗，他們讀了佛經也就誤會了，就來施設一個叫作「本初佛」。說有的佛是本來就成佛的，或者說他是一切佛中的第一尊佛，所以叫作本初佛。那麼這個本初佛，是在印度佛教被密宗滲入以後才出現的，那就是《大日經》講的那個如來——大日如來。那部《大日經》講的大日如來，並不是佛教《華嚴經》中講的 大日如來。因為那部《大日經》的大日如來只是密宗的如來，他是抱著女人雙運的，不是佛教經典中說的 大日如來毘盧遮那佛。

可是那密宗爲何把他叫作本初佛？本初佛在印度叫作「阿低不達」。可是臺灣南部，看見有人供密宗那種雙身交抱的佛像時，就說：「拜那個什麼『阿里不達』！」就開罵了。「阿里不達」在臺灣話意思叫作「不正經」，表示大家不認同；但密宗爲什麼說那叫作本初佛？因爲他們認爲一切人是修雙運法成佛的，同樣都是由父母所生的，那一對父母就是本初佛。原來密宗是以這個五陰身作中心，認爲五陰是眞實的，所以誰生了你這個五蘊，那就是本初佛。那麼恭喜了！諸位堂上都有兩尊佛。對啊！依密宗所說，都可以叫作本初佛！可是，我說那個講法也叫作「阿里不達」！

因此，在佛法中沒有本來就是佛的人，因爲所有佛同樣都是要經由斷盡二障才能成佛，沒有例外。可是眾生無始，所以在無法推溯的無數劫前就已經有人成佛了，所以當然可以追溯到無始劫前的第一尊佛，但不是我們所能知。那個無始劫，你沒有辦法用人間的計算單位來說它是多少劫以前成佛，因爲眾生是無始的。既然眾生無始，那麼眾生修行後成佛，也可以追溯到很久很久以前，你沒有辦法用人間所施設的那一些計算的單位，來說明是多少劫以前。比如剛才我舉示了經文說，這幾尊　如來都是過無量無邊不可思議阿僧祇劫前成佛，但那個「前」字，有沒有限制是什麼時候？沒有限制啊！在那個時劫「之前」的多久時候？佛沒有講。但是諸佛如來能不能知？能！然而沒有其他人知道，也沒有人間的時間單位可以用來形容有多久。那如果你很想知道，很簡單，趕快成佛吧。

回到經文來：「**一切無始，佛誰化？**」喔？問題來了：「**既然能夠成佛，那是誰來化度的啊？**」如果沒有人化度，而後來終於成佛，那他就有可能是無始來的第一尊佛；可是那第一尊佛的成佛之道，絕對不會是三大阿僧祇劫，一定是無量無邊不可計數的阿僧祇劫。因爲都是靠自己摸索的，根本不曉得現在距離成佛還有多遠？老實說，連佛的名字都還不能建立。所以要追溯無始以來哪一尊佛是第一尊佛是很困難的，因爲眾生無始以來就存在了。那既然無始，就表示一定也有佛，成佛也是無始。但那個無始，不是像眾生一樣的無始，而是說不可追溯的無始。所以前一段最後一句才會說「**無始佛教**」。

那既然一切無始，成佛的有情是誰所化度的？最早修行的時候，大家都還沒有成佛，都沒有誰已經成佛，大家都還在摸索，也根本不知道什麼叫作成佛，因爲「佛」這個名詞都還沒有出現。大家都在修行，想要達到最究竟位，也沒有人知道最究竟位是什麼？一定要有人已經全部走過了，去窮盡一切法，而能夠知道再也無可進修了，那才能夠說成佛了；所以那時大家都是摸索，但摸索的時候，總要有人來化度，所以由走在前面的人化度後面的人；由先實證的人來教導後面的人，這樣互相化度、互相教導。

可是大家都尚未成佛，由誰來化度？由誰來教導？這要從兩個層面來講。從理上來講，由各個有情的根本因來化度、來教導；從事相上來講，要有早成之佛來化度、來教導。但是早成之佛，由於無始，所以你難以追溯；直到你成佛了，你可以具足了知，未成佛前都無法了知的。所以迦葉這麼請示之後，佛陀告訴摩訶迦葉：「**無始這件事情，不是一切聲聞、緣覺去思量所能知道的。**」既然是無始，就表示無可追溯。無可追溯，就必須要到如來位才能了知。聲聞、緣覺縱使已經到達三明六通的階段，無可再學了，最多也只能看到八萬大劫前。想要知道一個阿僧祇劫前，根本就不可能，更不要說過無量無邊不可思議阿僧祇劫之前。那三明六通的大阿羅漢，即使修到了八地、九地，所知一樣是有限，只是比聲聞知道的更多，多上十百千倍；也不過就是十百千倍，終究無法了知無始。那緣覺也是一樣，因爲菩薩到八地、九地、十地都還無法了知無始。

那麼 如來作了個譬喻：「假使有人出生在世間，他的智慧像舍利弗那麼好，而且又多聞像舍利弗那樣，讓他從白天思惟到黑夜，又繼續思惟到天亮，終究不可能知道諸佛的無始是哪一尊佛最先。」世尊這一句話，言外之意是什麼？是有一尊佛最先，只是二乘聖者乃至迴小向大以後的舍利弗也無法了知。所以「長夜思惟終不能知；佛之無始誰最爲先」，表示是有最先成佛的一尊佛，但是因爲以現在人間的計數單位來講時，只能說無始，沒有甚麼計算的單位，可以來說明是在那個單位的數目之前的那一劫成佛，只能夠用「無始」來講。

那麼無始以來的第一尊佛是誰？除非成佛，不可知！乃至於說第一尊佛，成佛之後入無餘涅槃，第二尊佛還沒出現之前的那個中間，也不可知。因爲比起那一尊佛出現的時間，那一尊佛入滅以及第二尊佛出現的那一段時間，其實還是無始，你根本不可能了知。所以我才說：「你如果眞想了知，那你就趕快成佛。」以外別無他途，因爲太久遠！眾生既然無始，那無始以來就會有人成佛，同樣也只能說是無始；雖然有個先後，但還是無始，因爲你不可究竟了知。

那麼 世尊乾脆就說得更明白一點：「就像是這樣的道理，一切的聲聞、緣覺、十地菩薩，乃至於猶如妙覺位的彌勒菩薩等人，全部都不可能知道。」如來就說：「接著，迦葉啊！猶如大目連以神通力求最初佛世界，無始終不能得。」我們講《法華經》也講過：目犍連要先供養八千尊如來，然後再供養二百萬億如來才能成佛。我們也講過那個原因，是因爲他曾經入定而歷觀八千個佛世界，心想：「如來的所見應該不如我所見的這麼多。」然後就以師子步行走往見如來，如來看見了就問他說：「你剛被我度化時只不過是個聲聞種姓，爲何今天這樣作師子步來見我？」他回答說：「我能看見八方面各有一千個佛剎，我想佛的所見應該是不如我所見的這麼多，所以師子步來見佛。」佛就說：「我的所見，十方各如十個恆河沙佛剎，一沙爲一佛剎，我能看見其中所有的一切事物；例如有人從兜術天來入母腹中者，以及有人出生，有人出家修行而學道的，也有降伏天魔的人，也有從佛道或色界天來勸助的人，也有轉法輪一切說法者……」說了很多種，然後說：「諸佛世界像這樣的無數修行人不可計數，我以佛眼全部都能看見。」然後又怕目犍連不信，就放光徹照上方，又放光遍照下方及八方等，佛光無所罣礙，顯出十方世界無數佛剎來。當時目犍連就在 佛前看見無法計數的無邊佛剎，目犍連看見這樣的示現，嚇死了，舉聲大哭向 佛懺悔。正因爲這個緣故，所以他的成佛是先要供養八千尊如來，然後供養奉侍二百萬億佛以後方得成佛，因爲他看見那八千佛世界時都沒有前往恭敬禮拜供養的緣故。那你想，目連的神通是最棒的了，即使用他的神通力來尋求最早出現的佛世界時，當然也不能查證清楚，因爲眾生無始，一定也在無量不可計數的阿僧祇劫前，就有人開始修行而成佛了。

就像是這個道理一樣，一切的聲聞、緣覺、十地菩薩，乃至猶如 彌勒菩薩這樣到了妙覺位，全部都不能知道。猶如諸佛的「元起」是難可得知，眾生的「元起」也像是這樣。這個元朝的「元」，古時候是通那個原來的「原」，也就是說：「元」是第一尊、第一位、或第一個，「元」是第一；所以一年的開始，第一天叫作「元旦」，或者說第一個早上叫作「元旦」。所以「元」就是第一，那「元起」就是第一位出現的，難可得知；連妙覺位都無法了知，所以只有如來才能了知。

也許有人問：「那釋迦如來為什麼不告訴我們，無始以來誰是第一尊佛？」起這個念也無可厚非，但問題是，告訴你說誰是第一尊佛，你就能成佛嗎？就能開悟或解脫嗎？對道業就會有幫助嗎？都不可能啊！有誰聽聞了第一尊佛以後，就可以開悟嗎？就可以證初果嗎？都不可能啊！那麼對大眾沒有幫助的事情就不用講了，講了之後聽聞者也無法求證，便成為無記了。這個意思是說，無始以來一定有第一尊佛，因為一切人都同樣必須要斷盡二障才能成佛，沒有誰是無始以來就全無二障的；然而斷盡二障是要經過很長久的時間才可能完成，不是短時間可以完成的。所以沒有哪一個有情是本來成佛的，一定都是要斷盡二障才能成佛；但是因為眾生無始，所以無始以來就有人修行，當然也是無始以來會有人成佛。但既然是要斷盡二障才能成佛，就表示十方三世、宇宙之中一定是有人第一位修行成佛的。

佛陀開示完了，接著摩訶迦葉就想要作一個結論，他說：「**由於這樣的緣故，世尊！所以沒有一個能作者，也沒有一個能受者。**」因為一世又一世，這蘊處界不是同一個；在修行成佛的過程中，要用過多少的蘊處界！一世一世的五蘊，一世一世的十二處、十八界，全都不一樣，但這一些都是生滅法；既然是生滅法，那到底是誰作的？眞的「沒有一個能作者，也沒有一個能受者」。那麼成佛要這麼久的時間，在成佛之前這一些時間，到底要算是哪一世的五蘊修行成佛呢？你沒有辦法說是這一世的五蘊修行成佛。於是改說是無量世的五蘊修行成佛的啊！然而無量世的五蘊每一世都是生滅的，所以你能夠說到底是誰作的？今天的成佛又是誰作的？因此他想：「無有作者。」

那麼每一世修行結束了以後，下一世道業又增長一點，因爲每一世修行完了以後就增長一點，是無量世的五蘊修行累積成的，那到底是誰來領受修行的成果？也很難講呢！因爲每一世領受前世修行的成果，領受的這一世的五蘊也都是生滅的，那到底誰是受者？所以摩訶迦葉說：「無有受者。」看來也對。可是 佛陀告訴摩訶迦葉：「因是作者、受者。」

這又要回歸我們講的「法」了。從現象界來看，你上一世努力修行叫作張三，所以有這一世的你叫作李四，繼續前一世張三的道業。那這一世證悟了有所成，又轉到下一世去叫作王五，由王五來承接了這一世李四的道業；可是這三世的五蘊都是生滅法，既然都是生滅法，究竟是誰受了呢？說李四承受張三的道業，所以李四是受者；然而李四死了，又受在哪裡？又換第三世的王五來受了。那王五還在的時候，看來是王五受了，可是王五也會死啊！再下一世又是誰受？又到了第四世趙六受，結果呢，趙六也會死，所以沒有一個受者。可是說到「受」，總是要有人先作了，他才能受；那張三作了一世，張三死了以後，誰是作者？那由李四承受了，換李四來作，但李四也會死啊！所以從成佛的時候來看往世，到底誰是作者？誰是受者？其中並沒有一個眞正的作者、受者，全都是生滅法。所以摩訶迦葉說：「**無有作者，無有受者。**」說的也對。

但是第八識如來藏幫他把層次拉高了，爲什麼？因爲證悟以後，所看到的作者、受者全都是如來藏，所以有一部經典說：「**如來藏出生了見分，出生了相分。**」也就是說，如來藏出生了一個能作的、一個能受的，那能夠作的，是表面看來說他能作；譬如說這個身體，如果你沒有身體，你能走路嗎？能吃飯嗎？能作事、聽經嗎？這些任何一事都作不了。但是身體能作嗎？也不能作！其實，是這個六識心加上意根在作；可是如果缺了一部分，誰都不能作，原來是和合而作。所以在那一部經中就說得很白了：「**如來藏出生了**

見分與相分，見分是眼、耳、鼻、舌、身、意識，加上一個意根；相分就是這個色身，再加上色、聲、香、味、觸、法。而如來藏出生了見分、出生了相分，然後由見分取相分；本質上是由如來藏出生的見分，來執取如來藏出生的相分，所以能取與所取，結果都是如來藏。」

所以說上館子時說：「哎呀！好好吃！眞的是享受！」但享受的時候是由如來藏出生的這個色身有身根、舌根，然後接觸了那個食物；但那食物的色、香、味是這個五根接觸的，然後如來藏藉五根接觸了相分五塵，來變現了你勝義根裡面的內相分；你覺知心去接觸那個內相分，覺知心就是見分。結果那部經中說了一個譬喻：就好像一條蛇有兩個頭，這個頭叫見分，那個頭叫相分；然後這個頭一天到晚愛那個頭、玩那個頭。結果這樣看來，原來每天到處遊山玩水，「哇！好漂亮。」好高興喔！結果只是自己如來藏的見分執取了自己的相分，是你的如來藏出生了見分，來取如來藏所出生的相分，實際上你並沒有看見眞正外面的景色；你看見的景色，是如來藏藉由眼根來變現在勝義根的內相分給你欣賞，然後你很歡喜說：「哇！這裡景色好美！」其實是如來藏好美，就是見分取相分。所以說穿了，就是自己玩自己，這就是無生法忍菩薩所見的現量。

這樣看來，你去遊山玩水，你上館子吃得很快樂，到底誰是作者？誰是受者？原來不是你這個五蘊在作、在受了，都是背後的如來藏。如果不是背後的如來藏，你能上館子吃飯嗎？你能遊山玩水嗎？你能領受那些境界嗎？都不能！所以，作的也是如來藏，受的也是如來藏，如來藏是一切法的根本因。所以五陰其實什麼都幹不了，大家覺得五陰很行，其實是因爲背後的如來藏；假使不是背後的如來藏，且不說你，連轉輪聖王也一樣什麼都不是！所以如來藏這個「因」才是眞正的作者，才是眞正的受者。

不曉得有沒有人聽到這裡覺得好洩氣，有沒有？沒有啊？這不太對勁！對啊！因爲你想想：「本來以為我好了不得，結果現在竟然什麼都不是，全都是如來藏！可是反觀自己，如來藏到底在哪裡？又看不見，那多洩氣！」喔！我知道了，諸位不洩氣是因爲：「我只要待在正覺，終究就有機會證得祂。」是喔！有智慧。所以　如來點了出來：你摩訶迦葉既然悟了，就不要從事相上去看！你要從理上去看，從「理」上去看的時候，「『因』是作者、受者。」「因」就是第八識如來藏。接著，摩訶迦葉又爲我們請示什麼呢？

經文：【迦葉白佛言：「世間為有盡耶？為無盡乎？」佛告迦葉：「世間未曾盡、無所盡、無盡時。」佛告迦葉：「如以一毛，滴大海水，能令盡不？」迦葉白佛言：「唯然，能盡。」佛告迦葉：「乃往過去無量阿僧祇大劫時，有佛名雞羅婆，出興於世，廣說法教。爾時城中有離車童子，名一切世間樂見，作轉輪聖王，正法治化。王與百千大眷屬俱，往詣佛所，頂禮佛足，右遶三匝，供養畢已，而白佛言：『我當久如得菩薩道？』佛告大王：『轉輪聖王即是菩薩，更無有異。所以者何？無有餘人作帝釋、梵王及轉輪聖王。若菩薩者，即是釋、梵、轉輪聖王，先作眾多帝釋、梵王，然後乃作轉輪聖王，正法治化。汝已曾作恆河沙阿僧祇帝釋、梵王，今作轉輪聖王。』時王白言：『帝釋、梵王，何所像類？』佛告大王：『釋、梵天王亦如汝今首著天冠，而彼端嚴則不及汝。如佛色像端嚴殊特，非聲聞、緣覺、菩薩所及；如佛端嚴，汝亦如是。』迦葉！爾時聖王復問佛言：『我於久如當得成佛？』佛言：『大王！凡得佛者，時大久遠。所以者何？假令大王捨其福德，還為凡人，而以一毛滴大海水，乃至將竭，餘如牛跡，當有如來出興于世，名曰燈光如來、應供、等正覺；時有國王名地自在，燈光如來為王授記當得作佛。汝於爾時當為彼王第一長子，亦俱受記。時彼如來當如是說：〔大王！汝此長子從昔暨今，大海將盡，生為汝子；於其中間，不為小王，或為釋、梵、轉輪聖王，正法治化。汝此長子勇猛精進如是。地自在！菩提難得，以是因緣故說此譬。地自在！汝此長子有六萬婇女端正姝好，瓔珞莊嚴狀如天女，棄之如唾。知欲無常，危脆不堅；『我當出家。』作是語已，信家非家，捨家學道。是故，彼佛記此童子：『當來有佛，名釋迦牟尼，世界名忍。汝童子名一切世間樂見離車童子；佛涅槃後，正法欲滅餘八十年作比丘，持佛名、宣揚此經，不顧身命。百年壽終，生安樂國，得大神力，住第八地；一身住兜率天，一身住安樂國，復化一身問阿逸多佛此修多羅。』〕』時地自在王聞子受記，歡喜踊躍：『今日如來記說我子，得八住地。』時彼童子聞授記聲，勤加精進。」】這一段經文，我們得等下一週再來分解。今天共修到此。

我先表演喝水（大眾笑…），這一杯可能就是我今天唯一的一餐。《大法鼓經》上週十七頁最後一段唸完了，唸到十九頁第一段。而我今天遲到了，因為人總是有生老病死！今天躺了一天，可能吃了不該吃的東西，因為人家是好心照顧我，煮了十全大補來給我。以我現在的體質來講，其實不應該吃，因為第一天喝了一碗，我就發覺不對了；但盛情難卻，就每天喝一碗；但今天早晨起床時，才下床一走路，就是一直往右偏；就是以前那個小中風的狀況出現了，所以立刻就把「保栓通、立普妥、得安穩」吃了，然後到了兩點再吃一次同樣的藥。理論上，一天不能吃兩次的，但就吃了。

但那個問題解決了，結果就引生了「梅尼爾氏症」，就是「內耳不平衡症」，就一直躺著休息，一直睡覺，希望晚上講經前會好。這種遺傳性的病，只要太累時就會發作。可是躺了一天沒好！中午再吃了一顆葡萄柚，結果下午、傍晚全部都又還出去了。後來發覺不行，還是要去處理這個「梅尼爾氏症」，我的病歷在士林一家診所，但是因為有上一次的處理錯誤，他們把我強行降壓，所以導致半身不遂。因為上次那醫師給我兩顆「壓達能」，那壓達能如果連續吃三天，一天一顆，一般人都受不了；而他同時給我吃兩顆，結果二十分鐘就半身不遂！送新光醫院住院三天，救回來，好了！

但這一次，吃了那個不該吃的東西，所以引生不平衡的症狀來。既然引生了，我有經驗，立刻「保栓通、立普妥、得安穩」就吃了，但那種降壓藥是絕對不能用的！「得安穩」是擴張血管的可以使用，它不會強降壓，它只是擴張血管所以降血壓；這個知識諸位都要學，因爲家裡有堂上老人家。假使有輕微中風，千萬不要用降壓藥！所以剛才趕去士林診所，因爲病歷在那邊。但醫師不敢再開藥，怕又重蹈上一次的覆轍，他嚇死了！我於是說：「**那不然這樣，你給我止頭暈的藥就好了。**」後來他還是不敢給我。他不敢治我的病，就給我一張轉診單，要我去新光醫院。但我知道我現在的問題已經轉爲「梅尼爾氏症」，就是內耳不平衡症，一直暈，就會一直吐。後來我說：「**那你就給我個止頭暈的藥就好，因爲我暈了一天。**」他同時給我一個降壓的藥，那一顆我就帶著，但我不吃。我告訴他說：「**這降血壓的藥，我晚一點再吃。**」其實我是不吃它，而把那一顆止頭暈的藥吃了，然後轉診。

我今天出門後走環河南路要去士林診所時，車子跑了一半路就開始不暈了，一定是 瞿曇老爸加持的！開始不暈，漸漸開始好起來！這時我想：「**我再去新光掛急診，他們會放我出院嗎？**」而且我自知已經開始好轉了，所以沒去新光，離開士林診所後就直接回到講堂來，那張轉診單就保存起來收藏。我剛到講堂時，是請香積組幫我泡了這一杯黑糖水，這可能就是我今天唯一的一餐。也有可能講經完了，瞿曇老爸說：「好了，你夠辛苦了！讓你好起來！」然後我也許講經後可能有福分吃一碗鹹粥。情況大概就是這樣，簡單報告。

所以「梅尼爾氏症」這個症狀可以叫作一陣風，因爲來得急、去得快，所以諸位別替我擔什麼心！我還沒打算要走，還早呢！還有很多事情要作。不過今天氣力就差了，所以如果講到一半，支持不了，就請大家包涵！容許我提早下座；但我有信心，瞿曇老子會加持我，一直到講完；也有可能越講越有精神——上臺一條龍！下臺怎麼樣就沒關係了！所以，不要爲我掉眼淚！擦乾了，堅強起來！好不好？（眾答：好。）回到《大法鼓經》。（將來整理的時候，這一段也把它整理進去。這就等於是蕭平實大事紀的一部分，也是人生的正常事。）我上週經文唸完了，今天要開始先語譯。

語譯：【迦葉稟白佛陀說：「世間是有窮盡的時候呢？或者沒有窮盡呢？」佛陀告訴迦葉說：「世間從來不曾滅盡，世間也是無所滅盡，世間的存在是沒有滅盡之時。」佛陀又告訴迦葉說：「猶如有人以一根毛，用來沾大海水而滴於大海之外，能使大海水滴盡嗎？」迦葉稟白佛陀說：「確實是可以的，能滴盡大海水。」佛陀告訴迦葉說：「從現在往過去追溯無量阿僧祇大劫之時，有佛名爲雞羅婆，出興於世間，廣說佛法教導。那時城中有一位離車童子，名字叫作一切世間樂見，他作轉輪聖王，以正法治化人們。這位轉輪聖王與百千大眷屬同在一起，他們前往雞羅婆佛所，頂禮佛足之後，於佛前右遶三匝，並且供養了佛完畢之後，轉輪聖王就稟白雞羅婆世尊說：『我將會在未來多久以後證得菩薩道？』雞羅婆世尊告訴大王說：『轉輪聖王其實就是菩薩，再也不會異於菩薩了。是什麼原因這樣說呢？是因爲沒有別的人可以作帝釋、梵王及轉輪聖王的緣故。所以凡是菩薩的身分，也就是帝釋、梵王、轉輪聖王，都是先前已經作過很多次的帝釋、梵王了，然後才能在人間作轉輪聖王，以正法來治化人間。你在往世已曾作過恆河沙阿僧祇次的帝釋、梵王，如今下生人間而作轉輪聖王。』當時轉輪聖王稟白說：『帝釋與大梵天王，是什麼樣的形像類別？』雞羅婆佛告訴大王說：『帝釋與大梵天王也如同你現在一樣頭上戴著天冠，而他們的端正莊嚴則不如你。猶如諸佛色像的端嚴殊特，並非聲聞、緣覺、菩薩們之所及；猶如諸佛一樣的端正莊嚴，你也就像是這樣的端嚴。』迦葉！當時的轉輪聖王又復請問雞羅婆世尊說：『我於多久之後將可以成佛？』雞羅婆世尊說：『大王！凡是證得佛位的事，時間都是非常的久遠。爲何是如此呢？假使令大王捨棄廣大福德，還來成爲世間的凡人一般，然後以一根毛尖引滴大海水中的一滴離開大海，如是不停地將一毛尖的一滴海水引往大海外，一直滴到大海水即將枯竭，只剩下猶如牛跡一樣小的海水，經過那麼長久的時間以後，將會有一尊如來出興于世間，名稱爲燈光如來、應供、等正覺；當時會有一位國王名爲地自在，燈光如來爲那位國王授記將來會作佛。你於那個時候將會是那位國王的第一長子，亦同時被那位燈光如來授記成佛。那時燈光如來將會這樣子說：〔地自在大王！你的這位長子從往昔直到現今，是從大海水具足而直到現在大海水即將滴盡的很長時間之中，每一世都受生爲你的長子；在這麼長久的時間之中，一直不曾當過小國的國王，他有時當帝釋、大梵天王、轉輪聖王，都是以正法治化有情。你這一位長子的修行勇猛精進就像是這樣子。地自在！佛菩提很難證得，由於這樣的因緣，所以我說了這個大海水的譬喻。地自在！佛你這一位長子有六萬婇女，每一位都端正姝好，也都有瓔珞莊嚴而看起來狀態猶如天女一般，但他卻是棄之猶如吐口水一般。他深知五欲無常，危脆而不能堅住，便說：『我應當出家修行。』作了這樣的言語之後，信受家庭並非眞正不壞的家，所以捨棄家庭而出家學道。由於這樣的緣故，那位燈光如來授記這位童子：『未來之世有一尊佛，名爲釋迦牟尼，祂的世界名爲堪忍。你這位童子名爲一切世間樂見離車童子；於釋迦佛涅槃之後，正法即將滅盡而剩下八十年時出家作比丘，受持釋迦佛的名號，爲世人宣揚此經第八識妙法，不顧自己的色身與生命。努力住持最後的正法八十年，直到百年壽終，然後出生在極樂世界安樂國中，獲得大神力，住於第八地；他有一身住於兜率天中親近當來下生彌勒尊佛，有另一身安住於極樂世界安樂國中，當彌勒佛下生人間成佛時，他將會變化一身來請問彌勒佛這一部經典。』」『當時地自在王聽聞燈光如來爲長子授記，心裡歡喜而使色身踊躍起來，就說：『今日如來授記說我的兒子，將來可以進入第八地。』當時那位童子聽聞如來的授記之聲音，於是精勤地更加精進修行。」】

講義：「迦葉白佛言：『世間是有窮盡的時候呢？或者沒有窮盡呢？』」

這個題目一直都有人在討論，不但現在，而是自古以來，印度的修行人之中就一直都在談論的一個題目；有的人主張世間有盡，有的人主張世間無盡。

「世間有盡」是因爲有的外道從神通去看，以前世間曾經存在多久？或者從空間去看，世間到底有多麼大？那外道們如果從時間去看，他的宿命通最多只能到一個大劫；一大劫前看不到什麼，他就說：「世間有盡。」因爲我們這個世間將來也會像這個世間生成之前，壞掉就沒有了；這是用宿命通去看。那有的外道可以看到一萬大劫，一萬大劫前什麼都沒有；所以他說：「世間是一劫又一劫連續下來，但是本無今有，後無窮盡。」那如果有的外道從「天眼通」來看，他會看到這一劫之後沒有東西；其實不是沒有，而是因爲他的天眼有限，看不到未來更遠，所以他主張「世間有盡」。那有的外道從「空間」去看，他的天眼通有限，看到我們這個世間，以外就看不到了；那他就說：「世間有邊際，所以世間有盡。」

如果有的人天眼通很好，可以看到很多個世界；那他看了幾個世界以後，他就說：「世間無盡，因爲世間太多了。」那他再往外追尋，又看到更遠的三個、四個世界以後，再也看不見了。那他就說：「喔！世間有盡，就到這裡爲止，這就是世界的邊際。」他就會這樣講。可是有時候，如果他的天眼通非常厲害，他天眼通沒有限制，他就說：「啊！世界無盡，因爲我怎麼看都看不完。」就會這樣主張：世間無盡。所以到底世間是有盡？還是無盡？還眞難說！那麼通常一般人以爲世間是物質所成，既然是物質所成，當然會壞，所以就主張世間有盡。

可是從諸佛菩薩的智慧與眼光來看的時候，就說：「世間非盡、非無盡。」因爲世間有兩種。我們上兩回於增上班也說：「有兩種世間，一種叫作器世間，一種叫作種類世間，也就是有情世間。」因爲有情有很多個種類，但器世間與有情世間息息相關。器世間的形成是因爲有情而形成的，並不是自然而形成的；所以壞滅，也是因爲有情業力所致而開始壞滅，就這樣因爲有情業力的緣故，而有成、住、壞、空不斷地循環。

如果依於有情的無盡，應該說世間無盡，因爲有情無盡，就必須要有器世間來作爲有情的受報以及重新造業的時空，那就必須要有器世間；所以有情度不可盡，因此器世間也不可盡。有情度不可盡，有些人也許不很相信；比如說，單單一個臺北市就好，臺北市兩百多萬人，畜生再加上細菌、病毒等等數不完。那假使有人發願：「我要把臺北市一切有情（包含病毒）全部度盡才要成佛。」那他將會跟 地藏王菩薩一樣，成爲永不入涅槃種姓，就是一闡提。所以「一闡提」有兩種：一種叫作斷盡善根，一種就是大悲願，不入涅槃。那他發這個願，將會跟 地藏王菩薩一樣，沒機會入涅槃了，因爲光是臺北市空中、地面、地下的有情就度不可盡了。

既然如此，單單臺北市這一分的有情就需要器世間了，要有這個器世間來受報以及重新造業，當然器世間就不可盡了。同理，器世間就會成住壞空不斷輪替而不可盡。但是有情世間對一般凡夫而言，叫作無始無終，因爲有情在十方三世中存在，永遠無法追溯到底是從什麼時候開始存在的？而有情的存在是無始以來就在的，所以沒有一個最初的開始。也許有人要問：爲什麼是這個道理？如來說：「**法爾如是。**」換句話說，這沒有道理可以解釋，因爲有情是本來就存在的；既然有情是本來存在，那麼器世間就是本來就在了。

現在接著說，有情世間無窮無盡、無始無終之中，有極小部分的有情可以是無始有終的。比如說：二乘不迴心的聖人們，從初果人的「**我生已盡**」，到三果人的「**梵行已立**」，直到阿羅漢的「**所作已辦，不受後有**」。這些有情都是可以滅盡的。所以到了阿羅漢位那一世就是他的最後有，再也不受後有，所以二乘聖人是無始有終。但假使他不是不迴心的聲聞、緣覺種性，有一天聽聞到佛菩提，他就會在迴心轉入大乘之後，生生世世行菩薩道，永不入無餘涅槃，那又成爲無始無終。以此緣故，器世間一定無盡時，因爲以往未曾盡，將來無所盡，所以無盡時；但是「**種類世間**」——也就是有情世間，如果從整體來看，一樣「**未曾盡、無所盡、無盡時**」。

譬如我們，《大法鼓經》講完之後要講《不退轉法輪經》。如來要講《不退轉法輪經》時，這個事情對天魔而言，那是非常重大的事件，他感應到了；其實當然也是 文殊菩薩故意讓他感應，或者 佛故意讓他感應的，要先爲他種下菩提種，所以他感應到了。於是天魔嚇死了，因爲他手下的那些魔子、魔孫、魔軍、魔將，將來都會被佛菩薩度盡，他怕失掉眷屬，所以他發動了四兵：象兵、馬兵、步兵以及車兵，向 佛陀說法的地方前進。沒想到當他們遠遠看見 如來說法，他們竟無法繼續前進，即將看見 佛陀的時候，每一個人都變得很衰老，連天魔波旬力大無窮非常強壯的色身，也變成一個老人。

那爲什麼會變這樣？因爲他們有惡心而來；這一下又驚嚇、又恐怖，因爲他想要傷害 如來，沒想到都變成只能作供養 如來的事；所以知道阻止不

了　如來宣說《不退轉法輪經》。這一下憂愁不已，當下身心衰老。所以他拿著寶劍，寶劍就變成拐杖了。拄著拐杖一步一步慢慢走，就像我今天出門的時候，就是那個樣子：一步一步慢慢走。他就求　佛說：「如來！您是大慈大悲，對一切眾生都好像看待獨生子一樣。那我波旬也是眾生之一，難道您就不當我是獨生子嗎？」對！如來正要他講這一句話！知道這意思嗎？如來就是要他講這一句話！因為「出口成願」。那他講了這一句話，未來世緣熟了，遇見　如來，不就會感覺是　如來的獨生子一樣嗎？欸！諸佛如來度眾生都有這種方便，就是要他講這一句話。

所以　如來就告訴他：「好吧，」因為他都說是獨生子了，「既然是這樣，我同樣慈悲於你。那我從現在開始，我都不說法了。」其實在這之前，如來有先跟他講說：「你安心吧！假設我每天都度無量無數的恆河沙數眾生入涅槃，眾生一樣度不可盡。這些沒被我度盡的眾生，就去當你的眷屬吧。」那波旬聽了，他的想法跟　如來不同。他說：「那您現前要度這些眾生，可是目前我連一個扶我的人都沒有，因為我所有的徒眾都跟我一樣這麼衰老，他們自己都走不好了，如何能扶我？您至少也讓我的徒眾不要這麼衰老。」換句話說，他已經不想傷害 如來、不想阻止 如來了，但至少要讓他跟他的徒眾回復健康、年輕可以回天宮。這是他的想法，這叫作退而求其次；閩南話說：「無魚，蝦嘛好。」

於是 如來就說：「我從今天開始不說佛法，我也不度眾生入無餘涅槃，所以沒有眾生、沒有菩薩、沒有聲聞、緣覺，也沒有佛。而且我將來說法，不會度任何一個眾生入涅槃，大眾也沒有五根、五力、三十七道品等，全部都沒有，我也不助人證涅槃。所以我已經允諾給你了，你現在可以安心回宮去了。」天魔跟他的徒眾們聽了 如來這樣講，就說：「如來您是誠實語、不二語者，我們相信。」所以心大歡喜，結果又回復原來的身心強壯的狀態，於是就跟他的徒眾們歡歡喜喜回去了。回去之前還讚歎說「如來三藐三佛陀，所說都是不妄語……」等。

但是 如來說：「眾生度不可盡。」對不對呢？至於 如來跟天魔說：「我從今以後不度任何眾生入涅槃，也沒有佛、沒有法、沒有僧，什麼都沒有了。你放心回去吧！」其實 如來真的沒有說謊，雖然後來 如來仍然繼續說法、繼續度人，但 如來並沒有說謊；那天魔波旬當然不會再來找碴了，因爲 如來答應他；他就放心了回天宮，每天享樂。那個道理我們現在不講，賣個關子，留到《不退轉法輪經》再來說。

回到經文來，如來告訴天魔波旬：「假設我每天度無量恆河沙眾生入涅槃，眾生依舊度不可盡。」這表示世間無所盡、無盡時。假使有人說：「世間曾經斷滅過，曾經空無所有。」那就表示他的宿命通太差了！因爲他只看到一個大劫。那也表示他的天眼通太差了！因爲他只能看這個世界的範圍裡面，而且不外於未來的一個大劫，他才會說世間有盡；但世間不曾盡，不論器世間或者種類世間沒有盡過。只有種類世間裡面的人，或者天界之中的極少數，因爲修學二乘菩提，所以證得初果的「我生已盡」，乃至三果、四果到「不受後有」，這樣他這個五陰世間就成爲無始有終。至於其餘修學佛菩提的眾生也都是無始無終，因爲入地時，發了十大願；那十大願，每一願後面的結語都說：「虛空有盡，我願無窮。」就算虛空斷盡了，我這個願也是無窮盡的，成爲十無盡願，那就是佛種姓了。

這表示學習二乘菩提的有情非常少，因爲很少的緣故，所以有情世間的減少比例，那是小到無以譬喻。因此不但器世間無盡，有情一樣是無盡的。

這個道理在告訴我們，佛法所見的修行過程至少三大阿僧祇劫。那外道他們所能看的，最多八萬大劫，一般人頂多是看個三、五劫；即使有人能看到八萬大劫，比起一個阿僧祇劫，就少到不成比例了。所以修學佛菩提道的人眼光很深遠，思想很廣大，這才是眞正的佛種姓。這個「姓」是女字旁的姓，姓名的姓，也就是佛菩提的這一個種族。那麼要問問諸位了，你們是二乘種姓、還是佛種姓？（眾答：佛種姓。）恭喜諸位！永遠不入無餘涅槃。那諸位就要記住這一句話，將來沒有逃脫的空間留給你了，因爲你是佛種姓啊！那就是無始無終。

一定要有這個認知，那你修學佛法的時候，心智才會夠廣大，眼光才能夠深遠；如果能這樣，就不再小鼻子、小眼睛的了。什麼叫作小鼻子、小眼睛？被罵上一句話，就跟對方抬槓了；也許被上位菩薩只說一句話，還不是當眾辱罵，他心裡就賭氣：「我不幹了！我回家吃老米去。」那表示他的鼻子像螞蟻那麼小，眼睛也像螞蟻那麼小，只看到一顆黃豆的距離而已！這樣怎麼能夠堅定心志，走完三大阿僧祇劫？

所以今天我同修一直勸我說：「今天罷講吧！」我說：「一定要熬到最後，

眞不行，再說。」那現在坐上來講經到現在，就是氣力差一點、動作慢一點，特別是轉頭不能快，快又暈起來了。但是，講到現在快一個鐘頭了，我覺得我可以講完。現在得趕快再「吃飯」（導師此時喝了些黑糖水）。就是說，不論多麼艱難、艱苦，你這一條路一定要走到底，不能當逃兵！尤其是已經遇到一個了義的、而且究竟的正法了，這種機緣不是世世都有的。

有時候諸菩薩來人間住持正法，會遇到橫逆。就像以前，龍樹收了個徒弟叫作提婆，當時佛教是從龍樹開始復興，因爲他要對治那些弘揚所謂「中觀」、所謂「中道」的六識論聲聞僧等人，所以他寫了《中論》，因此開始復興了，也有個好徒弟來幫他。他的徒弟提婆，個性喜歡破斥邪見，這你叫他改是沒辦法的。有一天，師徒兩個人聊天，龍樹說了：「假使我寫這個《中論》是六識的中觀，你用八識的境界，可不可以破我這一部《中論》？」提婆當下說：「如果這一部《中論》不用八識論來講，而是用六識論來講，當下就可以破掉。」於是師徒兩個人就開始現前實驗看看。然後龍樹改依六識來解釋《中論》，提婆馬上每一首四句、四句的偈，全部把它當下破了。

這表示提婆想要救眾生，所以龍樹能夠忍受佛門外道把佛法亂講，他頂多寫《中論》出來，不破外道，不管他們是佛門內的、佛門外的外道；可是提婆的個性就不一樣，而龍樹心性很善良（這樣講好像有語病，好像提婆不善良）；提婆不是不善良，他的心性很好，很有包容力；可是他不忍眾生被誤導，所以他自己也寫論，例如《百論》等，並且還寫了論專門破斥《楞伽經》中所講的四種外道。因為　佛說那些外道的時候，都只是簡單幾句話就帶過去，沒有發揮。那提婆就將它發揮，寫論出來破斥那四種外道，所以他會破斥外道。但他破斥外道的目的，是救很多人回歸佛菩提的種姓，不要落到二乘種姓裡面去；特別是不要被錯會二乘菩提的那一些聲聞人或者外道給誤導，否則他不需要寫破四種外道的論，也不需要寫《百論》等。

這表示，度眾生成為佛種姓以後，這一些人就永遠無盡時，因為會一直修行到成佛；成佛之後也不會入無餘涅槃，會繼續利樂有情，永無窮盡。因此器世間與有情世間能夠曾經有盡——曾經或者說能夠有所盡，那是指無始劫以來的二乘不迴心的聖人；但那一種人比起佛菩提的種姓來講，不成比例，人數極少。綜觀　釋迦如來一生，度了那麼多的阿羅漢、阿那含以及斯陀含、須陀洹，大部分人都在第二轉法輪時期迴小向大。所以你們看四阿含結集的時候，在《阿含經》裡面的記載，那五百結集之中，只有四十位阿羅漢，其餘的人有三果、二果、初果以及凡夫全部都有，那也不過五百個人；可是「菩薩眾」多至不可數啊！

那你們看五百大弟子，有幾個入無餘涅槃的？絕大多數都成爲菩薩。所以四阿含結集才只有四十位阿羅漢，可是都還沒有確定說，這四十位阿羅漢裡面是不是夾雜著幾位菩薩，就是也有幾位阿羅漢身分的菩薩而參加在其中呢？假使不是這樣，諸位想想看：「**那一部《央掘魔羅經》有可能被結集到四阿含中嗎？那是四阿含諸經、大大小小兩千多部經裡面，只有唯一一部講到如來藏妙義的經典！**」所以那四十位阿羅漢，可能還要再扣掉幾位菩薩吧！那阿羅漢究竟有幾位？這就很少了！可是菩薩眾非常之多；如果加上他方來聞法的，那就不計其數了。所以仍然應該說：「**世間未曾盡、無所盡、無盡時。**」

那我們如果轉個話題來說（欸！我現在有氣力可以打手勢了，好像越講精神越好了），換個話題來說，阿羅漢五蘊還在世，是有他的五蘊世間；但從理上來說，他們滅了五蘊入無餘涅槃，是不是斷滅空？是不是斷滅空？你們好像看我沒力氣，就跟我一樣沒力氣啊？（大眾笑…）答得這麼小聲。他們五蘊滅除，不受後有，稱為入無餘涅槃；可是無餘涅槃裡面還有「本際」，在《阿含經》中也說叫作「識」，也叫作阿賴耶識。但北傳《阿含經》漏了那一部講阿賴耶識的經典，可是南傳阿含《尼柯耶》還有講到阿賴耶識，叫作「愛阿賴耶、樂阿賴耶、欣阿賴耶、喜阿賴耶」。（應該讀作「一ㄠˊ」阿賴耶，愛樂的樂）這表示阿羅漢們很清楚知道：「入無餘涅槃之後不是斷滅空，因為還有個本際阿賴耶識，改名異熟識；或者說，獨留異熟識，而捨掉了阿賴耶識的名稱。」所以阿羅漢的本際還是繼續存在不滅，本際如果在，就不是斷滅空。當他們的第八異熟識還在，而他們入涅槃之前，如果曾經聽聞過所追隨的如來演說大乘經，心中曾經生起一念愛樂，只是害怕生死，所以死時依舊入無餘涅槃；但這個種子已經種下了，在無餘涅槃位，他們的種子在如來藏中自心流注；有一天那個種子會發動，於是重新生到人間來，那他們的五蘊世間也就無所盡。有所盡只是一段時間而已。

不管他們是經過多少的阿僧祇劫，但那個阿僧祇劫，比起過去無始以及未來無終，那時間還算是很短的。有一天那種子發動了，他們又來人間取得五蘊了，然後他們只要親值某一尊佛，是哪一尊佛呢？（導師這時指著在座的同修們說）也許是你這一尊佛，也許是他這一尊佛；因為你們三大阿僧祇劫後可以成佛，最多不過三大阿僧祇劫；但他們在無餘涅槃裡面，可能無量無數阿僧祇劫才又出來，那時他們就成為你們的弟子了。

這樣好不好？好！其實亦好亦壞，因為要收這個弟子要等太久！但是每一尊佛弘法的過程都會遇到這樣的聲聞弟子，因為過無量無邊不可思議阿僧祇劫之前，就有佛出現在世間了！意味著從那時開始，就已經有聲聞阿羅漢了。好了，你們在三個阿僧祇劫以後成佛；而且老實說，你們不用三大阿僧祇劫，因為第一大阿僧祇劫，你們很多人都快過完三十分之六了，有的人已經過完三分之一，乃至有人過完更多了，所以你們未來成佛時一定會遇到那一些阿羅漢。

那麼這樣子從理上來看，原來二乘聖人之中，還有一大部分人也是「世間無盡」；從更長遠的時空來看，他們也是無盡時的。所以六十二種外道裡面，有好幾種外道主張「世間有盡、世間無盡、世間亦有盡亦無盡、世間非有盡非無盡」，那都叫作妄想。即使他們有天眼通、有宿命通講出來的，一定會告訴你說：「這是我現量所見，一定沒錯。」其實還是錯了！所以我們應當信受 釋迦老爸的開示：「世間未曾盡、無所盡、無盡時。」

這樣答完了摩訶迦葉的請問了，如來就另外用一個譬喻來講。如來說：「就好像用一根頭髮的髮尖放入大海水中，沾了一滴海水放到別的地方；再從大海水中繼續取出一滴水，再丟到別處，」這個算是很難啦！別說用一根毛髮去滴水，就說是開了一臺抽水機的車子去抽，盡你一生也看不到大海水被抽光，何況說用那一根毛上的一滴！但是 如來說：「如以一毛，滴大海水，能令盡不？」摩訶迦葉當然不加思索回答：「唯然，能盡。」為什麼？因為從理論上看是一定可以盡的，你只要命夠長，而那一根毛也都用不壞，理論上一定可以盡；所以他從理上來講，可以不加思索說：「唯然，能盡。」可是如果世間人一定不加思索說：「絕不能盡。」因為那是不可能的事！但是理論上可以，迦葉就這麼答了。

如來就告訴摩訶迦葉說：「由現在往前去看，無量阿僧祇大劫之前的時候，」也就是說這個無量阿僧祇劫的「劫」，每一個劫都是指大劫，不是指刀兵劫、饑饉劫那一種小劫，也不是指火劫那一種小劫。佛說：「無量阿僧祇大劫之前，有一尊佛名稱叫作雞羅婆，出興在世間，為眾生廣說法教，」佛的出現，在經中可以讀到一尊又一尊出現，所以佛名無量；甚至於同樣名為　釋迦牟尼佛的也有很多尊。又譬如說，同樣名為　威音王佛總共有兩萬億尊。這樣看來，明明宇宙中的如來非常多；那為什麼又說　如來出世非常稀有呢？其實也眞的稀有！因為像星宿劫、賢劫、莊嚴劫各有千佛出世，那是可遇不可求的；如果能夠有兩萬億尊佛連續出世，而能夠全部值遇，那是天大的福報——比天還大的福報。

言歸正傳，現在說到在那麼早以前，有一尊佛名為「雞羅婆」出興在世間，為大眾「廣說法教」。關於這個「廣說法教」我有話要講，每一尊佛下生人間，示現八相成道，一定會把所有的法全部告訴眾生，才能夠說「化緣已滿」。假使還有一少部分沒說，那就是化緣未滿，那祂一定會用祂的「四神足」的威神力留駐於世間，把所有的法都講完，才會入涅槃。那麼我們正覺弘法之前，大部分的道場都說：「阿羅漢就是佛，佛就是阿羅漢，所以大乘經不是釋迦如來親口所說。」依他們的說法就有個問題來了！假使大乘經非佛說，就得追究二乘經一個問題；也就是四大部阿含諸經，裡面有沒有把成佛之道的次第與內涵講出來？答案是：沒有！因為四阿含我全部讀完，那一些大法師們主張「大乘非佛說」，專門弘揚阿含的法義；他們有把四大部阿含兩千多部大大小小的經都讀完嗎？沒有！如果可能找得到一位，那就天上下紅雨了！因為據說讀得很精通的那位大法師釋印順，一百零一歲死了，現在人間還有誰讀過？我知道的只有一個王雲林老居士讀過六遍，但他讀的是整套《大藏經》，不是只有讀四阿含。

那現在問題來了，四大部阿含裡面，主要的經典有一千五百部；一千五百部裡面，有一些很小部的經典，內容重複的也收納在裡面，總數約二千多部。其中有哪一部經把「成佛之道」的次第和內涵講出來？答案是「沒有」！那裡面沒有講過實相，所以不講般若，頂多就是講到如來藏眞實有等法義；因為裡面沒有講實相般若，也沒有講到唯識二門：虛妄唯識、眞實唯識。更沒有講一切種智。而諸佛成佛都依一切種智而成佛，顯然四大部阿含沒有講到成佛之道。縱然有那麼一部《央掘魔羅經》講到如來藏，可是沒有成佛之道的次第與內涵。所以成佛需要證如來藏，有眞見道、相見道、通達位、修道位、等覺、妙覺以及佛地；這五十二個階位以及它的順序和每一階位的內涵，四阿含諸經中全都付諸闕如！那怎麼可以叫作「成佛之道」？那就表示，依他們聲聞人的說法，釋迦如來化緣未滿。可是 釋迦如來明明入涅槃了，示現過了；八相成道的過程已經完成，那祂就不可能違背諸佛的通願，保留著大乘法帶走未說，不可能這樣啊！

如果 釋迦老爸來人間沒有講大乘般若，沒有講唯識方廣諸經；知道眞相的人一定要每天上香質問：「**老爹！您爲什麼不教我們大乘法？就這樣又帶走了。這麼吝嗇！**」對吧？對啊！即使祂幫你證了阿羅漢，但是有成佛之道，結果不告訴你，又帶走了；作爲兒子的你，質問老爸這件事情也是應當的，都不過分！因爲你不是爲非作歹，你都證阿羅漢了，不可能是惡性深重而不教。嘿！結果 釋迦老爸帶走了，這沒道理啊！當然要質問哪！可是佛世有哪個阿羅漢質問過這件事？都沒有啊！因爲他們迴小向大之後，成佛之道了然於心。都入地了，還能不知道嗎？特別是像富樓那有四無礙辯，還有證量同樣不低的四大弟子；請問諸位：「**富樓那是第幾地？**」九地滿心！他不久就可以轉入十地，進入法雲地了，那才是智波羅蜜呀！顯然這一些聖弟子們都知道成佛之道的次第與內涵。

既然是這樣，大家來尋找看看，成佛之道的次第與內涵是在二乘的《阿含經》或是大乘的經中呢？（眾答：大乘。）對！所以《阿含經》裡面蒐羅了一部《央掘魔羅經》，那是屬於大乘佛菩提「眞見道」位的事。從「眞見道」位第七住要入地，想要完成三賢位的智慧與福德，必須完成非安立諦三品心；入地前再作個加行，把安立諦的十六品心、九品心修學觀行完成，至少得慧解脫，這樣才算完成相見道位和加行，才能夠入地的。而《般若經》講的正是非安立諦的三品心，接下來，方廣和唯識諸經講的，正是從初地到妙覺位應該要學的法。那麼如果《般若經》和第三轉法輪的方廣唯識諸經都非佛說，表示 釋迦老爸只傳聲聞、緣覺道，最多只傳了大乘法的眞見道，相見道位和修道位的十地諸法全部都沒傳！可是 如來明明自己宣布說：「化緣已經圓滿，過後三個月要入涅槃。」那《般若經》與第三轉法輪諸唯識方廣經，當然就是佛說的了；因爲「眞見道」後，所有的法都在大乘經中說完了，但四阿含諸經裡面並沒有說啊！

所以一切如來，特別是應身佛示現在淨土世界或者人間，不論是八萬四千歲善根純厚的人間或者現在的五濁惡世百歲人間，一定都是廣說法教；因爲一切如來沒有吝法者。佛教界別的道場容或有吝法者，但是我絕不吝法，所以我們早期的同修都說：「**老師最好拐了。**」啊！你們內地人聽不懂，意思就是「最好騙」啦！拐騙的「拐」。說「**老師最好拐了，要五毛給一塊**」，因爲我不吝法！古來禪宗祖師，有時候會有一個現象，就是讓他的徒弟一直等，等到他要走了才幫他開悟。爲了什麼呢？因爲他要保證：「**這個徒弟不會背叛我。**」

就像武術界也是一樣，老一輩的都會留一手。所以哪天他的徒弟要當天下第一，來跟師父挑戰，這徒弟想：「**我會的招數，師父都會，不然我用射箭好了，這一下師父死定了！**」可沒想到這箭射出去，師父身體一側、頭一撇，用牙齒把箭咬住了（大眾笑…），徒弟抗議說：「**師父！爲什麼沒有教我這一招？**」師父說：「**我若教了你，今天還有命嗎？**」這就是說，那是世俗的想法。而我從來能夠教的全部教，有時候甚至於對方可能聽不懂，我也講給他聽；雖然太深，但有一天他學到某一個地步的時候，突然會想起我跟他講的那個內容，他就通了：「**啊！原來是這樣。**」我這樣作，利益了大眾，更利益自己；因爲我一世又一世的願就是：「**住持正法，令不衰敗。**」

那你們看今天，我們會裡有那麼多的親教師，那麼多的助教老師，打哪兒來的？就是我不吝法。不吝法還不夠，還得要夠包容，所以誰退轉毀謗我，我都不氣。我一向公開的說法就是：「只要他能懂得來懺悔，就可以回來。」懺悔不是爲了我的面子，所以我從來不主持懺悔。而親教師們主持了懺悔，是爲了滅他的罪，所以我也沒什麼可生氣的，因此永遠包容。他這世不回來，臉拉不下來，沒關係啊！讓他自己糾集四位同受菩薩戒的同修，在佛前自己懺悔也行，下一世回來，我都歡迎。

所以以前有的人在網路上把我罵得很難聽，還不斷地找我們正覺法義的碴，結果反而被我的法義說服了，後來到講堂來跟我懺悔，我說：「你簡單講一講就好，沒時間聽你講那麼多。」然後不管他怎麼講，以前他在網路罵得多難聽，我都不當回事，我說：「那個不用再講了！就這樣，接受你的懺悔。」好，然後禮佛三拜就好了，這是包容。身爲法主如果不夠包容，不用多久，門前草深一丈！因爲大家都害怕呀！那我不吝法，才能有今天那麼多的幹部們、親教師、助教可用。而我們現在親教師會議是改爲半年一次，現在親教師會議，坐在九樓這裡已經快坐滿了，包括助教和各組組長，這樣坐就已經快滿了。那你想：人夠不夠多？但是這麼多的親教師、助教老師和幹部們，不是無因自生，不是憑空而有，而是因爲我們效法　如來的「廣說法教」。所以，由這裡可以作一個定論，也可以說是定量：「大乘眞佛說。」因爲連我都不吝法了，佛地怎麼可能會吝法呢？

單單二乘法那個法義的內涵，就只有那麼一點點。諸位看看我寫《阿含正義》就只有七本，那七本就已經把二乘菩提講完了；可是我演說大乘法的書籍有多少？已經超過一百冊了！還沒講完，而且只是講了一小部分，還有很多要繼續講，更多的是未來世還要繼續講。這表示：諸佛如來都不吝法，就看你們能不能得；因此一切如來都是「廣說法教」，這都不用懷疑。諸位看我，我就不吝於法了，明知道人家笑我說「很好拐」，我還願意繼續被人家拐；因爲他們從我的法裡面拐越多，表示他們跟我的緣越深；這緣越深，意味著雙方之間綁著的一條無形的繩子越來越壯、越來越粗，那他們未來世還能跑得掉、還能離開我嗎？所以沒有哪一尊如來是不「廣說法教」的，因爲菩薩都不吝法了，何況是如來？所以如來出興於世之後「廣說法教」，這是絕對不能懷疑的，而我也這樣跟諸位示現了。

接下來說，「當時城中有一個離車童子，名爲『一切世間樂見』，他作轉輪聖王，以正法來治理和化度人類。」「離車童子」有兩個意涵要瞭解：「離車」屬於剎帝利種姓，換句話說，都屬於貴族。古印度有四種族姓，那四種族姓的生活、階級的狀態到現在印度都還存在；但有許多人開始揚棄這種種姓制度，卻仍然有許多人繼續奉行這個制度。「離車」它是一個種族，屬於剎帝利種姓裡面的一種。童子呢？「童子」是不是小孩子？不是喔？這不一定！比如說他一生都不結婚，一直過著單身而且是「梵行已立」的生活，以初禪自娛；可是從他的老爸、老媽眼光來看，永遠都說他是孩子。咱們中國《二十四孝》裡面有一個老萊子，都那麼大的歲數了，七十歲了，還扮演一個小童子，在那邊遊戲給他的雙親看，逗得雙親大樂。表示雙親依舊把他當作小孩子，但是他的歲數已經七十歲了。

佛法中有這麼一種人，或者童子、或者童女，他們不想成家，一個人過清淨的生活。這類人通常都有初禪在身，也可能是二禪、三禪、四禪不一定，表示他們是一個單身的梵行者。那麼這位離車童子，名字叫作「一切世間樂見」。從這個名字就可以知道：他的包容心非常之大，永遠不對有情起瞋，所以叫作「**一切世間樂見**」；這樣的一個人，在世間有資格當轉輪聖王。而轉輪聖王依法治化，永遠不對眾生處以惡刑；他永遠都施以教化，並且會對眾生教導佛法，所以他擁護佛法；如果不是擁護佛法，就無法當轉輪聖王。轉輪聖王有個特性，是終身制，所以當到他不想當了，出家學道爲止；沒有出家之前，他就繼續當下去，沒有人能推翻他，因爲這個王位是他的福報所示現的，而且他有七寶。

那麼這位**一切世間樂見離車童子**，有一天和百千大眷屬同在一起，他們去晉謁 雞羅婆如來，往 如來所在的地方出發。到達之後，這一切世間樂見離車童子頂禮 雞羅婆如來足下；頂禮完之後，右遶三匝，也就是合掌在 如來面前走三圈，這是古印度人表示誠摯恭敬的作法。右遶三匝之後，是不是就直接坐下了？身爲轉輪聖王來禮拜 佛陀，總不能只帶著兩串蕉吧？一定要有供養，並且他所作的供養，絕對不是一般人所作的供養；所以依他的身分作了供養之後，向 佛陀稟白說：「**我當久如得菩薩道？**」請示 雞羅婆如來：「**我還要到多久以後，能夠證得菩薩道？**」

雞羅婆世尊就告訴這位一切世間樂見離車童子轉輪聖王說：「**轉輪聖王**

其實就是菩薩，再也找不出什麼差別啊！爲何這麼說呢？因爲沒有其餘的人可以作釋提桓因、大梵天王以及轉輪聖王。如果菩薩們就是釋提桓因、大梵天王、轉輪聖王，但是都有個先後的順序：通常都先要去作各個世界中的釋提桓因、大梵天王，然後才會在人間作轉輪聖王。」這就是說，釋提桓因在一個三千大千世界裡有百億之多。既然一個世界中就有百億之多，當然菩薩如果福德夠了，要去度化更多的天人，就可以去當釋提桓因；釋提桓因當完了，也可以去當初禪天的大梵天王；這兩種都作完了，然後來人間當轉輪聖王，這時都是用正法治化。

那麼諸位來斷一下，來作個決斷，一般的轉輪聖王悟了沒？只有幾位搖頭，其餘的人呢？還沒有喔？對！因爲證悟之後，就會想專心去當菩薩了，除非諸佛或者諸等覺、妙覺菩薩們要求你去當國王，否則你都不願意去當的；特別是入地以後去當，那是有任務的，主要就是正法不可復興了，然後要去取得人間國王的身分，來影響整個國家或者鄰國一起來修學佛法；否則絕對不去當什麼國王，因爲那從修道上來看其實是犧牲道業。但是犧牲，全部都不好嗎？也不一定！雖然犧牲了，可是福德增長了很多，所以各有利弊。

如來這個意思，是藉著　雞羅婆世尊所說的道理來開示給我們：當上忉利天的釋提桓因以及初禪天的大梵天王，然後再當人間的轉輪聖王，也是菩薩道的過程中，可以或者應該去經歷的。你可別想：很多人要當釋提桓因，哪輪得到我？可是當你的福德夠了，就會輪到你。而且當完這三個職務以後，你的福德就足夠你眞見道以及相見道。這三個職事當完了，福德是這麼大，所以不用排斥；但也不用擔心輪不到你，因爲一個三千世界裡面有百億忉利天，所以無妨去擔任這個職事，只要佛菩薩叫你去，你就去。不要抗議說：「去那邊，我又沒有善知識可以跟隨。」不要抗議！去就去吧！因爲成佛之道需要很大的福德來支持，所以最後來人間當轉輪聖王，就以正法來治理國家；來治理你所管轄到的各個國家，來化度人民。今天講到這裡。

相隔了十四天，才又見到大家，有沒有想我啊？（眾答：有。）有啊！想我是病得更重還是痊癒了？這一次還要作更深入的檢查，斷層掃描沒有很清晰；作個救急的參考，那還要作核磁共振。據耳鼻喉科醫師的專業說法，說我這個不是什麼大毛病，它就只是耳石移位。就是我們勝義根裡面有三個半規管，那屬於耳根的部分。這三個半規管裡面，我在禪三小參的時候，我都有說明到這個部分，（這時導師以手勢說明：）一個是這樣的，一個是這樣的，一個是這樣的，總共有三個半規管；那裡面有耳石，那個耳石移位了，離開了固定位置，所以你就天旋地轉，再怎麼壯都沒用！只要一開始天旋地轉以後，英雄都變狗熊！那耳石把它復位就好了，所以我去作了耳石復位的事，但醫師說：「有的人一次就可以，有的人要作兩次、三次。」那沒關係！我就多報到一、兩次。既然是這樣的話，這個事情就好處理（編案：導師後來都沒有再暈眩了）。

回到《大法鼓經》，上次我們是從十七頁的最後一段。因為大迦葉問：「世間有盡或者無盡？」如來答覆說：「世間不曾盡，也沒有什麼可以盡的，永遠不會有盡的時候。」如來又說：「就好像以一根毛髮，每次從大海水中沾起一滴水來，放在別處，一直拿到那個大海水都幾乎乾了，只剩下牛跡那麼小；」那到底是要經過多久的時間？主要在提這個譬喻來說明往昔的事，就是要說明「眾生有盡或者無盡」？那麼 如來會用譬喻的方式，舉出過去曾經發生的事情來說明成佛的時間曠大久遠；但是即使這樣子，將來眾生一樣度不可盡。

所以就談起：過去無量阿僧祇劫之前，有一尊佛名為 雞羅婆，當時有一位離車童子叫作「**一切世間樂見**」，他作轉輪聖王；有一天他跟百千大眷屬一起去拜謁 雞羅婆如來，頂禮 如來以後右遶三匝，也作了供養，然後就請問什麼時候可以得菩薩道。「**得菩薩道**」也就是說，成為眞正的眞實義菩薩。那 雞羅婆世尊告訴「**一切世間樂見**」轉輪聖王說：「**轉輪聖王其實就是菩薩，根本不可能會有一般人來當轉輪聖王。**」同樣的也說：「**不會有別人來當釋提桓因、大梵天王，或是來作轉輪聖王。**」通常菩薩都是修集福德已經夠了，應該學的正知正見也夠了，然後才能來人間作轉輪聖王，以正法來治化。上週就是講到這個地方，就是十八頁的第六行中間。

這個說法，我們回憶一下《佛藏經》中 世尊說：往昔無量劫前，祂供養了辟支佛，所以很多世當轉輪聖王。可是每一世詢問、請示了祂所值遇的諸佛如來，竟沒有一尊佛為祂授記將來何時成佛；直到 然燈佛的時候，才被授記說將來可以成佛、佛名以及什麼時候成佛。這個道理是一樣的，所以《金剛經》裡面也說祂供養奉侍了很多佛，可是都沒有佛為祂授記成佛；一直要到證悟明心之後，也就是證得《金剛經》、《妙法蓮華經》、《佛藏經》，就是證得「此經」第八識，然後才有　然燈佛為祂授記將來成佛。

言歸正傳，雞羅婆世尊又告訴「一切世間樂見離車童子」轉輪聖王說：「你已經曾作過了恆河沙阿僧祇劫的釋提桓因以及大梵天王，如今作轉輪聖王。」請諸位來判斷一下，釋提桓因的位階、大梵天王的位階、轉輪聖王的位階，誰比較高？嗄？轉輪聖王？不是？大梵天王？還有沒有第三種說法？沒有了！從世間法來看，大梵天王的位階最高，因為他在初禪天中當天王。如果從佛法的修行來看，轉輪聖王位階最高，所以兩種說法都對。你們都講對了！只是說，你到底是從哪個層面來談？這個前提要先講清楚。如果以世間法來講，我蕭平實不論去到哪個國家，我都只是位階最低的一般平民；可是如果那些總統、國王都是佛弟子，他們來跟我相見的時候，這位階要怎麼談？所以從不同的層次看時要先講清楚。兩個人都可以說是最高的，我說我最高，因為我的佛法證量比他們高；他們也可以說他們最高，因為這整個國家都是歸他們管的，我也歸他們管！對吧？對啊！所以前提要先說清楚：到底依什麼樣的前提，來說誰的位階高。

那麼從世間法來說，大梵天王是這三種人中位階最高的；若從佛法來講，轉輪聖王是這三種人中位階最高的；那麼中間呢，有一個上不上、下不下的釋提桓因，名爲帝釋，那好像他很差吧？其實也不然！因爲若是釋提桓因，不論是哪一個小世界的釋提桓因，都一定有個善法堂；既然有善法堂，就表示初一、十五，要不然就像民間信仰的初二與十六，總得要定期上善法堂說法吧？所以他雖然上不上、下不下，但他也不是完全不懂佛法的。

所以說，一個三千大千世界裡面，有許多的小世界，就會有許多的釋提桓因。這釋提桓因都是要爲人說法的，所以當然也是佛弟子。這告訴我們一個道理：有時候菩薩的示現難以思議，這個菩薩也許福德修很多了，可是智慧還不夠，那他就沒有辦法得到如來的授記；可是有一天他的福德夠了，遇到某一尊佛學習以後證悟了，就被授記了；因爲他證悟了，就被授記了。

所以十方三世一切世界中，有很多的釋提桓因、大梵天王以及轉輪聖王。這一些人大部分都是佛弟子，可是其中有的人悟了，有的人還沒有悟；有的人悟後，因爲還沒有遇到後佛，所以還沒有機會被授記。凡是授記，至少得要先斷三縛結加上證悟明心了，才會得到諸佛如來的授記；因爲未來成佛的路以及他的時程，大約已經確定了；將來眞正成佛時，容或有一點點差異，那差異也不會大；特別是入地以後，大概都不會有什麼差異了。但在第七住位常住不退的人，先授記可能將來會有一點點小差異；因爲他還沒有入地，會有差別這都是正常的。

所以身爲一個佛弟子，看見了道家供奉著玉皇上帝，心裡要有一個正確的作意：「欸！這是我的師兄弟。」眞是你的師兄弟啊！也許他還沒有悟，也許他已經悟了，那是不一定的。那麼假設一萬個釋提桓因之中有那麼一個沒有悟的，也沒關係，一樣是師兄弟，你就把他當作老弟就好了。那麼遇見了，去到人家廟裡辦事情剛好遇見了，跟他合個掌、問個訊，不會埋沒了自己；也許他根本就是家裡人。

所以不管是遇到了釋提桓因、大梵天王或者轉輪聖王，反正就是你的師兄弟，這個作意要有。不要像一般剛歸依三寶的那些初機學人，才剛歸依三寶，佛牌還掛在身上，油墨的味道都還在；他一進了人家的廟，就「哼」的一聲，招呼都不打一個。那人家就要笑了：「唉！你才剛剛入門哪！沒事、沒事！不跟你計較，知道你不懂！」大概就是這樣的想法。可是咱們老參、久學菩薩不該如此！即使是外道天神，我們也跟他打個招呼，跟他點個頭、合掌，這也是結個善緣。至少人家心裡想：「雖然你這傢伙是在正覺學的大法，但是沒有慢心，當然也不錯。這正覺不錯！我下輩子當人時，就去正覺。」這不就是你未來世的好朋友了嗎？是好兄弟啊！這是我們學佛人應該有的正知見，所以說，對於釋提桓因、大梵天王以及轉輪聖王，不可以帶著一種輕蔑的心，認爲他們都沒有悟，或者認爲他們都不是佛弟子。因此這個正確的知見應該先建立起來。

現在雞羅婆如來告訴「一切世間樂見離車童子」，告訴這位轉輪聖王說：「你已經於過去作過了恆河沙阿僧祇的帝釋，或者大梵天王、或者轉輪聖王不等，但是你這一世是當轉輪聖王。」這到底當了多久？很久喔！恆河沙數的阿僧祇，你看，這到底是多久？太久了！換句話說，他修的福德也夠多了，所以現在作轉輪聖王，本身就是個菩薩。雞羅婆如來的意思就是要告訴他這一點：「你其實很久以來，就已經當菩薩了。」現在問題來了：「如果他本來就是菩薩，當菩薩以後，去當帝釋、大梵天王，當過恆河沙數阿僧祇劫；可是成佛只要三大阿僧祇劫呀！這是什麼道理？」有沒有想到這一點？這一點一定要想通；要不然去到外面，看到各個道場那些所謂的佛弟子、學佛人，你會一直搖頭的，懂這個道理就不再搖頭了。

這表示，菩薩修行十信位，要一個大劫到一萬大劫不等；但是要修到六住位滿心，這個過程中則是進進退退，不得常住。如果你知道是這麼回事，那你就知道說：所謂的三大阿僧祇劫，是要從他進進退退、進進退退到最後一世，就是從初住位開始走都不退了，從那時算起三大阿僧祇劫。這道理要懂。所以，有時候介紹一位非常要好的朋友進來學法，他學了兩、三年以後不想學了，那你就不用很難過了，因為這是正常的。

在初住位到六住位裡面，不斷地進進退退，那要走過很長的時間，到最後一世，又從初住位開始，一直都不退，要從那時算起三大阿僧祇劫。所以《菩薩瓔珞本業經》中 如來告訴我們了，說菩薩修學「般若波羅蜜多」，有一次終於證悟般若波羅蜜多，才能進入第七住位常住不退；特別提出來「常住不退」四個字。這意味著說：是從這一次追溯到他從初住位開始，進到第七住位；追溯到那個第一度的布施度的開始修行，要從那時候算起三大阿僧祇劫。在此之前，總是進進退退；所以自己究竟是不是新學菩薩？要從這裡來衡量。

假使我是十年前進了正覺，然後覺得太辛苦，我逃離了；但我兩年前才又回來，因爲想一想：「不走這一條路也不行！因爲所有的世間法都是生滅法，只有這個法是眞實常住、永遠不滅的法，只有這個是究竟法。那我未來假使當金輪王也不過如此；當初禪天的大梵天王也不過如此，都不究竟，所以我遲早要走這一條路。算了，晚走不如早走！」這一次下定決心，進得正覺就不再退轉了！這時候才改名叫作久學菩薩，在此之前都是新學菩薩，進進退退。修到了這一世，終於把六度都修好了；進入第七住的時候，就「常住不退」了！

如果善知識幫他證悟了，他還會退轉；即使他嘴裡說他是更增上，其實是退轉，因爲退回意識去了，當知是人即是新學菩薩也！要這樣斷定。那你如果打死也不退，再怎麼辛苦都想：「我這一世不論怎麼苦都要拼。」拼過去了，就是你的了，就是常住不退。當然啦！這一拼過去，可能忽然間心放鬆了，就覺得累得不得了。那沒關係，你跟我請假，請個五年、三年，小兒科！我都不會覺得奇怪，因爲畢竟是累了，在正覺學法很累；可是你們再怎麼累，不會比我累吧？（大眾笑…）要這樣想說：「我再怎麼累，不會比蕭老師累！」那麼這樣想，就不會退轉了。然後就一步一步往前進，這樣就是久學菩薩。

雞羅婆如來開示完了，「一切世間樂見離車」轉輪聖王就稟白說：「釋提桓因、大梵天王是生成什麼樣的模樣？」因爲他如今在人間當國王，忘了前世作過的很多事，全都忘了，這是正常事。譬如有的人生來很會唱歌，但他忘了前一世在忉利天當緊那羅；有人生來很會彈琴，像莫扎特，五歲彈琴頂呱呱！六歲作曲不得了！但他也忘了前一世在忉利天當乾闥婆。這個都正常，因爲還有隔陰之迷！那他忘了，所以就問起來。雞羅婆如來就跟這位轉輪聖王說：「帝釋與大梵天王都同樣像你今天頭上戴著天冠，然而他們的端嚴就不及你。」爲什麼轉輪聖王端嚴超勝釋提桓因和大梵天王？因爲他要當實義菩薩了。

大梵天王和帝釋他們還沒有資格來當轉輪聖王，所以轉輪聖王的福德比釋提桓因、大梵天王還要大，因此就比他們端嚴。雞羅婆如來又說了：「你比他們端嚴，就好像諸佛如來的色相端嚴而殊特，不是聲聞、緣覺和菩薩所能及得上的。」這樣比較，大家就瞭解了。所以那些不迴心的阿羅漢，有人眞的長得奇醜無比，什麼樣的阿羅漢都有。可是菩薩如果是久學，不會有那些缺陷！所以你看阿羅漢們，比如《楞嚴經》講，有一位牛呞比丘，還記得吧？當然還有別的比丘一樣不端嚴，我們就不說他。但菩薩他已經修學很久，累積了很久的福德，學佛法很久了，現在來當轉輪聖王，接著這一世當完就要證悟了。轉輪聖王是他擔任釋提桓因、大梵天王的最後一世來當。這一世過了，或者這一世還沒有過完，他就得證悟了。

這時大約有人會想：「**那我進正覺悟了，應該我當過轉輪聖王；應該我比大梵天王、釋提桓因還要端嚴。可是每天早上刷牙對著鏡子看，我又沒有很端嚴哪！怎麼回事？**」這其中當然有道理，因爲有時候是由於你跟隨善知識的緣故，但是你往世沒有去當過大梵天王、釋提桓因，也沒當過轉輪聖王；就憑著往世與善知識結下的好緣，這一世得以證悟。所以，每一個人見道的狀況是各不相同的，不能一概而論。所以假使哪一天早上刷牙、洗臉，照著鏡子說：「**欸！我越來越端嚴了。搞不好，我往世是非常端嚴的。**」如果這樣想，接著就要想一件事情：「**那我到底幹了什麼壞事？這一世不端嚴了。**」一定是這個道理。所以端嚴是一個佐證，但不是絕對；因爲不是每一個人都經歷過很多世的大梵天王與釋提桓因的職事修集福德。有的是因為在這個時空環境之下，有你可以使力的地方，而善知識需要你，那你就有證悟的機會了。假使不是這樣，依著禪宗，從天竺傳到華夏，再來到臺灣；以往的狀況，想要證悟，那個機會少之又少；所以這裡面要有很多種狀況的認知，因為不能一概而論。

就好像我有個親戚，有一次我跟他去臺中；在回程路上，我跟他講到他心中的一個想法，他一直沒講出來過。我說：「你只是一個大公司裡的職員，那今天你可以擁有這麼多資財，不下於我，可是依我的判斷，你往世不會輕易作布施的事情；可是當你發覺到某一個人是大好的福田，你會一大筆錢就供養了。」他說：「對啊！我就是這樣想的啊。」我當時本來要跟他講一句話，後來沒講。我本來想要跟他講的話是說：「可是，這種機會不是每一世都有。」這就是說，往世他和我結了好緣，這一世又跟我一起去作某一些事業就賺錢了；但他自己去作的，往往賠錢，就是這樣。那我就知道說：他往世在我身上種過福田，就是這樣了。這從布施的因緣果報可以推斷出來，所以我說他是這樣的想法，他當下就承認，一點都不猶豫。因此，有時候證悟佛菩提，不見得你要先作很多世的大梵天王與釋提桓因。如果往世曾經與善知識結下了好緣，那再過一兩世，頂多十百千世，就可以證道。

我們早期有一位同修姓鄭，也是這樣。他有一次夢見自己以前當一隻鳥，那隻鳥有一天看見 釋迦如來很歡喜，就去尋找好物品；後來終於找到一片沉香木，叼了就飛到 如來面前供養。那時牠蹲在地上，頭點了三下，因爲牠沒有手可以翻掌。然後，未來世，也就是這一世，經過兩千五百多年，他現在證悟了。可是因爲他學得還不夠久，那六度修得還不夠，所以後來就自修，不再來進修勝妙法了。你看，千差萬別吧？對呀！可是因爲他供養了最大的福田，眞是大福田，所以他有這個因緣；但畢竟還是新學，是被 如來攝受，所以這一世證悟。雖然離開時都沒有惡言惡語，也沒有否定正法，就這樣自己安住。也有可能我每一本書出版，他都會去買，大概就是這樣。但是 彌勒尊佛來下生成佛時，他要入地就很困難，因爲他沒有繼續再修福和進道。所以這裡面是有很多差別的。

但是「一切世間樂見」轉輪聖王，他的過程是跟大家不一樣；他很端嚴，表示他已經修集福德很久了。所以 雞羅婆如來說：「釋提桓因、大梵天王雖然跟你一樣，首戴天冠，但是他們的端嚴及不上你。就好像諸佛的色像端嚴而且很殊特，沒有人可以比擬，所以不是聲聞、緣覺、菩薩之所能及。相對於釋提桓因和大梵天王，你的端嚴就像諸佛對比聲聞、緣覺和菩薩一樣。」這頂高帽子戴得好！其實，這不能叫高帽子，因爲事實是這樣。雞羅婆如來這樣講完了。回到現場來，釋迦如來就跟摩訶迦葉說：

「那時轉輪聖王又請問雞羅婆如來說：『我再經過多久以後可以圓滿成就菩薩道呢？』」因爲這是他心頭最在意的，「雞羅婆如來說：『大王！凡是證得佛果的人，所要經過的時間都是很大、很久、很遠的。爲什麼是這樣呢？假設今天大王你捨掉了這一些大福德，還來作一般的凡人時，用一根毛髮來滴大海水，把大海水一滴一滴拿掉，乃至（乃至的意思是：中間還有很長久的時間）一直到那大海水快乾了，只剩下一頭牛腳踩的那麼少許的水；到那個時候，將會有如來出現在人間，名字叫作燈光如來、應供、等正覺；那時有一位國王名爲地自在，燈光如來爲那一位地自在王授記將來會作佛；而你那時候將會是那位大王的長子，你也會同時被授記。那時的如來應當會這樣講：〈大王！你這個長子從往昔以來直到如今，大海的水即將滴盡了，在這樣長的時間裡，都一直出生作爲你的長子；在這個期間，他也都不當小王，有時候當釋提桓因、大梵天王、轉輪聖王，都以正法來治理、化度人天。你的這位長子勇猛精進到這個地步。地自在王！佛菩提很難證得，由於這樣的因緣，所以我說這個譬喻。地自在王！你這位長子有六萬婇女，端正而且姝好，每一位都有瓔珞莊嚴；她們的相貌就好像天女一樣，而你這位兒子棄之如唾。因爲他知道五欲是無常的，而且不能長久地保持，就想著：『我應當要出家。』當他講了這一句話以後，他相信世間法的這個家，不是眞正的家，於是捨了那個家庭出家學道。由於這樣的緣故，那一尊佛授記這位童子：『未來世將會有一尊佛，名爲釋迦牟尼，佛世界叫作堪忍。你這位童子到那個時候名爲一切世間樂見離車童子，在釋迦牟尼佛涅槃之後，正法即將壞滅，剩下八十年的時候，離車童子出家作比丘，受持釋迦牟尼佛名號，宣揚此經如來藏妙法，都不顧惜自己的身命。當他百年壽終以後，生到極樂世界去，得到了大神力，住在第八地；另外有一身住在娑婆世界兜率陀天，一身住在安樂國；然後又化現一身來到人間請問彌勒佛這一部經中的法義。』』」這個時候，地自在王聽聞到兒子已經受記住第八地了，心中很歡喜，色身就很踴躍了：『今天如來授記說我這個兒子，可以進入第八地安住。』那時，那位童子聽聞到燈光如來授記的聲音，就勤加精進。」

諸位看看，如來說了一個故事。這個故事從過去到現在，又講到未來。當時 雞羅婆佛就是這樣講的，那現在 釋迦如來把過去 雞羅婆佛所講的這個故事轉述了出來，所以「一切世間樂見離車童子」，他在 釋迦牟尼佛入涅槃後，末法百歲時限到了，他是要進入第八地的。這位「一切世間樂見離車童子」於 釋迦佛在世的時候，他很低調；釋迦如來有問：「什麼人堪在我釋迦牟尼入滅後住持正法？」這位也推辭、那位也推辭、第三位也推辭；因爲如來說的「住持正法」是最後末世八十年的時候，不是正法時期、像法時期，也不是末法時期前面幾千年，而是最後八十年，大家都怕。後來有人說：「一切世間樂見離車童子堪任住持釋迦如來正法。」結果他站起來說：「輪不到我！前面有十大弟子某某某、某某某、某某某；要不然又有某某菩薩、某某菩薩、某某菩薩。」最後大家都推辭，然後 如來再問他，他說：「如果大家都不堪任，那時我就來住持正法。」你看他多麼低調！

可是看看他，再繼續進修來到 釋迦如來的時候，他修道已經多久了？

光是那大海，用一根毛髮，每一次沾起一滴來，把它丟掉，這樣一滴一滴來；一根毛髮拿下來，弄到水裡，再怎麼沾大海水，拿起來時兩滴的機會很少，大概都只是一滴。像這樣一滴又一滴，假使無量壽，這樣一滴又一滴，要多久才能滴到剩下一牛跡的水，才能被燈光如來授記。雞羅婆如來授記他多久的時間？授記他說：大海水繼續滴，滴到將要乾了，大約像一牛跡的水那麼少時，他才能夠遇到燈光如來。你們看！這位「一切世間樂見離車童子」修學佛道是這麼長遠呀！光是他修學佛道已經這麼長遠，那我們回到前一段，摩訶迦葉問佛陀：「世間爲有盡耶？爲無盡乎？」你看！世間如果有盡，表示所有的有情都成佛了，才可能世間盡。可是一個人成佛是那麼大久遠，那麼世間要何時盡？更何況在三界輪轉的過程中，不是每一世都能值遇如來。所以我們賢劫的學佛人是有大福報的，因爲可以值遇一千佛。

現場也許有人想：「兩千五百多年前，我有值遇釋迦牟尼佛嗎？」到底有沒有？（眾答：有。）一定有啊！如果沒有，你今天不可能坐在這裡聽經，因爲進來聽了就會生起煩惱，然後就離開了。一定要信心足夠，你才待得下來。也許又有人想：「也許我兩千五百多年前，真的值遇釋迦如來；可是前面那三尊佛，我有值遇嗎？」除非你是從他方世界聞風而來，否則你一定有值遇的。要不然，這麼深妙的法，聽了會起煩惱的。

我們有的同修都自稱：「我來正覺同修會聽經學法六年了。我掙扎了很久，每一次聽完經，我都想要走人；但是我忍下來了，現在越聽越歡喜，不走了！因爲剛開始聽蕭老師說法那前三年，心裡老大不痛快；明知道這個法很棒，但是就不痛快；因爲蕭老師一天到晚講某甲大法師的法不對，某乙大法師的法不對，有時候又會講到我師父。可是後來發覺：啊！原來是怕人家聽不懂，所以把錯誤的說法拿出來比對；這一比對，大家就知道：這是眞的，那是假的，就很清楚地知道眞相了。」就好像萬分之九九九九的黃金，這是一塊眞黃金；還有另一塊鉛鍍成的假黃金，從外表看同樣是黃金，不比對還眞的難分清楚；可是如果放在一起比對，不用試金石，就可以看清楚了。

我們以前去朝禮聖地時，在印度有一個叫阿格拉堡，跟泰姬瑪哈陵遙遙相望；有一個國王的高廣大床，其實是牆壁挖一個很大的四方臺，挖在牆壁裡面；他躺在那邊，臣下坐在下面圍成一圈；中間有個流水的池子，可以洗手、洗水果等。但是在他那個議事廳的外面有一個黑色的石頭，叫作試金石。

作什麼用呢？臣下如果來奉獻黃金，要試一下它是眞金還是鍍金？免得被騙了。這表示說：眞金與鍍金很難區分，一般人區分不出來；因爲眞金如果是金塊，有點渾沌，不怎麼光澤，朦朦朧朧的；可是如果它抛光了呢？譬如說拿那個瑪瑙，推一推，也是亮得跟鍍金一樣。那你要怎麼去分辨哪個是鍍金？哪個是眞金？如果單單給你看一樣，大約都會弄錯了，除非是專家。如果對一般人，你要說服他什麼是眞金？什麼是鍍金呢？一定要兩個放在一起來比對，再告訴他：「這是鍍金，那是眞金。爲什麼這是鍍金？我試給你看。」在那個試金石上面一劃，裡面的東西跑出來了；眞金拿來試金石一劃，還是一樣，裡外如一；他就會仔細去分辨那個微細的差別。當他弄清楚了就說：「啊！我知道了，以後我再也不受人瞞。」

那我剛開始說法那五年，講了許多法，可是人家都說我講的跟那些大山頭講的是不一樣的，而那些大山頭私下又說我們的法不對。唉！這個眞沒辦法了，我給眞金，不是賣的，是不收供養而送的；大概因爲是送的，所以人家不信了。眞金送給人家，人家說你是假的；然後別家那個鍍金拿來賣，價位賣得很貴，大家被騙了還很歡喜說那是眞金。還有許多開金店的，大部分都在賣假金；只有我這一家金店是免費送金，而且都是眞金，結果人家還都說我是假金！逼不得已，我只好把假金和眞金的差異拿出來講，講清楚了以後，大家懂得分辨了。所以我們有幾位同修就是這樣，到後來懂得分辨了，就說：「啊！原來導師您是一片悲心哪，怕眾生誤會了，所以才要辨正法義。」才終於安住下來。這不是一位、兩位，很多人是這樣的，剛開始聽到我辨正法義時總是起煩惱，認爲我是在說別人的是非。

但是佛菩提道有個好處，就是假金來到這裡，我也可以把它變成眞金。對啊！因爲大眾看到鏡子的影像，我們就讓他用那個影像，去追溯到鏡體本身，明鏡不就找到了嗎？就有這個道理。所以六識論的人寫的東西，如果用八識論來把它解釋之後，它也會變成正法；可是如果菩薩們寫八識論的著作，被六識論的法師、居士拿了去解釋，就變成六識論的邪法了。所以佛法「假作眞時，假亦眞；眞作假時，眞亦假」。就看你怎麼用，這就是佛菩提的厲害處。

我說到這個地步，諸位聽得進去，不起煩惱，這表示你往昔不是只有承事釋迦牟尼佛而已，前面三尊佛都已經歷過，也都供養過了，都奉侍、禮拜過了；這樣夠不夠偉大？還不夠啦！哪裡夠？你們答得太快了！豈不聞《金剛經》說：如果相信這個法不是虛妄，而是眞實法，「**當知是人不於一佛、二佛、三四五佛而種善根**」，已於什麼？對！「**無量千萬佛所種諸善根**」。爲什麼要這麼小看自己呢？你能夠在了義法裡面相應，並且一直很歡喜追隨、修學，絕對不是於一佛、二佛、三四五佛而種善根；其實往昔已經歷過無量千萬佛所而種善根了，否則我這樣解釋這個了義法，你們是聽不進去的！那麼這一段經文告訴我們什麼？說每一個人的成佛，所需要的時間都是「**大久遠**」，沒有誰可以即「身」成佛。這個身體能成什麼佛？身體，藏汙納垢的東西，能成什麼佛？

也沒有誰可以即「生」成佛，因爲沒有一生成佛的事！你去問那一些即身成佛，或者即生成佛的人；不問別的，光問如來藏是什麼就好。五根、五力、七覺分、十力、十八不共法等等都不用問，單問他們一個明心就好，可就全都不懂了。因爲密宗古今所有法王，除了覺囊巴一派以外，全都落在意識裡面；而他們自稱成佛了，都是即生成佛，不然就即身成佛；但他們都是成就了「地獄佛」，將來他們那個自心如來要陪他們去地獄裡住，所以眞的要依佛菩提道的正理實修，眾生成佛的時劫都是「大久遠」。那你想：「既然都是『大久遠』，眾生容易度盡嗎？」根本無法去預設眾生何時可以度盡，單單說地球上的眾生就好，還不說整個三千大千世界的眾生，更不提十方一切世界的眾生。所以「眾生不可盡、眾生無所盡、眾生無盡時」。

可是如來爲什麼要授記？這一段講到授記的事，是因爲三賢位的眾生有個劣根性，總是捨不下五欲，所以悟了以後想：「我開悟了！以後我只要用功三天、休息四天好了！」會這樣想。如果出家了，也許他會想：「我悟了，就是要出去當大師；要名聞天下，廣設道場，聚徒千千萬萬，我要當一代大師。」當他這樣想時，他的道業何時能成就？不容易啊！如果他會這樣想，就表示他對自己證悟的功德認識還不夠。

有人也會這樣想：「開悟了才第七住位啊？距離佛地還那麼遙遠！我想要自稱是入地的菩薩，這蕭老師就罵我是大妄語，那我什麼時候可以成佛？算了！我也不當大師了，反正我就快快樂樂過這一輩子就好了，有得學就學，沒得學拉倒！」就這樣，就懈怠了。可是假使 如來授記了，他就會想：「喔！果然我眞的可以成佛，已經確定了！我的佛號，以及什麼時候成佛都有依據了，那我就拼了！」他就會努力。這就是五濁眾生的習性，所以世尊說：「時彼童子聞授記聲，勤加精進。」就是這樣。因爲勤加精進，所以成佛就會快，所以到 釋迦牟尼如來的時候，他就即將進入八地了。

老實說，在後末世正法餘五十二年，或者餘八十年時，你如果沒有七、八地的證境，住持不了正法的，因爲那時學人少、俗人多。學人可以智慧度之，俗人要以什麼度之？神通啊！所以到那個時節，你得要是七地滿心了，才有辦法領著大眾、領著座下的諸阿羅漢們住持正法最後八十年、五十二年。那你想：如果悟後只顧作個自了漢，不想拉拔更多的弟子們上來；到時候你手下莫說阿羅漢，一個三果人都沒有！那你要住持正法時，叫作孤軍奮戰。人家俗話講得好：「雙拳難敵四手。」何況那時破法的外道不只四手欸！那你一個人能幹什麼大事？所以你座下得要有很多的阿羅漢，這些阿羅漢菩薩們有解脫的功德，不怕死、不怕羞辱，而且也有般若的智慧，都已經準備要入地了；這樣才能夠幫你一起來住持最後五十二年、或者最後八十年的正法。所以這很不容易啊。

那我今天講這些話，其實以前也講過。爲什麼要告訴你們說：「九千年後，你們至少要證阿羅漢果。」爲什麼告訴你們說：「將來去兜率陀天，提前下來人間布局，等候彌勒尊佛。彌勒尊佛龍華三會之後開講般若，你們在般若講完時就得入地。」我這麼講，其實就是「授記」。眞的啊！如果你們不能達到我講的這個境界，那到時候 彌勒尊佛見了我，敲我腦袋說：「怎麼只有你一個人來？座下連一個阿羅漢都沒有！連一個完成『非安立諦三品心』的人都沒有；你這幾千年到底幹嘛？」有可能眞的是這樣，而我說的是實話。

藉著這一世的證悟，然後趕快把性障修除，該有的深未到地定修起來，隨後至少要再斷五下分結；這五下分結斷了，九千年後可以去彌勒內院了。等到 彌勒菩薩預定要下生人間的時候，天上的一天、半天，大概提前個半天就下來人間。提前一天等於人間多久？提前一天等於人間提前四百年，兩天就是八百年，半天是兩百年；可以提前下來人間受生布局。然後 彌勒尊佛降生人間長大成人後，今晚出家，明天成佛，接著龍華三會。龍華三會不稀奇，因爲你們這個末法時代圓滿時，到兜率天之前都已經斷五下分結了；隨後要再斷五上分結，不過翻掌之事，所以那時候再下生人間等候 彌勒佛。

龍華三會完了，講般若時，彌勒尊佛講到哪裡，你就現觀到哪裡，一一現觀；當《大般若經》講完了，你的「非安立諦三品心」就完成了，這時候作一個加行，就是四聖諦十六品心的加行，取證阿羅漢果；然後發十無盡願，這時候就入地了。

就是要在龍華三會完了，《般若經》講完了，你們就要入地了。但是那個入地，要從現在正覺同修會裡面，斷三縛結以及明心不退開始。所以成佛雖然曠大久遠，但眼下是可以實證的，我們也證明給諸位看了。而正覺同修會裡面，不是只有斷三縛結，更不是只有證悟明心生起般若智慧的法，後面還有許多法都幫你安排好了，等著你去走，看你腳力夠不夠。所以這是一個機會，那我把這些道理講了，你們如果有眞的理解，也眞的信受，也就是能忍於我今天晚上說的法，那你明天早上醒來，眼睛一張開，不會再想到說：「**我要去哪家素食館吃午餐？**」不會的了！好好禮佛用功、好好讀書。因爲你聽進去了，你就有這個授記的功德，這就是 如來授記的目的。

可是你的證量如果淺，你對我所說懷疑就越多；你的證量如果越高，對我所說懷疑就越少；就好像凡夫，都會認爲說他跟諸佛如來的證量一樣高，道理是一樣的，因爲他完全不懂。這就是授記的目的，所以雞羅婆如來當初授記「一切世間樂見轉輪聖王」的時候，授記完了，那麼這個「一切世間樂見離車童子」就很努力，時無空過；因此他可以在釋迦牟尼佛示現於人間的時候，滿足七地心，生於安樂國，成爲第八地的菩薩。接下來，摩訶迦葉又爲我們請問什麼法？

經文：【迦葉白佛言：「是故，世尊！毛滴大海猶尚可盡。」佛告迦葉：「此義云何？」迦葉白佛言：「世尊！譬如商人計數金錢置一器中，其子啼時授與一錢，彼器中錢日日損減。如是，菩薩摩訶薩於大海水滴滴損減，悉能知之，亦知餘在，況復世尊於眾生大聚盡而不知？但諸眾生無有減盡，一切聲聞、緣覺所不能知，唯佛世尊乃能知耳。」佛告迦葉：「善哉！善哉！如汝所說，眾生大聚無有盡時。」】

語譯：【摩訶迦葉稟白如來說：「由於您所說的這個緣故，世尊！以一毛滴大海水猶尚可以滴盡。」佛陀告訴迦葉：「你說的這話，道理是怎麼樣呢？」摩訶迦葉稟白佛陀說：「世尊！譬如有個商人計算了許多金錢，把它放置到一個容器裡面；當他的兒子啼哭的時候，就取一個金錢給他，讓他歡喜、止啼。隨著時間的過去，那個容器裡面的金錢是一天一天地損減。就像是這個道理，菩薩摩訶薩於大海水也是每天不斷地一滴一滴加以損減。而損減的大海水損減了多少呢？全部都能夠知道，也知道還剩下多少海水。何況世尊成佛了，於眾生的大聚是否已盡而怎能不知呢？但是所有的眾生並不會有減少而窮盡的時候，一切聲聞、緣覺都不可能知道這個事情，只有佛世尊才能夠知道的。」佛陀告訴摩訶迦葉：「善哉！善哉！猶如你所說的一樣，眾生大聚是沒有窮盡的時候啊。」】

講義：迦葉稟白 佛陀說：「由於您所說的這樣的緣故，世尊！用一根毛來滴大海水，尚且是可以滴盡的。」因爲理論上，不談水的蒸發及移置的地點時，一定是這樣的。那麼 佛陀向大迦葉再度詢問：「你這樣講，是要表達什麼道理呀？」這是爲了確定迦葉如實理解，或是要讓大家都能如實理解。而摩訶迦葉眞的智慧很好，講了這個譬喻太棒了！說：「有一個商人，他做了一個容器。這容器裡面放了很多計算過數目的金錢，」金錢跟銀幣是相差很多倍的價值，在古時候，金價與銀價的距離非常大，倍數很多；現在金價與銀價的倍數減少了，因爲黃金出產多了。以前黃金出產很少，所以金很貴，那如果鑄成金幣，就非常貴了。「這個商人計算了一定數量的金幣，放在那一個容器裡面，當兒子如果啼哭了，就給他一枚金幣。他兒子看見黃澄澄的金幣很漂亮，就很歡喜，不再啼哭，他會希望越來越多。」

現在要請問諸位：「這位商人先計算好了一定數量的金幣，放到一個大容器裡面，那金幣究竟是指什麼？」親教師們也可以想想啊！那金幣到底是指什麼？嗄？不要講在嘴裡，想到就把它講出來。我作個提示：這個金幣，每天當兒子哭時就給他一個，又哭了就再度給他一個。而這些金幣是他經過計算的數目，當這些金幣如果給兒子給完了，兒子就長大了。長大代表什麼？代表什麼？大聲一點！成佛！那這個金幣不斷地給他，這金幣有兩個意涵：叫作「斷」與「證」。「斷」是斷什麼？斷煩惱。每斷了一個煩惱就有一個金幣，所以孩子啼哭了就鼓勵他：「不哭、不哭，我給你個金幣。」看見金幣了，這個好！他就不再哭了。就這樣計算好，他到長大之時需要多少金幣，先算好，放在那個大容器裡面。

如來就像這樣。眾生剛開始學佛時，到將來成佛需要多少金幣？要鼓勵他：你只要怎麼樣，我就給你一個金幣。這個孩子聽話，就乖乖地聽父親說的，然後改過了，就得到一個金幣，歡喜了一天。那兒子再哭時就再度給他一個金幣；那個金幣其實不是外來的，其實是兒子本有的自己的東西。當他成佛的時候，回頭看看那些金幣，不值一顧！跟那樹上飄下來的黃葉一樣。不是有一句話說：「**猶如黃葉止兒啼。**」是不是？那小孩子哭了，告訴他：「**這葉子黃黃，這是用黃金做的，很珍貴喔！你不要把它弄破了。**」他就這樣當作眞的黃金，很珍惜；等到成佛以後一看，這都是黃葉！而且這黃葉都是從我家拿了出來給我的，就是這樣。

也就是說，當孩子心煩意躁啼哭了，就告訴他：「**你要怎麼樣，然後我就可以給你一枚金幣。**」兒子爲了得到金幣，然後他就努力去作而達成了，就給他一枚金幣。所以那個大容器裡面的金幣日日損減，因爲每天都得給他，所以每天都損減。損減，其實是從他那裡拿出來給他的，因爲這本來就打算好要給他的，本來就是他的，卻拿出來給他；一直到金幣給完了，他就長大了。所以就像是這個道理，菩薩摩訶薩證悟不退之後，就好像用那一根毛髮，每天不停地從大海水中滴一滴，明天又一滴，後天又一滴，這樣每天把大海水滴掉。自己很清楚知道：「我從第一天以來，已經滴了多少滴的大海水，所以大海水就已經減少多少滴了。」菩薩自己心裡很清楚。當然也知道：「大海水還剩下那麼多，比起我現在滴掉的水多無數倍。」一直到滴了很多之後，終於知道：「剩下的大海水比起我滴出去的水，大約是一比一；快成功了，快成功了！繼續努力！」就是這樣。

這道理告訴我們說，如來施設了許多的實證內容與功德力用，佛法的威神力與作用都有了，功德都有；但是這一些功德力用的增長，同時要配合一件事，就是煩惱的日日損減，就是那大海水一滴又一滴不斷地把它滴掉。那麼 如來把這一些應該斷的煩惱都講清楚，就好像那一個大海水。如來也把那個大容器裡面的金幣都告訴你，其中有多少金幣全都告訴你了，就是成佛之道的所有過程與內容。所以你在修道的過程中，自己會知道：「我現在斷了多少煩惱，我還有多少大海水煩惱還沒有斷。」自己可以去作一個比較，我現在斷了多少大海水煩惱，等於「已經從那個大容器裡面取了多少金幣到手裡來了，我現前就可以用」。這就是 如來的施設。那摩訶迦葉很懂這一點，所以用這個譬喻來講。

如果你不知道自己有沒有那個大容器，那就是你倒楣，因爲你遇到了惡知識。對喔！善知識一定先把你那個大容器準備好，所有的金幣幫你準備好了。然而有的人是學了一世佛法，根本不知道學佛在幹嘛？那就是連那個大容器都沒有的人，更不知道裡面有金幣，因爲連容器都沒有。那麼應該要斷除多少的煩惱，應斷除什麼煩惱也不知道，甚至於告訴你：「**不用斷煩惱，不用斷三縛結，不用證悟明心，不用眼見佛性，也不用親證無生法忍。你們只要跟隨著我，買瑪莎拉蒂給我，買勞斯萊斯給我，你就可以跟我成佛。**」那就是你倒楣，因爲你自己沒福德因緣親値善知識，就遇到惡知識了，事實就是這樣啊！

所以如來善於施設方便，有許多權巧接引弟子；那弟子們也得要知恩，否則談何報恩？一定要先知恩，但知恩是該怎麼知？要先知道說大海水有多少？那我要把大海水滴乾，不是一天、半個月的事，而是曠大久遠；先有這個瞭解及心理準備，然後就不會精進了三年、五年之後就說：「**啊！成佛遙遙無期，那不可能啦！算了，算了！**」就退轉了。你就會知道說：「**我現在滴掉多少海水了，那我現在已經有幾個金幣了。**」你已經知道了，那你眼看著大海水越來越少，眼看著金幣越來越多；你又知道佛道可成，這就不會懈怠。

所以，如果你沒有遇到這樣的善知識跟你說明：「你有一個大容器，我幫你存了多少金幣。你要把這些金幣都得了，才能成佛。可是你得這些金幣之前，每天要做的，就是把那個大海水不斷地滴掉；當大海水滴完了，金幣你全部得了，你就成佛了。」那你可以衡量自己，現在滴掉了多少大海水，也就是滅了多少煩惱；你已經得到了多少金幣，就是你得到了多少佛法功德；不管是解脫功德或者實相智慧的功德，或者無生法忍的功德，或者滅除習氣種子隨眠的功德，你自己都可以檢驗。這樣一來，你就知道自己在這佛菩提道中，現在已經走到什麼地步了，往後還有幾步、還有幾丈？你就知道了。回頭一看：「喔！我已經走過幾步，走過幾丈了。」你已經知道了，這時候，就是按部就班的事了。

這其實都是 世尊的方便施設，而身爲佛弟子，要懂得 如來這個方便施設的恩德，然後該怎麼報恩？最好的報恩就是「法供養」，也就是依教奉行，一步一步去作：今天該斷多少煩惱，該取一個金幣；明天該斷多少煩惱，該再取一個金幣；就這樣煩惱日日損減，功德日益增長。這樣來觀察，就可以確定，成佛之道，時不久矣。「時不久矣」當然不是明天、明年，就是說已經可以計算了；不是像以前，還沒有正式邁入三大阿僧祇劫時，都還在十信位裡面盲修資糧。

那麼摩訶迦葉講到這裡，就說：「連菩薩都知道，那大海水滴損減都能夠知道，也知道大海水還剩下多少；何況是世尊您於眾生這個大聚能不能盡，而不知道呢？」說的也有道理啊！但是這個眾生大聚是否能盡？一切聲聞、緣覺都不可能知道；但這個時候所說的並沒有包括菩薩在內，換句話說，菩薩是多少能知的；因為你已經證悟如來藏之後，可以看到悟後每天繼續有某一些隨煩惱，從自心如來裡面流注種子出來，一一加以滅除；而這些隨煩惱，自己有沒有把它斷除，也都能知道。

既然在三賢位中已經可以知道，入地後當然更能知道了。所以這些煩惱的習氣種子有沒有又出現了？如果又出現了就把它斷除，每出現一次就斷除一次。時日久了，當習氣種子隨眠斷盡了，配合諸地的無生法忍，就滿足七地心了。說的比唱的好聽喔！但這就是 如來的施設。如來有這個施設，菩薩跟著一步一步邁進，漸漸地也就知道了。所以聲聞、緣覺不能知的事，菩薩們少分知、多分知，或如八地以上菩薩大部分知道，乃至如來究竟了知。所以菩薩到了妙覺位了，也還不能具足盡知；因此要到成佛的時候，大圓鏡智現前，成所作智也現前了，那時才能具足了知。所以摩訶迦葉最後總結說：「**唯佛世尊乃能知耳。**」確實如此。

那麼 佛陀當然知道摩訶迦葉的智慧很好，這個譬喻也講得很棒，所以一定要讚歎他，然後再拉回主題來，所以就說：「**善哉！善哉！就像你所說的這樣子，眾生大聚沒有窮盡的時候。**」你看！成佛時劫曠大久遠，而眾生無量無數，要把這一些眾生一個個都度盡、都成佛，根本沒機會！因爲已經成爲道器了，可以修學佛菩提道了；這時返觀二乘聖人還不算道器，只有菩薩種姓才是道器，那旁生等等就不用提了；這時已經成爲道器，都還要三大阿僧祇劫才能成佛。

而這個「劫」，不是說一個中劫或一個小劫就夠久遠，講的都是大劫，還是三個大的阿僧祇劫！這一下腳底又涼了。不會喔？行！但是比起無量無邊不可思議阿僧祇劫前的諸如來，祂們要成佛，那可不是三大阿僧祇劫的摸索。所以這樣想起來，三大阿僧祇劫還算短的。因為 如來已經告訴你：「你有多少海水要滴掉。」摩訶迦葉這個譬喻講得好，如來都幫你施設好了，你只要把這些海水都滴光，而你該拿的金幣也都拿到手了，就成佛了。

那麼大海水有多少？你可以了知：今天滴了一滴，明天又一滴，累積下來可能滴了三桶、四桶、五桶；金幣可能拿到一個、兩個，你都知道了。眼看著金幣越來越多，眼看著大海水越來越少；你又知道成佛有望，這樣就不會懈怠。摩訶迦葉講這一段譬喻可以利樂很多人，這表示他確實知恩，懂得如何報恩；所以他講完了，如來讚歎說：「**善哉！善哉！如汝所說，眾生大聚無有盡時。**」今天講到這裡。

（未完，詳後第四輯續講。）

佛菩提二主要道次第概要表——二道並修，以外無別佛法

佛菩提道——大菩提道

遠波羅蜜多

資糧位

十信位修集信心——一劫乃至一萬劫

初住位修集布施功德（以財施爲主）。

二住位修集持戒功德。

三住位修集忍辱功德。

四住位修集精進功德。

五住位修集禪定功德。

六住位修集般若功德（熏習般若中觀及斷我見，加行位也）。

外門廣修六度萬行

見道位

七住位明心般若正觀現前，親證本來自性清淨涅槃。

八住位起於一切法現觀般若中道。漸除性障。

十住位眼見佛性，世界如幻觀成就。

一至十行位，於廣行六度萬行中，依般若中道慧，現觀陰處界猶如陽焰，至第十行滿心位，陽焰觀成就。

一至十迴向位熏習一切種智；修除性障，唯留最後一分思惑不斷。第十迴向滿心位成就菩薩道如夢觀。

內門廣修六度萬行

初地：第十迴向位滿心時，成就道種智一分（八識心王一一親證後，領受五法、三自性、七種第一義、七種性自性、二種無我法）復由勇發十無盡願，成通達位菩薩。復又永伏性障而不具斷，能證慧解脫而不取證，由大願故留惑潤生。此地主修法施波羅蜜多及百法明門。證「猶如鏡像」現觀，故滿初地心。

二地：初地功德滿足以後，再成就道種智一分而入二地；主修戒波羅蜜多及一切種智。滿心位成就「猶如光影」現觀，戒行自然清淨。

解脫道：二乘菩提

→ 斷三縛結，成初果解脫

→ 薄貪瞋癡，成二果解脫

→ 斷五下分結，成三果解脫

入地前的四加行令煩惱障現行悉斷，成四果解脫，留惑潤生。分段生死已斷，煩惱障習氣種子開始斷除，兼斷無始無明上煩惱。

近波羅蜜多

大波羅蜜多

圓滿波羅蜜多

修道位

究竟位

心、五神通。能成就俱解脫果而不取證，留惑潤生。滿心位成就「猶如谷響」現觀及無漏妙定意生身。

四地：由三地再證道種智一分故入四地。主修精進波羅蜜多，於此土及他方世界廣度有緣，無有疲倦。進修一切種智，滿心位成就「如水中月」現觀。

五地：由四地再證道種智一分故入五地。主修禪定波羅蜜多及一切種智，斷除下乘涅槃貪。滿心位成就「變化所成」現觀。

六地：由五地再證道種智一分故入六地。此地主修般若波羅蜜多——依道種智現觀十二因緣一一有支及意生身化身，皆自心眞如變化所現，「非有似有」，成就細相觀，不由加行而自然證得滅盡定，成俱解脫大乘無學。

七地：由六地「非有似有」現觀，再證道種智一分故入七地。此地主修一切種智及方便波羅蜜多，由重觀十二有支一一支中之流轉門及還滅門一切細相，成就方便善巧，念念隨入滅盡定。滿心位證得「如犍闥婆城」現觀。

八地：由七地極細相觀成就故再證道種智一分而入八地。此地主修一切種智及願波羅蜜多。至滿心位純無相觀任運恆起，故於相土自在，滿心位復證「如實覺知諸法相意生身」故。

九地：由八地再證道種智一分故入九地。主修力波羅蜜多及一切種智，成就四無礙，滿心位證得「種類俱生無行作意生身」。

十地：由九地再證道種智一分故入此地。此地主修一切種智——智波羅蜜多。滿心位起大法智雲，及現起大法智雲所含藏種種功德，成受職菩薩。

等覺：由十地道種智成就故入此地。此地應修一切種智，圓滿等覺地無生法忍；於百劫中修集極廣大福德，以之圓滿三十二大人相及無量隨形好。

妙覺：示現受生人間已斷盡煩惱障一切習氣種子，並斷盡所知障一切隨眠，永斷變易生死無明，成就大般涅槃，四智圓明。人間捨壽後，報身常住色究竟天利樂十方地上菩薩；以諸化身利樂有情，永無盡期，成就究竟佛道。

七地滿心斷除故意保留之最後一分思惑時，煩惱障所攝色、受、想三陰有漏習氣種子全部斷盡。

煩惱障所攝行、識二陰無漏習氣種子任運漸斷，所知障所攝上煩惱任運漸斷。

斷盡變易生死成就大般涅槃

圓滿成就究竟佛果

佛子蕭平實 謹製

（二〇〇九、〇二 修訂）

（二〇一二、〇二 增補）

佛教正覺同修會〈修學佛道次第表〉

第一階段

* 以憶佛及拜佛方式修習動中定力。
* 學第一義佛法及禪法知見。
* 無相拜佛功夫成就。
* 具備一念相續功夫—動靜中皆能看話頭。
* 努力培植福德資糧，勤修三福淨業。

第二階段

* 參話頭，參公案。
* 開悟明心，一片悟境。
* 鍛鍊功夫求見佛性。
* 眼見佛性〈餘五根亦如是〉親見世界如幻，成就如幻觀。
* 學習禪門差別智。
* 深入第一義經典。
* 修除性障及隨分修學禪定。
* 修證十行位陽焰觀。

第三階段

* 學一切種智真實正理—楞伽經、解深密經、成唯識論…。
* 參究末後句。
* 解悟末後句。
* 透牢關—親自體驗所悟末後句境界，親見實相，無得無失。
* 救護一切衆生迴向正道。護持了義正法，修證十迴向位如夢觀。
* 發十無盡願，修習百法明門，親證猶如鏡像現觀。
* 修除五蓋，發起禪定。持一切善法戒。親證猶如光影現觀。
* 進修四禪八定、四無量心、五神通。進修大乘種智，求證猶如谷響現觀。

佛教正覺同修會 共修現況 及 招生公告　2023/03/28

一、共修現況：（請在共修時間來電，以免無人接聽。）

台北正覺講堂 103 台北市承德路三段 277 號九樓 捷運淡水線圓山站旁
Tel..**總機** 02-25957295（晚上）（**分機：九樓**辦公室 10、11；知客櫃檯 12、13。 **十樓**知客櫃檯 15、16；書局櫃檯 14。**五樓**辦公室 18；知客櫃檯 19。**二樓**辦公室 20；知客櫃檯 21。）
Fax..25954493

第一講堂 台北市承德路三段 277 號九樓

禪淨班：週一晚班、週三晚班、週四晚班、週五晚班、週六下午班、週六上午班（共修期間二年半，全程免費。皆須報名建立學籍後始可參加共修，欲報名者詳見本公告末頁。）

增上班：成唯識論釋：單週六晚班。雙週六晚班（重播班）。17.50～20.50。平實導師講解，2022 年 2 月末開講，預定六年內講完，僅限已明心之會員參加。

禪門差別智：每月第一週日全天　平實導師主講（事冗暫停）。

解深密經詳解：本經從六度波羅蜜多談到八識心王，再詳論大乘見道所證眞如，然後論及悟後進修的相見道位所觀七眞如，以及入地後的十地所修，乃至成佛時的四智圓明一切種智境界，皆是可修可證之法，流傳至今依舊可證，顯示佛法眞是義學而非玄談或思想，都是淺深次第皆所論及之第一義諦妙義。已於 2021 年三月下旬起開講，由平實導師詳解。每逢週二晚上開講，第一至第七講堂都可同時聽聞，歡迎菩薩種性學人，攜眷共同參與此殊勝法會現場聞法，不限制聽講資格。本會學員憑上課證進入第一至第四、第七講堂聽講，會外學人請以身分證件換證進入聽講（此爲大樓管理處安全管理規定之要求，敬請諒解）；第五及第六講堂（B1、B2）對外開放，不需出示任何證件，請由大樓側門直接進入。

第二講堂 台北市承德路三段 267 號十樓。

禪淨班：週一晚班。

進階班：週三晚班、週四晚班、週五晚班、週六早班、週六下午班。禪淨班結業後轉入共修。

增上班：成唯識論釋：單週六晚班，影音同步傳播。雙週六晚班（重播班）

解深密經詳解：平實導師講解。每週二 18.50~20.50 影像音聲即時傳輸。

第三講堂 台北市承德路三段 277 號五樓。

禪淨班：週六下午班。

增上班：成唯識論釋：單週六晚班，影音同步傳播。雙週六晚班（重播班）

進階班：週一晚班、週三晚班、週四晚班、週五晚班。

解深密經詳解：平實導師講解。每週二 18.50~20.50 影像音聲即時傳輸。

第四講堂　台北市承德路三段 267 號二樓。

進階班：週一晚班、週三晚班、週四晚班（禪淨班結業後轉入共修）。

解深密經詳解：平實導師講解。每週二 18.50~20.50 影像音聲即時傳輸。

第五、第六講堂

念佛班　每週日晚上，第六講堂共修（B2），一切求生極樂世界的三寶弟子皆可參加，不限制共修資格。

進階班：週一晚班、週三晚班、週四晚班。

解深密經詳解：平實導師講解。每週二 18.50~20.50 影像音聲即時傳輸。第五、第六講堂爲**開放式講堂**，不需以身分證件換證即可進入聽講，台北市承德路三段 267 號地下一樓、地下二樓。每逢週二晚上講經時段開放給會外人士自由聽經，請由大樓側面梯階逕行進入聽講。

聽講者請尊重講者的著作權及肖像權，請勿錄音錄影，以免違法；若有錄音錄影被查獲者，將依法處理。

第七講堂　台北市承德路三段 267 號六樓。

解深密經詳解：平實導師講解。每週二 18.50~20.50 影像音聲即時傳輸。

正覺祖師堂　大溪區美華里信義路 650 巷坑底 5 之 6 號（台 3 號省道 34 公里處 妙法寺對面斜坡道進入）電話 03-3886110　傳眞 03-3881692 本堂供奉 克勤圓悟大師，專供會員每年四月、十月各三次精進禪三共修，兼作本會出家菩薩掛單常住之用。開放參訪日期請參見本會公告。教內共修團體或道場，得另申請其餘時間作團體參訪，務請事先與常住確定日期，以便安排常住菩薩接引導覽，亦免妨礙常住菩薩之日常作息及修行。

桃園正覺講堂（第一、第二講堂）：桃園市介壽路 286、288 號 10 樓（陽明運動公園對面）電話：03-3749363（請於共修時聯繫，或與台北聯繫）

禪淨班：週一晚班（1）、週一晚班（2）、週三晚班、週四晚班、週五晚班。

進階班：週四晚班、週五晚班、週六上午班。

增上班：成唯識論釋。雙週六晚班（增上重播班）。

解深密經詳解：平實導師講解。每週二晚上，以台北正覺講堂所錄DVD放映；歡迎會外學人共同聽講，不需出示身分證件。

新竹正覺講堂 新竹市東光路 55 號二樓之一　電話 03-5724297（晚上）

第一講堂：

禪淨班：週五晚班。

進階班：週三晚班、週四晚班、週六上午班。由禪淨班結業後轉入共修

增上班：成唯識論釋。單週六晚班。雙週六晚班（重播班）。

解深密經詳解：平實導師講解。每週二晚上，以台北正覺講堂所錄 DVD 放映。歡迎會外學人共同聽講，不需出示身分證件。

第二講堂：

禪淨班：週一晚班、週三晚班、週四晚班、週六上午班。

解深密經詳解：每週二晚上與第一講堂同步播放講經 DVD。

第三、第四講堂：裝修完畢，已經啓用。

台中正覺講堂　04-23816090（晚上）

第一講堂　台中市南屯區五權西路二段 666 號 13 樓之四（國泰世華銀行樓上。鄰近縣市經第一高速公路前來者，由五權西路交流道可以快速到達，大樓旁有停車場，對面有素食館）。

禪淨班：週四晚班、週五晚班。

進階班：週一晚班、週三晚班、週六上午班（由禪淨班結業後轉入共修）。

增上班：成唯識論釋。單週六晚班。雙週六晚班（重播班）。

解深密經詳解：平實導師講解。每週二晚上，以台北正覺講堂所錄 DVD 放映。歡迎會外學人共同聽講，不需出示身分證件。

第二講堂　台中市南屯區五權西路二段 666 號 4 樓。

禪淨班：週一晚班、週三晚班。

第三講堂台中市南屯區五權西路二段 666 號 4 樓。

禪淨班：週一晚班。

第四講堂台中市南屯區五權西路二段 666 號 4 樓。

進階班：週一晚班、週四晚班、週六上午班，由禪淨班結業後轉入共修

解深密經詳解：每週二晚上與第一講堂同步播放講經 DVD。

嘉義正覺講堂 嘉義市友愛路 288 號八樓之一　電話：05-2318228

第一講堂：

禪淨班：週四晚班、週五晚班、週六上午班。

進階班：週一晚班、週三晚班（由禪淨班結業後轉入共修）。

增上班：成唯識論釋。單週六晚班。雙週六晚班（重播班）。

解深密經詳解：平實導師講解。每週二晚上，以台北正覺講堂所錄 DVD 放映。歡迎會外學人共同聽講，不需出示身分證件。

第二講堂　嘉義市友愛路 288 號八樓之二。

第三講堂　嘉義市友愛路 288 號四樓之七。

禪淨班：週一晚班、週三晚班。

台南正覺講堂

第一講堂　台南市西門路四段 15 號 4 樓。06-2820541（晚上）

禪淨班：週一晚班、週三晚班、週四晚班、週五晚班、週六下午班。

增上班：**成唯識論釋**。單週六晚班。雙週六晚班（重播班）。

解深密經詳解：平實導師講解。每週二晚上，以台北正覺講堂所錄 DVD 放映。歡迎會外學人共同聽講，不需出示身分證件。

第二講堂　台南市西門路四段 15 號 3 樓。

解深密經詳解：每週二晚上與第一講堂同步播放講經 DVD。

第三講堂　台南市西門路四段 15 號 3 樓。

進階班：週一晚班、週三晚班、週四晚班、週五晚班（由禪淨班結業後轉入共修）。

解深密經詳解：每週二晚上與第一講堂同步播放講經 DVD。

高雄正覺講堂　高雄市新興區中正三路 45 號五樓 07-2234248（晚上）

第一講堂（五樓）：

禪淨班：週一晚班、週三晚班、週四晚班、週五晚班、週六上午班。

增上班：**成唯識論釋**。單週六晚班。雙週六晚班（重播班）。

解深密經詳解：平實導師講解。每週二晚上，以台北正覺講堂所錄 DVD 放映。歡迎會外學人共同聽講，不需出示身分證件。

第二講堂（四樓）：

進階班：週三晚班、週四晚班、週六上午班（由禪淨班結業後轉入共修）。

解深密經詳解：每週二晚上與第一講堂同步播放講經 DVD。

第三講堂（三樓）：

進階班：週四晚班（由禪淨班結業後轉入共修）。

香港正覺講堂

香港新界葵涌打磚坪街 93 號維京科技商業中心A 座 18 樓。

電話：(852) 23262231

英文地址：18/F, Tower A, Viking Technology & Business Centre, 93 Ta Chuen Ping Street, Kwai Chung, N.T., Hong Kong.

禪淨班：單週六下午班、雙週六下午班、單週日上午班、單週日下午班、雙週日上午班

進階班：雙週六、日上午班（由禪淨班結業後轉入共修）。

增上班：每月第一雙週日下午及晚上班，以台北增上班課程錄成DVD放映之。

增上重播班：每月第二雙週日下午及晚上班，以台北增上班課程錄成DVD放映之。

不退轉法輪經詳解：平實導師講解。每週六、日 19:00～21:00，以台北正覺講堂所錄 DVD 放映；歡迎會外學人共同聽講，不需出示身分證件。

二、招生公告 **本會台北講堂及全省各講堂、香港講堂，每逢四月、十月下旬開新班，每週共修一次**（每次二小時。開課日起三個月內仍可插班）；**各班共修期間皆爲二年半，全程免費，欲參加者請向本會函索報名表**（各共修處皆於共修時間方有人執事，非共修時間請勿電詢或前來洽詢、請書），**或直接從本會官方網站**(http://www.enlighten.org.tw/newsflash/class)**或成佛之道網站下載報名表**。共修期滿時，若經報名禪三審核通過者，可參加四天三夜之禪三精進共修，有機會明心、取證如來藏，發起般若實相智慧，成爲實義菩薩，脫離凡夫菩薩位。

三、新春禮佛祈福 農曆**年假**期間停止共修：自農曆新年前七天起停止共修與弘法，正月 8 日起回復共修、弘法事務。新春期間正月初一～初七 9.00～17.00 開放台北講堂、正月初一~初三開放新竹、台中、嘉義、台南、高雄講堂，以及大溪禪三道場（正覺祖師堂），方便會員供佛、祈福及會外人士請書。

密宗四大派修雙身法，是外道性力派的邪法；又以生滅的識陰作為常住法，是常見外道，是假的藏傳佛教。

西藏覺囊巴以他空見弘揚第八識如來藏勝法，才是真藏傳佛教

佛教正覺同修會　弘法行事表　2022/04/25

1、**禪淨班**　以無相念佛及拜佛方式修習動中定力，實證一心不亂功夫。傳授解脫道正理及第一義諦佛法，以及參禪知見。共修期間：二年六個月。每逢四月、十月開新班，詳見招生公告表。

2、**進階班**　禪淨班畢業後得轉入此班，進修更深入的佛法，期能證悟明心。各地講堂各有多班，繼續深入佛法、增長定力，悟後得轉入增上班修學道種智，期能證得無生法忍。

3、**增上班　成唯識論**詳解　詳解八識心王的唯識性、唯識相、唯識位，分說八識心王及其心所各別的自性、所依、所緣、相應心所、行相、功用等，並闡述緣生諸法的四緣：因緣、等無間緣、所緣緣、增上緣等四緣，並論及十因五果等。論中闡釋**佛法實證及成就的根本法即是第八識，由第八識成就三界世間及出世間的一切染淨諸法，方有成佛之道可修、可證、可成就，名爲圓成實性**。然後詳解末法時代學人極易混淆的見道位所函蓋的眞見道、相見道、通達位等內容，指正末法時代高慢心一類學人，於見道位前後不斷所墮的同一邪謬處。末後開示修道位的十地之中，各地所應斷的二愚及所應證的一智，乃至佛位的四智圓明及具足四種涅槃等一切種智之眞實正理。由平實導師講述，每逢一、三、五週之週末晚上開示，每逢二、四週之週末爲重播班，供作後悟之菩薩補聞所未聽聞之法。增上班課程僅限已明心之會員參加。未來每逢講完十分之一內容時，便予出書流通；總共十輯，敬請期待。（註：《瑜伽師地論》從 2003 年二月開講，至 2022 年 2 月 19 日已經圓滿，爲期 18 年整。）

4、**解深密經**詳解　本經所說妙法極爲甚深難解，非唯論及佛法中心主旨的八識心王及般若實證之標的，亦論及眞見道之後轉入相見道位中應該修學之法，即是七眞如之觀行內涵，然後始可入地。亦論及見道之後，如何與解脫及佛菩提智相應，兼論十地進修之道，末論如來法身及四智圓明的一切種智境界。如是眞見道、相見道、諸地修行之義，傳至今時仍然可證，顯示佛法眞是義學而非玄談或思想，有實證之標的與內容，非學術界諸思惟研究者之所能到，乃是離言絕句之第八識第一義諦妙義。重講本經之目的，在於令諸已悟之人明解大乘佛法之成佛次第，以及悟後進修一切種智之內涵，確實證知三種自性性，並得據此證解七眞如、十眞如等正理，成就三無性的境界。已於 2021 年三月下旬起每逢週二的晚上公開宣講，由平實導師詳解。不限制聽講資格。

5、**精進禪三**　主三和尚：平實導師。於四天三夜中，以克勤圓悟大師及大慧宗杲之禪風，施設機鋒與小參、公案密意之開示，幫助會員剋期取證，親證不生不滅之眞實心——人人本有之如來藏。每年四月、十月各舉辦三個梯次；平實導師主持。僅限本會會員參加禪淨班共修期滿，報名審核通過者，方可參加。並選擇會中定力、慧力、福德三條件皆已具足之已明心會員，給以指引，令得眼見自己無形無相之佛性遍佈山河大地，眞實而無障礙，得以肉眼現觀世界身心悉皆如幻，具足成就如幻觀，圓滿十住菩薩之證境。

6、**阿含經**詳解　選擇重要之阿含部經典，依無餘涅槃之實際而加以詳解，令大眾得以現觀諸法緣起性空，亦復不墮斷滅見中，顯示經中所隱說之涅槃實際—如來藏—確實已於四阿含中隱說；令大眾得以聞後觀行，確實斷除我見乃至我執，證得**見到**眞現觀，乃至**身證**……等眞現觀；已得大乘或二乘見道者，亦可由此聞熏及聞後之觀行，除斷我所之貪著，成就慧解脫果。由平實導師詳解。不限制聽講資格。

7、**精選如來藏系經典**詳解　精選如來藏系經典一部，詳細解說，以此完全印證會員所悟如來藏之眞實，得入不退轉住。另行擇期詳細解說之，由平實導師講解。僅限已明心之會員參加。

8、**禪門差別智**　藉禪宗公案之微細淆訛難知難解之處，加以宣說及剖析，以增進明心、見性之功德，啓發差別智，建立擇法眼。每月第一週日全天，由平實導師開示，僅限破參明心後，復又眼見佛性者參加(事冗暫停)。

9、**枯木禪**　先講智者大師的《小止觀》，後說《釋禪波羅蜜》，詳解四禪八定之修證理論與實修方法，細述一般學人修定之邪見與岔路，及對禪定證境之誤會，消除枉用功夫、浪費生命之現象。已悟般若者，可以藉此而實修初禪，進入大乘通教及聲聞教的三果心解脫境界，配合應有的大福德及後得無分別智、十無盡願，即可進入初地心中。親教師：平實導師。未來緣熟時將於正覺寺開講。不限制聽講資格。

註：本會例行年假，自 2004 年起，改爲每年農曆新年前七天開始停息弘法事務及共修課程，農曆正月 8 日回復所有共修及弘法事務。新春期間（每日 9.00~17.00）開放台北講堂，方便會員禮佛祈福及會外人士請書。大溪區的正覺祖師堂，開放參訪時間，詳見〈正覺電子報〉或成佛之道網站。本表得因時節因緣需要而隨時修改之，不另作通知。

佛教正覺同修會　贈閱書籍 目錄　　2021/8/30

1.**無相念佛**　平實導師著　回郵 36 元
2.**念佛三昧修學次第**　平實導師述著　回郵 52 元
3.**正法眼藏—護法集**　平實導師述著　回郵 76 元
4.**真假開悟簡易辨正法&佛子之省思**　平實導師著　回郵 26 元
5.**生命實相之辨正**　平實導師著　回郵 31 元
6.**如何契入念佛法門**（附：印順法師否定極樂世界）平實導師著　回郵 26 元
7.**平實書箋**—答元覽居士書　平實導師著　回郵 52 元
8.**三乘唯識**—如來藏系經律彙編　平實導師編　回郵 80 元
（精裝本　長 27 cm　寬 21 cm　高 7.5 cm　重 2.8 公斤）
9.**三時繫念全集**—修正本　回郵掛號 52 元（長 26.5 cm×寬 19 cm）
10.**明心與初地**　平實導師述　回郵 31 元
11.**邪見與佛法**　平實導師述著　回郵 36 元
12.**甘露法雨**　平實導師述　回郵 36 元
13.**我與無我**　平實導師述　回郵 36 元
14.**學佛之心態**—修正錯誤之學佛心態始能與正法相應 孫正德老師著 回郵52元
附錄：平實導師著**《略說八、九識並存…等之過失》**
15.**大乘無我觀**—《悟前與悟後》別說　平實導師述著　回郵 36 元
16.**佛教之危機**—中國台灣地區現代佛教之真相（附錄：公案拈提六則）
平實導師著　回郵 52 元
17.**燈 影**—燈下黑（覆「求教後學」來函等）　平實導師著　回郵 76 元
18.**護法與毀法**—覆上平居士與徐恒志居士網站毀法二文
張正圜老師著　回郵 76 元
19.**淨土聖道**—兼評**選擇本願念佛**　正德老師著　**由正覺同修會購贈** 回郵 52 元
20.**辨唯識性相**—對「紫蓮心海《辯唯識性相》書中否定阿賴耶識」之回應
正覺同修會 台南共修處法義組 著　回郵 52 元
21.**假如來藏**—對法蓮法師《如來藏與阿賴耶識》書中否定阿賴耶識之回應
正覺同修會 台南共修處法義組 著　回郵 76 元
22.**入不二門**—公案拈提集錦 第一輯（於平實導師公案拈提諸書中選錄約二十則，
合輯爲一冊流通之）平實導師著　回郵 52 元
23.**真假邪說**—西藏密宗索達吉喇嘛《破除邪說論》真是邪說
釋正安法師著　上、下冊回郵各 52 元
24.**真假開悟**—真如、如來藏、阿賴耶識間之關係　平實導師述著　回郵 76 元
25.**真假禪和**—辨正釋傳聖之謗法謬說　孫正德老師著　回郵 76 元

26.**眼見佛性**—駁慧廣法師眼見佛性的含義文中謬說
游正光老師著　回郵52元

27.**普門自在**—公案拈提集錦 第二輯（於平實導師公案拈提諸書中選錄約二十則，合輯為一冊流通之）平實導師著　回郵52元

28.**印順法師的悲哀**—以現代禪的質疑為線索　恒毓博士著　回郵52元

29.**識蘊真義**—現觀識蘊內涵、取證初果、親斷三縛結之具體行門。
—依《成唯識論》及《唯識述記》正義，略顯安慧《大乘廣五蘊論》之邪謬
平實導師著　回郵76元

30.**正覺電子報** 各期紙版本　免附回郵　每次最多函索三期或三本。
（已無存書之較早各期，不另增印贈閱）

31.**現代人應有的宗教觀**　蔡正禮老師 著　回郵31元

32.**遠惑趣道**—正覺電子報般若信箱問答錄　第一輯　回郵52元

33.**遠惑趣道**—正覺電子報般若信箱問答錄　第二輯　回郵52元

34.**確保您的權益**—器官捐贈應注意自我保護　游正光老師 著　回郵31元

35.**正覺教團電視弘法三乘菩提 DVD 光碟（一）**
由正覺教團多位親教師共同講述錄製 DVD 8 片，MP3 一片，共 9 片。有二大講題：一為「三乘菩提之意涵」，二為「學佛的正知見」。內容精闢，深入淺出，精彩絕倫，幫助大眾快速建立三乘法道的正知見，免被外道邪見所誤導。有志修學三乘佛法之學人不可不看。（製作工本費 100 元，回郵 52 元）

36.**正覺教團電視弘法 DVD 專輯（二）**
總有二大講題：一為「三乘菩提之念佛法門」，一為「學佛正知見（第二篇）」，由正覺教團多位親教師輪番講述，內容詳細闡述如何修學念佛法門、實證念佛三昧，以及學佛應具有的正確知見，可以幫助發願往生西方極樂淨土之學人，得以把握往生，更可令學人快速建立三乘法道的正知見，免於被外道邪見所誤導。有志修學三乘佛法之學人不可不看。（一套 17 片，工本費 160 元。回郵 76 元）

37.**喇嘛性世界**—揭開假藏傳佛教譚崔瑜伽的面紗　張善思 等人合著
由正覺同修會購贈　回郵52元

38.**假藏傳佛教的神話**—性、謊言、喇嘛教　張正玄教授編著
由正覺同修會購贈　回郵52元

39.**隨　緣**—理隨緣與事隨緣　平實導師述　回郵52元。

40.**學佛的覺醒**　正枝居士 著　回郵52元

41.**導師之真實義**　蔡正禮老師 著　回郵31元

42.**淺談達賴喇嘛之雙身法**—兼論解讀「密續」之達文西密碼
吳明芷居士 著　回郵31元

43.**魔界轉世**　張正玄居士 著　回郵31元

44.**一貫道與開悟**　蔡正禮老師 著　回郵31元

45.**博愛**—愛盡天下女人　正覺教育基金會 編印　回郵36元

46.**意識虛妄經教彙編**—實證解脫道的關鍵經文　正覺同修會編印　回郵36元

47.**邪箭囈語**—破斥藏密外道多識仁波切《破魔金剛箭雨論》之邪說

陸正元老師著　上、下冊回郵各52元

48.**真假沙門**—依　佛聖教闡釋佛教僧寶之定義

蔡正禮老師著　俟正覺電子報連載後結集出版

49.**真假禪宗**—藉評論釋性廣《印順導師對變質禪法之批判

及對禪宗之肯定》以顯示真假禪宗

附論一：凡夫知見　無助於佛法之信解行證

附論二：世間與出世間一切法皆從如來藏實際而生而顯

余正偉老師著　俟正覺電子報連載後結集出版　回郵未定

★ 上列贈書之郵資，係台灣本島地區郵資，大陸、港、澳地區及外國地區，請另計酌增（大陸、港、澳、國外地區之郵票不許通用）。尚未出版之書，請勿先寄來郵資，以免增加作業煩擾。

★ 本目錄若有變動，唯於後印之書籍及「成佛之道」網站上修正公佈之，不另行個別通知。

函索書籍請寄：佛教正覺同修會　103台北市承德路3段277號9樓
台灣地區函索書籍者請附寄郵票，無時間購買郵票者可以等值現金抵用，但不接受郵政劃撥、支票、匯票。大陸地區得以人民幣計算，國外地區請以美元計算（請勿寄來當地郵票，在台灣地區不能使用）。欲以掛號寄遞者，請另附掛號郵資。

親自索閱：正覺同修會各共修處。　★請於共修時間前往取書，餘時無人在道場，請勿前往索取；共修時間與地點，詳見書末正覺同修會共修現況表（以近期之共修現況表為準）。

註：正智出版社發售之局版書，請向各大書局購閱。若書局之書架上已經售出而無陳列者，請向書局櫃台指定洽購；若書局不便代購者，請於正覺同修會共修時間前往各共修處請購，正智出版社已派人於共修時間送書前往各共修處流通。 郵政劃撥購書及 大陸地區 購書，請詳別頁正智出版社發售書籍目錄最後頁之說明。

成佛之道 網站：http://www.a202.idv.tw　正覺同修會已出版之結緣書籍，多已登載於 成佛之道 網站，若住外國、或住處遙遠，不便取得正覺同修會贈閱書籍者，可以從本網站閱讀及下載。

＊＊假藏傳佛教修雙身法，非佛教＊＊

正智出版社 籌募弘法基金發售書籍目錄　2023/03/28

1.**宗門正眼**—公案拈提 第一輯 重拈　平實導師著　500 元
因重寫內容大幅度增加故，字體必須改小，並增爲 576 頁 主文 546 頁。比初版更精彩、更有內容。初版《禪門摩尼寶聚》之讀者，可寄回本公司免費調換新版書。免附回郵，亦無截止期限。（2007 年起，每冊附贈本公司精製公案拈提〈超意境〉CD 一片。市售價格 280 元，多購多贈。）

2.**禪淨圓融**　平實導師著　200 元（第一版舊書可換新版書。）

3.**真實如來藏**　平實導師著　400 元

4.**禪—悟前與悟後**　平實導師著　上、下冊，每冊 250 元

5.**宗門法眼**—公案拈提 第二輯　平實導師著　500 元
（2007 年起，每冊附贈本公司精製公案拈提〈超意境〉CD 一片）

6.**楞伽經詳解**　平實導師著　全套共 10 輯　每輯 250 元

7.**宗門道眼**—公案拈提 第三輯　平實導師著　500 元
（2007 年起，每冊附贈本公司精製公案拈提〈超意境〉CD 一片）

8.**宗門血脈**—公案拈提 第四輯　平實導師著　500 元
（2007 年起，每冊附贈本公司精製公案拈提〈超意境〉CD 一片）

9.**宗通與說通**—成佛之道 平實導師著 主文 381 頁 全書 400 頁售價 300 元

10.**宗門正道**—公案拈提 第五輯　平實導師著　500 元
（2007 年起，每冊附贈本公司精製公案拈提〈超意境〉CD 一片）

11.**狂密與真密 一～四輯**　平實導師著　西藏密宗是人間最邪淫的宗教，本質不是佛教，只是披著佛教外衣的印度教性力派流毒的喇嘛教。此書中將西藏密宗密傳之男女雙身合修樂空雙運所有祕密與修法，毫無保留完全公開，並將全部喇嘛們所不知道的部分也一併公開。內容比大辣出版社喧騰一時的《西藏慾經》更詳細。並且函蓋藏密的所有祕密及其錯誤的中觀見、如來藏見……等，藏密的所有法義都在書中詳述、分析、辨正。每輯主文三百餘頁　每輯全書約 400 頁　售價每輯 300 元

12.**宗門正義**—公案拈提 第六輯　平實導師著　500 元
（2007 年起，每冊附贈本公司精製公案拈提〈超意境〉CD 一片）

13.**心經密意**—心經與解脫道、佛菩提道、祖師公案之關係與密意　平實導師述　300 元

14.**宗門密意**—公案拈提 第七輯　平實導師著　500 元
（2007 年起，每冊附贈本公司精製公案拈提〈超意境〉CD 一片）

15.**淨土聖道**—兼評「選擇本願念佛」　正德老師著　200 元

16.**起信論講記**　平實導師述著　共六輯　每輯三百餘頁　售價各 250 元

17.**優婆塞戒經講記**　平實導師述著 共八輯 每輯三百餘頁 售價各 250 元

18.**真假活佛**—略論附佛外道盧勝彥之邪說（對前岳靈犀網站主張「盧勝彥是證悟者」之修正） 正犀居士（岳靈犀）著　流通價 140 元

19.**阿含正義**—唯識學探源　平實導師著　共七輯　每輯 300 元

20.**超意境 CD** 以平實導師公案拈提書中超越意境之頌詞，加上曲風優美的旋律，錄成令人嚮往的超意境歌曲，其中包括正覺發願文及平實導師親自譜成的黃梅調歌曲一首。詞曲雋永，殊堪翫味，可供學禪者吟詠，有助於見道。內附設計精美的彩色小冊，解說每一首詞的背景本事。每片 280 元。【每購買公案拈提書籍一冊，即贈送一片。】

21.**菩薩底憂鬱 CD** 將菩薩情懷及禪宗公案寫成新詞，並製作成超越意境的優美歌曲。 1.主題曲〈菩薩底憂鬱〉，描述地後菩薩能離三界生死而迴向繼續生在人間，但因尚未斷盡習氣種子而有極深沈之憂鬱，非三賢位菩薩及二乘聖者所知，此憂鬱在七地滿心位方才斷盡；本曲之詞中所說義理極深，昔來所未曾見；此曲係以優美的情歌風格寫詞及作曲，聞者得以激發嚮往諸地菩薩境界之大心，詞、曲都非常優美，難得一見；其中勝妙義理之解說，已印在附贈之彩色小冊中。 2.以各輯公案拈提中直示禪門入處之頌文，作成各種不同曲風之超意境歌曲，值得玩味、參究；聆聽公案拈提之優美歌曲時，請同時閱讀內附之印刷精美說明小冊，可以領會超越三界的證悟境界；未悟者可以因此引發求悟之意向及疑情，眞發菩提心而邁向求悟之途，乃至因此眞實悟入般若，成眞菩薩。 3.正覺總持咒新曲，總持佛法大意；總持咒之義理，已加以解說並印在隨附之小冊中。本 CD 共有十首歌曲，長達 63 分鐘。每盒各附贈二張購書優惠券。每片 320 元。

22.**禪意無限 CD** 平實導師以公案拈提書中偈頌寫成不同風格曲子，與他人所寫不同風格曲子共同錄製出版，幫助參禪人進入禪門超越意識之境界。盒中附贈彩色印製的精美解說小冊，以供聆聽時閱讀，令參禪人得以發起參禪之疑情，即有機會證悟本來面目而發起實相智慧，實證大乘菩提般若，能如實證知般若經中的眞實意。本 CD 共有十首歌曲，長達 69 分鐘，每盒各附贈二張購書優惠券。每片 320 元。

23.**我的菩提路**第一輯　釋悟圓、釋善藏等人合著　售價 300 元

24.**我的菩提路**第二輯　郭正益等人合著　售價 300 元
（初版首刷至第四刷，都可以寄來免費更換爲第二版，免附郵費）

25.**我的菩提路**第三輯　王美伶等人合著　售價 300 元

26.**我的菩提路**第四輯　陳晏平等人合著　售價 300 元

27.**我的菩提路**第五輯　林慈慧等人合著　售價 300 元

28.**我的菩提路**第六輯　劉惠莉等人合著　售價 300 元

29.**我的菩提路**第七輯　余正偉等人合著　售價 300 元

30.**鈍鳥與靈龜**—考證後代凡夫對大慧宗杲禪師的無根誹謗。

平實導師著 共 458 頁 售價 350 元

31.**維摩詰經講記** 平實導師述 共六輯 每輯三百餘頁 售價各 250 元

32.**真假外道**—破劉東亮、杜大威、釋證嚴常見外道見　正光老師著　200 元

33.**勝鬘經講記**—兼論印順《勝鬘經講記》對於《勝鬘經》之誤解。

平實導師述　共六輯　每輯三百餘頁　售價 250 元

34.**楞嚴經講記** 平實導師述 共 15 輯，每輯三百餘頁 售價 300 元

35.**明心與眼見佛性**—駁慧廣〈蕭氏「眼見佛性」與「明心」之非〉文中謬說

正光老師著　共 448 頁　售價 300 元

36.**見性與看話頭** 黃正倖老師 著，本書是禪宗參禪的方法論。

內文 375 頁，全書 416 頁，售價 300 元。

37.**達賴真面目**—玩盡天下女人 白正偉老師 等著 中英對照彩色精裝大本 800 元

38.**喇嘛性世界**—揭開假藏傳佛教譚崔瑜伽的面紗　張善思 等人著　200 元

39.**假藏傳佛教的神話**—性、謊言、喇嘛教　正玄教授編著　200 元

40.**金剛經宗通**　平實導師述　共九輯　每輯售價 250 元。

41.**空行母**—性別、身分定位，以及藏傳佛教。

珍妮．坎貝爾著 呂艾倫 中譯 售價 250 元

42.**末代達賴**—性交教主的悲歌　張善思、呂艾倫、辛燕編著 售價 250 元

43.**霧峰無霧**—給哥哥的信　辨正釋印順對佛法的無量誤解

游宗明 老師著　售價 250 元

44.**霧峰無霧**—第二輯—救護佛子向正道　細說釋印順對佛法的各類誤解

游宗明 老師著　售價 250 元

45.**第七意識與第八意識？**—穿越時空「超意識」

平實導師述　每冊 300 元

46.**黯淡的達賴**—失去光彩的諾貝爾和平獎

正覺教育基金會編著　每冊 250 元

47.**童女迦葉考**—論呂凱文〈佛教輪迴思想的論述分析〉之謬。

平實導師 著 定價 180 元

48.**人間佛教**—實證者必定不悖三乘菩提

平實導師 述，定價 400 元

49.**實相經宗通**　平實導師述　共八輯　每輯 250 元

50.**真心告訴您(一)**—達賴喇嘛在幹什麼？

正覺教育基金會編著　售價 250 元

51.**中觀金鑑**—詳述應成派中觀的起源與其破法本質

孫正德老師著　分為上、中、下三冊，每冊 250 元

52.**藏傳佛教要義**—《狂密與真密》之簡體字版　平實導師 著 上、下冊

僅在大陸流通　每冊 300 元

53.**法華經講義**　平實導師述　共二十五輯　每輯三百餘頁 售價 300 元

54.**西藏「活佛轉世」制度**—附佛、造神、世俗法

許正豐、張正玄老師合著　定價 150 元

55.**廣論三部曲**　郭正益老師著　定價 150 元

56.**真心告訴您(二)**—達賴喇嘛是佛教僧侶嗎？

—補祝達賴喇嘛八十大壽

正覺教育基金會編著　售價 300 元

57.**次法**—實證佛法前應有的條件

張善思居士著　分為上、下二冊，每冊 250 元

58.**涅槃**—解說四種涅槃之實證及內涵　平實導師著 上、下冊 各 350 元

59.**山法**—西藏關於他空與佛藏之根本論

篤補巴·喜饒堅贊著　傑弗里·霍普金斯英譯

張火慶教授、呂艾倫老師中譯　精裝大本 1200 元

60.**佛藏經講義**　平實導師述　共二十一輯　每輯三百餘頁 售價 300 元。

61.**成唯識論**　大唐 玄奘菩薩所著鉅論。重新正確斷句，並以不同字體及標點符號顯示質疑文，令得易讀。全書 288 頁，精裝大本 400 元。

62.**大法鼓經講義**　平實導師述 2023 年 1 月 30 日開始出版　共六輯 每二個月出版一輯，每輯 300 元

63.**成唯識論釋**—詳解大唐玄奘菩薩所著《成唯識論》，平實導師述著。共十輯，於每講完一輯的分量以後即予出版，2023 年五月底出版第一輯，以後每七到十個月出版一輯，每輯 400 元。

64.**假鋒虛焰金剛乘**—揭示顯密正理，兼破索達吉師徒《般若鋒兮金剛焰》

釋正安法師著　簡體字版　即將出版　售價未定

65.**廣論之平議**—宗喀巴《菩提道次第廣論》之平議　正雄居士著

約二或三輯　俟正覺電子報連載後結集出版　書價未定

66.**不退轉法輪經講義** 平實導師講述　《大法鼓經講義》出版後發行

67.**八識規矩頌**詳解　○○居士 註解　出版日期另訂　書價未定。

68.**中觀正義**—註解平實導師《中論正義頌》。

○○法師（居士）著　出版日期未定　書價未定

69.**中論正義**—釋龍樹菩薩《中論》頌正理。

孫正德老師著　出版日期未定　書價未定

70.**中國佛教史**—依中國佛教正法史實而論。○○老師 著　書價未定。

71.**印度佛教史**—法義與考證。依法義史實評論印順《印度佛教思想史、佛教史地考論》之謬說　正偉老師著　出版日期未定　書價未定

72.**阿含經講記**—將選錄四阿含中數部重要經典全經講解之，講後整理出版。

平實導師述　約二輯　每輯300元　出版日期未定

73.**寶積經講記**　平實導師述　每輯三百餘頁 優惠價300元 出版日期未定

74.**解深密經講義**　平實導師述 約四輯　將於重講後整理出版

75.**修習止觀坐禪法要講記**　平實導師述　每輯三百餘頁

將於正覺寺建成後重講、以講記逐輯出版　出版日期未定

76.**無門關**—《無門關》公案拈提　平實導師著　出版日期未定

77.**中觀再論**—兼述印順《中觀今論》謬誤之平議。正光老師著 出版日期未定

78.**輪迴與超度**—佛教超度法會之真義。

○○法師（居士）著　出版日期未定　書價未定

79.**《釋摩訶衍論》平議**—對偽稱龍樹所造《釋摩訶衍論》之平議

○○法師（居士）著　出版日期未定　書價未定

80.**正覺發願文**註解—以真實大願為因 得證菩提

正德老師著　出版日期未定　書價未定

81.**正覺總持咒**—佛法之總持　正圜老師著　出版日期未定　書價未定

82.**三自性**—依四食、五蘊、十二因緣、十八界法，說三性三無性。

作者未定　出版日期未定

83.**道品**—從三自性說大小乘三十七道品　作者未定　出版日期未定

84.**大乘緣起觀**—依四聖諦七真如現觀十二緣起 作者未定　出版日期未定

85.**三德**—論解脫德、法身德、般若德。　作者未定　出版日期未定

86.**真假如來藏**—對印順《如來藏之研究》謬說之平議　作者未定 出版日期未定

87.**大乘道次第**　作者未定　出版日期未定　書價未定

88.**四緣**—依如來藏故有四緣。　作者未定　出版日期未定

89.**空之探究**—印順《空之探究》謬誤之平議　作者未定 出版日期未定

90.**十法義**—論阿含經中十法之正義　作者未定　出版日期未定

91.**外道見**—論述外道六十二見　作者未定　出版日期未定

正智出版社有限公司書籍介紹

禪淨圓融：言淨土諸祖所未曾言，示諸宗祖師所未曾示；禪淨圓融，另闢成佛捷徑，兼顧自力他力，闡釋淨土門之速行易行道，亦同時揭櫫聖教門之速行易行道；令廣大淨土行者得免緩行難證之苦，亦令聖道門行者得以藉著淨土速行道而加快成佛之時劫。乃前無古人之超勝見地，非一般弘揚禪淨法門典籍也，先讀爲快。平實導師著 200元。

宗門正眼——公案拈提第一輯：繼承克勤圜悟大師碧巖錄宗旨之禪門鉅作。先則舉示當代大法師之邪說，消弭當代禪門大師鄉愿之心態，摧破當今禪門「世俗禪」之妄談；次則旁通教法，表顯宗門正理；繼以道之次第，消弭古今狂禪；後藉言語及文字機鋒，直示宗門入處。悲智雙運，禪味十足，數百年來難得一睹之禪門鉅著也。平實導師著 500元（原初版書《禪門摩尼寶聚》，改版後補充爲五百餘頁新書，總計多達二十四萬字，內容更精彩，並改名爲《宗門正眼》，讀者原購初版《禪門摩尼寶聚》皆可寄回本公司免費換新，免附回郵，亦無截止期限）（2007年起，凡購買公案拈提第一輯至第七輯，每購一輯皆贈送本公司精製公案拈提〈超意境〉CD一片，市售價格280元，多購多贈）。

禪—悟前與悟後：本書能建立學人悟道之信心與正確知見，圓滿具足而有次第地詳述禪悟之功夫與禪悟之內容，指陳參禪中細微淆訛之處，能使學人明自眞心、見自本性。若未能悟入，亦能以正確知見辨別古今中外一切大師究係眞悟？或屬錯悟？便有能力揀擇，捨名師而選明師，後時必有悟道之緣。一旦悟道，遲者七次人天往返，便出三界，速者一生取辦。學人欲求開悟者，不可不讀。　平實導師著。上、下冊共500元，單冊250元。

眞實如來藏：如來藏眞實存在，乃宇宙萬有之本體，並非印順法師、達賴喇嘛等人所說之「唯有名相、無此心體」。如來藏是涅槃之本際，是一切有智之人竭盡心智、不斷探索而不能得之生命實相；是古今中外許多大師自以爲悟而當面錯過之生命實相。如來藏即是阿賴耶識，乃是一切有情本自具足、不生不滅之眞實心。當代中外大師於此書出版之前所未能言者，作者於本書中盡情流露、詳細闡釋。眞悟者讀之，必能增益悟境、智慧增上；錯悟者讀之，必能檢討自己之錯誤，免犯大妄語業；未悟者讀之，能知參禪之理路，亦能以之檢查一切名師是否眞悟。此書是一切哲學家、宗教家、學佛者及欲昇華心智之人必讀之鉅著。　平實導師著　售價400元。

宗門法眼—**公案拈提**第二輯：列舉實例，闡釋土城廣欽老和尚之悟處；並直示這位不識字的老和尚妙智橫生之根由，繼而剖析禪宗歷代大德之開悟公案，解析當代密宗高僧卡盧仁波切之錯悟證據，並例舉當代顯宗高僧、大居士之錯悟證據（凡健在者，爲免影響其名聞利養，皆隱其名）。藉辨正當代名師之邪見，向廣大佛子指陳禪悟之正道，彰顯宗門法眼。悲勇兼出，強捋虎鬚；慈智雙運，巧探驪龍；摩尼寶珠在手，直示宗門入處，禪味十足；若非大悟徹底，不能爲之。禪門精奇人物，允宜人手一冊，供作參究及悟後印證之圭臬。本書於2008年4月改版，增寫為大約500頁篇幅，以利學人研讀參究時更易悟入宗門正法，以前所購初版首刷及初版二刷舊書，皆可免費換取新書。平實導師著 500元（2007年起，凡購買公案拈提第一輯至第七輯，每購一輯皆贈送本公司精製公案拈提〈超意境〉CD一片，市售價格280元，多購多贈）。

宗門道眼—**公案拈提**第三輯：繼宗門法眼之後，再以金剛之作略、慈悲之胸懷、犀利之筆觸，舉示寒山、拾得、布袋三大士之悟處，消弭當代錯悟者對於寒山大士……等之誤會及誹謗。亦舉出民初以來與虛雲和尚齊名之蜀郡鹽亭袁煥仙夫子——南懷瑾老師之師，其「悟處」何在？並蒐羅許多眞悟祖師之證悟公案，顯示禪宗歷代祖師之睿智，指陳部分祖師、奧修及當代顯密大師之謬悟，作爲殷鑑，幫助禪子建立及修正參禪之方向及知見。假使讀者閱此書已，一時尚未能悟，亦可一面加功用行，一面以此宗門道眼辨別眞假善知識，避開錯誤之印證及歧路，可免大妄語業之長劫慘痛果報。欲修禪宗之禪者，務請細讀。平實導師著 售價500元（2007年起，凡購買公案拈提第一輯至第七輯，每購一輯皆贈送本公司精製公案拈提〈超意境〉CD一片，市售價格280元，多購多贈）。

楞伽經詳解：本經是禪宗見道者印證所悟眞僞之根本經典，亦是禪宗見道者悟後起修之依據經典；故達摩祖師於印證二祖慧可大師之後，將此經典連同佛鉢祖衣一併交付二祖，令其依此經典佛示金言、進入修道位，修學一切種智。由此可知此經對於眞悟之人修學佛道，是非常重要之一部經典。此經能破外道邪說，亦破佛門中錯悟名師之謬說，亦破禪宗部分祖師之狂禪：不讀經典、一向主張「一悟即成究竟佛」之謬執。並開示愚夫所行禪、觀察義禪、攀緣如禪、如來禪等差別，令行者對於三乘禪法差異有所分辨；亦糾正禪宗祖師古來對於如來禪之誤解，嗣後可免以訛傳訛之弊。此經亦是法相唯識宗之根本經典，禪者悟後欲修一切種智而入初地者，必須詳讀。平實導師著，全套共十輯，已全部出版完畢，每輯主文約320頁，每冊約352頁，定價250元。

宗門血脈—**公案拈提**第**四**輯：末法怪象—許多修行人自以爲悟，每將無念靈知認作眞實；崇尚二乘法諸師及其徒眾，則將**外於如來藏之緣起性空**—無因論之無常空、斷滅空、一切法空—錯認爲 佛所說之般若空性。這兩種現象已於當今海峽兩岸及美加地區顯密大師之中普遍存在；人人自以爲悟，心高氣壯，便敢寫書解釋祖師證悟之公案，大多出於意識思惟所得，言不及義，錯誤百出，因此誤導廣大佛子同陷大妄語之地獄業中而不能自知。彼等書中所說之悟處，其實處處違背第一義經典之聖言量。彼等諸人不論是否身披袈裟，都非佛法宗門血脈，或雖有禪宗法脈之傳承，亦只徒具形式；猶如螟蛉，非眞血脈，未悟得根本眞實故。禪子欲知 佛、祖之眞血脈者，請讀此書，便知分曉。平實導師著，主文452頁，全書464頁，定價500元（2007年起，凡購買公案拈提第一輯至第七輯，每購一輯皆贈送本公司精製公案拈提〈超意境〉CD一片，市售價格280元，多購多贈）。

宗通與說通：古今中外，錯誤之人如麻似粟，每以常見外道所說之靈知心，認作眞心；或妄想虛空之勝性能量爲眞如，或錯認物質四大元素藉冥性（靈知心本體）能成就吾人色身及知覺，或認初禪至四禪中之了知心爲不生不滅之涅槃心。此等皆非通宗者之見地。復有錯悟之人一向主張「宗門與教門不相干」，此即尚未通達宗門之人也。其實宗門與教門互通不二，宗門所證者乃是眞如與佛性，教門所說者乃說宗門證悟之眞如佛性，故教門與宗門不二。本書作者以宗教二門互通之見地，細說「宗通與說通」，從初見道至悟後起修之道、細說分明；並將諸宗諸派在整體佛教中之地位與次第，加以明確之教判，學人讀之即可了知佛法之梗概也。欲擇明師學法之前，允宜先讀。平實導師著，主文共381頁，全書392頁，只售成本價300元。

宗門正道—**公案拈提**第五輯：修學大乘佛法有二果須證解脫果及大菩提果。二乘人不證大菩提果，唯證解脫果；此果之智慧，名爲聲聞菩提、緣覺菩提。大乘佛子所證二果之菩提果爲佛菩提，故名大菩提果，其慧名爲一切種智函蓋二乘解脫果。然此大乘二果修證，須經由禪宗之宗門證悟方能相應。而宗門證悟極難，自古已然；其所以難者，咎在古今佛教界普遍存在三種邪見：1.以修定認作佛法，2.以無因論之緣起性空—否定涅槃本際如來藏以後之一切法空作爲佛法，3.以常見外道邪見（離語言妄念之靈知性）作爲佛法。如是邪見，或因自身正見未立所致，或因邪師之邪教導所致，或因無始劫來虛妄熏習所致。若不破除此三種邪見，永劫不悟宗門眞義、不入大乘正道，唯能外門廣修菩薩行。平實導師於此書中，有極爲詳細之說明，有志佛子欲摧邪見、入於內門修菩薩行者，當閱此書。主文共496頁，全書512頁。售價500元（2007年起，凡購買公案拈提第一輯至第七輯，每購一輯皆贈送本公司精製公案拈提〈超意境〉CD一片，市售價格280元，多購多贈）。

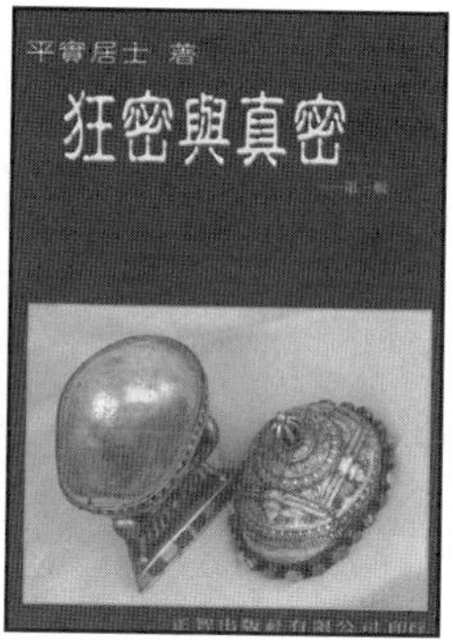

狂密與真密：密教之修學，皆由有相之觀行法門而入，其最終目標仍不離顯教經典所說第一義諦之修證；若離顯教第一義經典、或違背顯教第一義經典，即非佛教。西藏密教之觀行法，如灌頂、觀想、遷識法、寶瓶氣、大聖歡喜雙身修法、喜金剛、無上瑜伽、大樂光明、樂空雙運等，皆是印度教兩性生生不息思想之轉化，自始至終皆以如何能運用交合淫樂之法達到全身受樂爲其中心思想，純屬欲界五欲的貪愛，不能令人超出欲界輪迴，更不能令人斷除我見；何況大乘之明心與見性，更無論矣！故密宗之法絕非佛法也。而其明光大手印、大圓滿法教，又皆同以常見外道所說離語言妄念之無念靈知心錯認爲佛地之眞如，不能直指不生不滅之眞如。西藏密宗所有法王與徒眾，都尚未開頂門眼，不能辨別眞僞，以依人不依法、依密續不依經典故，不肯將其上師喇嘛所說對照第一義經典，純依密續之藏密祖師所說爲準，因此而誇大其證德與證量，動輒謂彼祖師上師爲究竟佛、爲地上菩薩；如今台海兩岸亦有自謂其師證量高於 釋迦文佛者，然觀其師所述，猶未見道，仍在觀行即佛階段，尚未到禪宗相似即佛、分證即佛階位，竟敢標榜爲究竟佛及地上法王，誑惑初機學人。凡此怪象皆是狂密，不同於眞密之修行者。近年狂密盛行，密宗行者被誤導者極眾，動輒自謂已證佛地眞如，自視爲究竟佛，陷於大妄語業中而不知自省，反謗顯宗眞修實證者之證量粗淺；或如義雲高與釋性圓…等人，於報紙上公然誹謗眞實證道者爲「騙子、無道人、人妖、癩蛤蟆…」等，造下誹謗大乘勝義僧之大惡業；或以外道法中有爲有作之甘露、魔術……等法，誑騙初機學人，狂言彼外道法爲眞佛法。如是怪象，在西藏密宗及附藏密之外道中，不一而足，舉之不盡，學人宜應愼思明辨，以免上當後又犯毀破菩薩戒之重罪。密宗學人若欲遠離邪知邪見者，請閱此書，即能了知密宗之邪謬，從此遠離邪見與邪修，轉入眞正之佛道。

平實導師著　共四輯　每輯約400頁（主文約340頁）每輯售價300元。

宗門正義—公案拈提第六輯：佛教有六大危機，乃是藏密化、世俗化、膚淺化、學術化、宗門密意失傳、悟後進修諸地之次第混淆；其中尤以宗門密意之失傳，爲當代佛教最大之危機。由宗門密意失傳故，易令世尊本懷普被錯解，易令世尊正法被轉易爲外道法，以及加以淺化、世俗化，是故宗門密意之廣泛弘傳與具緣佛弟子，極爲重要。然而欲令宗門密意之廣泛弘傳予具緣之佛弟子者，必須同時配合錯誤知見之解析、普令佛弟子知之，然後輔以公案解析之直示入處，方能令具緣之佛弟子悟入。而此二者，皆須以公案拈提之方式爲之，方易成其功、竟其業，是故平實導師續作宗門正義一書，以利學人。全書500餘頁，售價500元（2007年起，凡購買公案拈提第一輯至第七輯，每購一輯皆贈送本公司精製公案拈提〈超意境〉CD一片，市售價格280元，多購多贈）。

心經密意—心經與解脫道、佛菩提道、祖師公案之關係與密意。二乘菩提所證之解脫道，實依第八識心之斷除煩惱障現行而立解脫之名；大乘菩提所證之佛菩提道，實依親證第八識如來藏之涅槃性、清淨自性、及其中道性而立般若之名；禪宗祖師公案所證之眞心，即是此第八識如來藏；是故三乘佛法所修所證之三乘菩提，皆依此如來藏心而立名也。此第八識心，即是《心經》所說之心也。證得此如來藏已，即能漸入大乘佛菩提道，亦可因證知此心而了知二乘無學所不能知之無餘涅槃本際，是故《心經》之密意，與三乘佛菩提之關係極爲密切、不可分割，三乘佛法皆依此心而立名故。今者平實導師以其所證解脫道之無生智及佛菩提之般若種智，將《心經》與解脫道、佛菩提道、祖師公案之關係與密意，以演講之方式，用淺顯之語句和盤托出，發前人所未言，呈三乘菩提之眞義，令人藉此《心經密意》一舉而窺三乘菩提之堂奧，迥異諸方言不及義之說；欲求眞實佛智者、不可不讀！主文317頁，連同跋文及序文…等共384頁，售價300元。

宗門密意—公案拈提第七輯：佛教之世俗化，將導致學人以信仰作爲學佛，則將以感應及世間法之庇祐，作爲學佛之主要目標，不能了知學佛之主要目標爲親證三乘菩提。大乘菩提則以般若實相智慧爲主要修習目標，以二乘菩提解脫道爲附帶修習之標的；是故學習大乘法者，應以禪宗之證悟爲要務，能親入大乘菩提之實相般若智慧中故，般若實相智慧非二乘聖人所能知故。此書則以台灣世俗化佛教之三大法師，說法似是而非之實例，配合眞悟祖師之公案解析，提示證悟般若之關節，令學人易得悟入。平實導師著，全書五百餘頁，售價500元（2007年起，凡購買公案拈提第一輯至第七輯，每購一輯皆贈送本公司精製公案拈提〈超意境〉CD一片，市售價格280元，多購多贈）。

淨土聖道—兼評日本本願念佛：佛法甚深極廣，般若玄微，非諸二乘聖僧所能知之，一切凡夫更無論矣！所謂一切證量皆歸淨土是也！是故大乘法中「聖道之淨土、淨土之聖道」，其義甚深，難可了知；乃至眞悟之人，初心亦難知也。今有正德老師眞實證悟後，復能深探淨土與聖道之緊密關係，憐憫眾生之誤會淨土實義，亦欲利益廣大淨土行人同入聖道，同獲淨土中之聖道門要義，乃振奮心神、書以成文，今得刊行天下。主文279頁，連同序文等共301頁，總有十一萬六千餘字，正德老師著，成本價200元。

起信論講記：詳解大乘起信論**心生滅門**與**心眞如門**之眞實意旨，消除以往大師與學人對起信論所說**心生滅門**之誤解，由是而得了知眞心如來藏之非常非斷中道正理；亦因此一講解，令此論以往隱晦而被誤解之眞實義，得以如實顯示，令大乘佛菩提道之正理得以顯揚光大；初機學者亦可藉此正論所顯示之法義，對大乘法理生起正信，從此得以眞發菩提心，眞入大乘法中修學，世世常修菩薩正行。平實導師演述，共六輯，都已出版，每輯三百餘頁，售價250元。

優婆塞戒經講記：本經詳述在家菩薩修學大乘佛法，應如何受持菩薩戒？對人間善行應如何看待？對三寶應如何護持？應如何正確地修集此世後世證法之福德？應如何修集後世「行菩薩道之資糧」？並詳述第一義諦之正義：五蘊非我非異我、自作自受、異作異受、不作不受……等深妙法義，乃是修學大乘佛法、行菩薩行之在家菩薩所應當了知者。出家菩薩今世或未來世登地已，捨報之後多數將如華嚴經中諸大菩薩，以在家菩薩身而修行菩薩行，故亦應以此經所述正理而修之，配合《楞伽經、解深密經、楞嚴經、華嚴經》等道次第正理，方得漸次成就佛道；故此經是一切大乘行者皆應證知之正法。平實導師講述，每輯三百餘頁，售價各250元；共八輯，已全部出版。

真假活佛—略論附佛外道盧勝彥之邪說：人人身中都有眞活佛，永生不滅而有大神用，但眾生都不了知，所以常被身外的西藏密宗假活佛籠罩欺瞞。本來就眞實存在的眞活佛，才是眞正的密宗無上密！諾那活佛因此而說禪宗是大密宗，但藏密的所有活佛都不知道、也不曾實證自身中的眞活佛。本書詳實宣示眞活佛的道理，舉證盧勝彥的「佛法」不是眞佛法，也顯示盧勝彥是假活佛，直接的闡釋第一義佛法見道的眞實正理。眞佛宗的所有上師與學人們，都應該詳細閱讀，包括盧勝彥個人在內。正犀居士著，優惠價140元。

阿含正義—唯識學探源：廣說四大部《阿含經》諸經中隱說之眞正義理，一一舉示佛陀本懷，令阿含時期初轉法輪根本經典之眞義，如實顯現於佛子眼前。並提示末法大師對於阿含眞義誤解之實例，一一比對之，證實唯識增上慧學確於原始佛法之阿含諸經中已隱覆密意而略說之，證實 世尊確於原始佛法中已曾密意而說第八識如來藏之總相；亦證實 世尊在四阿含中已說此藏識是名色十八界之因、之本—證明如來藏是能生萬法之根本心。佛子可據此修正以往受諸大師（譬如西藏密宗應成派中觀師：印順、昭慧、性廣、大願、達賴、宗喀巴、寂天、月稱、……等人）誤導之邪見，建立正見，轉入正道乃至親證初果而無困難；書中並詳說三果所證的**心解脫**，以及四果**慧解脫**的親證，都是如實可行的具體知見與行門。全書共七輯，已出版完畢。平實導師著，每輯三百餘頁，售價300元。

超意境CD：以平實導師公案拈提書中超越意境之頌詞，加上曲風優美的旋律，錄成令人嚮往的超意境歌曲，其中包括正覺發願文及平實導師親自譜成的黃梅調歌曲一首。詞曲雋永，殊堪翫味，可供學禪者吟詠，有助於見道。內附設計精美的彩色小冊，解說每一首詞的背景本事。每片280元。【每購買公案拈提書籍一冊，即贈送一片。】

菩薩底憂鬱CD將菩薩情懷及禪宗公案寫成新詞，並製作成超越意境的優美歌曲。1.主題曲〈菩薩底憂鬱〉，描述地後菩薩能離三界生死而迴向繼續生在人間，但因尚未斷盡習氣種子而有極深沈之憂鬱，非三賢位菩薩及二乘聖者所知，此憂鬱在七地滿心位方才斷盡；本曲之詞中所說義理極深，昔來所未曾見；此曲係以優美的情歌風格寫詞及作曲，聞者得以激發嚮往諸地菩薩境界之大心，詞、曲都非常優美，難得一見；其中勝妙義理之解說，已印在附贈之彩色小冊中。2.以各輯公案拈提中直示禪門入處之頌文，作成各種不同曲風之超意境歌曲，值得玩味、參究；聆聽公案拈提之優美歌曲時，請同時閱讀內附之印刷精美說明小冊，可以領會超越三界的證悟境界；未悟者可以因此引發求悟之意向及疑情，眞發菩提心而邁向求悟之途，乃至因此眞實悟入般若，成眞菩薩。3.正覺總持咒新曲，總持佛法大意；總持咒之義理，已加以解說並印在隨附之小冊中。本CD共有十首歌曲，長達63分鐘，附贈二張購書優惠劵。每片320元。

禪意無限CD平實導師以公案拈提書中偈頌寫成不同風格曲子，與他人所寫不同風格曲子共同錄製出版，幫助參禪人進入禪門超越意識之境界。盒中附贈彩色印製的精美解說小冊，以供聆聽時閱讀，令參禪人得以發起參禪之疑情，即有機會證悟本來面目，實證大乘菩提般若。本CD共有十首歌曲，長達69分鐘，每盒各附贈二張購書優惠券。每片320元。

我的菩提路第一輯：凡夫及二乘聖人不能實證的佛菩提證悟，末法時代的今天仍然有人能得實證，由正覺同修會釋悟圓、釋善藏法師等二十餘位實證如來藏者所寫的見道報告，已爲當代學人見證宗門正法之絲縷不絕，證明大乘義學的法脈仍然存在，爲末法時代求悟般若之學人照耀出光明的坦途。由二十餘位大乘見道者所繕，敘述各種不同的學法、見道因緣與過程，參禪求悟者必讀。全書三百餘頁，售價300元。

我的菩提路第二輯：由郭正益老師等人合著，書中詳述彼等諸人歷經各處道場學法，一一修學而加以檢擇之不同過程以後，因閱讀正覺同修會、正智出版社書籍而發起抉擇分，轉入正覺同修會中修學；乃至學法及見道之過程，都一一詳述之。**本書已改版印製重新流通**，讀者原購的初版書，不論是第一刷或第二、三、四刷，都可以寄回換新，免附郵費。

我的菩提路第三輯：由王美伶老師等人合著。自從正覺同修會成立以來，每年夏初、冬初都舉辦精進禪三共修，藉以助益會中同修們得以證悟明心發起般若實相智慧；凡已實證而被平實導師印證者，皆書具見道報告用以證明佛法之眞實可證而非玄學，證明佛法並非純屬思想、理論而無實質，是故每年都能有人證明正覺同修會的「實證佛教」主張並非虛語。特別是眼見佛性一法，自古以來中國禪宗祖師實證者極寡，較之明心開悟的證境更難令人信受；至2017年初，正覺同修會中的證悟明心者已近五百人，然而其中眼見佛性者至今唯十餘人爾，可謂難能可貴，是故明心後欲冀眼見佛性者實屬不易。黃正倖老師是懸絕七年無人見性後的第一人，她於2009年的見性報告刊於本書的第二輯中，爲大衆證明佛性確實可以眼見；其後七年之中求見性者都屬解悟佛性而無人眼見，幸而又經七年後的2016冬初，以及2017夏初的禪三，復有三人眼見佛性，希冀鼓舞四衆佛子求見佛性之大心，今則具載一則於書末，顯示求見佛性之事實經歷，供養現代佛教界欲得見性之四衆弟子。全書四百頁，售價300元，已於2017年6月30日發行。

我的菩提路第四輯：由陳晏平等人著。中國禪宗祖師往往有所謂「見性」之言，所言多屬看見如來藏具有能令人發起成佛之自性，並非《大般涅槃經》中如來所說之眼見佛性。眼見佛性者，於親見佛性之時，即能於山河大地眼見自己佛性，亦能於他人身上眼見自己佛性及對方之佛性，如是境界無法爲尚未實證者解釋；勉強說之，縱使眞實明心證悟之人聞之，亦只能以自身明心之境界想像之，但不論如何想像多屬非量，能有正確之比量者亦是稀有，故說眼見佛性極爲困難。眼見佛性之人若所見極分明時，在所見佛性之境界下所眼見之山河大地、自己五蘊身心皆是虛幻，自有異於明心者之解脫功德受用，此後永不思證二乘涅槃，必定邁向成佛之道而進入第十住位中，已超第一阿僧祇劫三分有一，可謂之爲超劫精進也。今又有明心之後眼見佛性之人出於人間，將其明心及後來見性之報告，連同其餘證悟明心者之精彩報告一同收錄於此書中，供養眞求佛法實證之四衆佛子。全書380頁，售價300元，已於2018年6月30日發行。

我的菩提路第五輯：林慈慧老師等人著，本輯中所舉學人從相似正法中來到正覺同修會的過程，各人都有不同，發生的因緣亦是各有差別，然而都會指向同一個目標——證實生命實相的源底，確證自己生從何來、死往何去的事實，所以最後都證明佛法眞實而可親證，絕非玄學；本書將彼等諸人的始修及末後證悟之實例，羅列出來以供學人參考。本期亦有一位會裡的老師，是從1995年即開始追隨平實導師修學，1997年明心後持續進修不斷，直到2017年眼見佛性之實例，足可證明《大般涅槃經》中世尊開示眼見佛性之法正眞無訛，第十住位的實證在末法時代的今天仍有可能，如今一併具載於書中以供學人參考，並供養現代佛教界欲得見性之四眾弟子。全書四百頁，售價300元，已於2019年12月31日發行。

我的菩提路第六輯：劉惠莉老師等人著，本輯中舉示劉老師明心多年以後的眼見佛性實錄，供末法時代學人了知明心之異於見性本質，足可證明《大般涅槃經》中世尊開示眼見佛性之法正眞無訛。亦列舉多篇學人從各道場來到正覺學法之不同過程，以及如何發覺邪見之異於正法的所在，最後終能在正覺禪三中悟入的實況，以證明佛教正法仍在末法時代的人間繼續弘揚的事實，鼓舞一切眞實學法的菩薩大眾思之：我等諸人亦可有因緣證悟，絕非空想白思。約四百頁，售價300元，已於2020年6月30日發行。

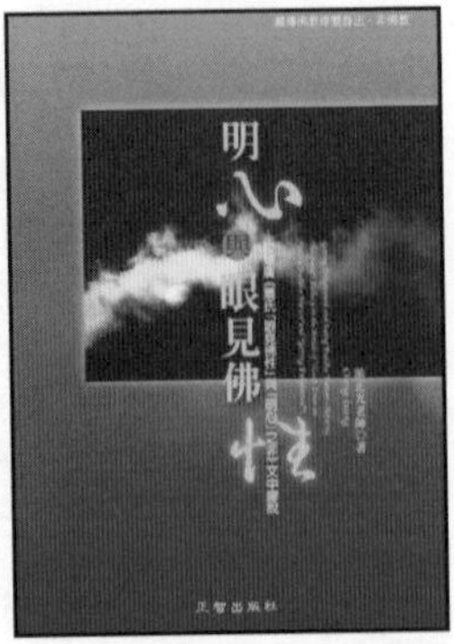

我的菩提路第七輯：余正偉老師等人著，本輯中舉示余老師明心二十餘年以後的眼見佛性實錄，供末法時代學人了知明心異於見性之本質，並且舉示其見性後與平實導師互相討論眼見佛性之諸多疑訛處；除了證明《大般涅槃經》中 世尊開示眼見佛性之法正眞無訛以外，亦得一解明心後尚未見性者之所未知處，甚爲精彩。此外亦列舉多篇學人從各不同宗教進入正覺學法之不同過程，以及發覺諸方道場邪見之內容與過程，最終得於正覺精進禪三中悟入的實況，足供末法精進學人借鑑，以彼鑑己而生信心，得以投入了義正法中修學及實證。凡此，皆足以證明不唯明心所證之第七住位般若智慧及解脫功德仍可實證，乃至第十住位的實證與當場發起如幻觀之實證，於末法時代的今天皆仍有可能。本書約四百頁，售價300元。

明心與眼見佛性：本書細述明心與眼見佛性之異同，同時顯示了中國禪宗破初參明心與重關眼見佛性二關之間的關聯；書中又藉法義辨正而旁述其他許多勝妙法義，讀後必能遠離佛門長久以來積非成是的錯誤知見，令讀者在佛法的實證上有極大助益。也藉慧廣法師的謬論來教導佛門學人回歸正知正見，遠離古今禪門錯悟者所墮的意識境界，非唯有助於斷我見，也對未來的開悟明心實證第八識如來藏有所助益，是故學禪者都應細讀之。 游正光老師著 共448頁 售價300元。

見性與看話頭：黃正倖老師的《見性與看話頭》於《正覺電子報》連載完畢，今集結出版。書中詳說禪宗看話頭的詳細方法，並細說看話頭與眼見佛性的關係，以及眼見佛性者求見佛性前必須具備的條件。本書是禪宗實修者追求明心開悟時參禪的方法書，也是求見佛性者作功夫時必讀的方法書，內容兼顧眼見佛性的理論與實修之方法，是依實修之體驗配合理論而詳述，條理分明而且極爲詳實、周全、深入。本書內文375頁，全書416頁，售價300元。

鈍鳥與靈龜：鈍鳥及靈龜二物，被宗門證悟者說爲二種人：前者是精修禪定而無智慧者，也是以定爲禪的愚癡禪人；後者是或有禪定、或無禪定的宗門證悟者，凡已證悟者皆是靈龜。但後者被人虛造事實，用以嘲笑大慧宗杲禪師，說他雖是靈龜，卻不免被天童禪師預記「患背」痛苦而亡：「**鈍鳥離巢易，靈龜脫殼難**。」藉以貶低大慧宗杲的證量。同時將天童禪師實證如來藏的證量，曲解爲意識境界的離念靈知。自從大慧禪師入滅以後，錯悟凡夫對他的不實毀謗就一直存在著，不曾止息，並且捏造的假事實也隨著年月的增加而越來越多，終至編成「鈍鳥與靈龜」的假公案、假故事。本書是考證大慧與天童之間的不朽情誼，顯現這件假公案的虛妄不實；更見大慧宗杲面對惡勢力時的正直不阿，亦顯示大慧對天童禪師的至情深義，將使後人對大慧宗杲的誣謗至此而止，不再有人誤犯毀謗賢聖的惡業。書中亦舉證宗門的所悟確以第八識如來藏爲標的，詳讀之後必可改正以前被錯悟大師誤導的參禪知見，日後必定有助於實證禪宗的開悟境界，得階大乘眞見道位中，即是實證般若之賢聖。全書459頁，售價350元。

維摩詰經講記：本經係 世尊在世時，由等覺菩薩維摩詰居士藉疾病而演說之大乘菩提無上妙義，所說函蓋甚廣，然極簡略，是故今時諸方大師與學人讀之悉皆錯解，何況能知其中隱含之深妙正義，是故普遍無法爲人解說；若強爲人說，則成依文解義而有諸多過失。今由平實導師公開宣講之後，詳實解釋其中密意，令維摩詰菩薩所說大乘不可思議解脫之深妙正法得以正確宣流於人間，利益當代學人及與諸方大師。書中詳實演述大乘佛法深妙不共二乘之智慧境界，顯示諸法之中絕待之實相境界，建立大乘菩薩妙道於永遠不敗不壞之地，以此成就護法偉功，欲冀永利娑婆人天。已經宣講圓滿整理成書流通，以利諸方大師及諸學人。全書共六輯，每輯三百餘頁，售價各250元。

真假外道：本書具體舉證佛門中的常見外道知見實例，並加以教證及理證上的辨正，幫助讀者輕鬆而快速的了知常見外道的錯誤知見，進而遠離佛門內外的常見外道知見，因此即能改正修學方向而快速實證佛法。游正光老師著。成本價200元。

勝鬘經講記：如來藏爲三乘菩提之所依，若離如來藏心體及其含藏之一切種子，即無三界有情及一切世間法，亦無二乘菩提緣起性空之出世間法；本經詳說無始無明、一念無明皆依如來藏而有之正理，藉著詳解煩惱障與所知障間之關係，令學人深入了知二乘菩提與佛菩提相異之妙理；聞後即可了知佛菩提之特勝處及三乘修道之方向與原理，邁向攝受正法而速成佛道的境界中。平實導師講述，共六輯，每輯三百餘頁，售價各250元。

楞嚴經講記：楞嚴經係密教部之重要經典，亦是顯教中普受重視之經典；經中宣說明心與見性之內涵極爲詳細，將一切法都會歸如來藏及佛性—妙眞如性；亦闡釋五陰區宇及五陰盡的境界，作諸地菩薩自我檢驗證量之依據，旁及佛菩提道修學過程中之種種魔境，以及外道誤會涅槃之狀況，亦兼述明三界世間之起源。然因言句深澀難解，法義亦復深妙寬廣，學人讀之普難通達，是故讀者大多誤會，不能如實理解佛所說之明心與見性內涵，亦因是故多有悟錯之人引爲開悟之證言，成就大妄語罪。今由平實導師詳細講解之後，整理成文，以易讀易懂之語體文刊行天下，以利學人。全書十五輯，全部出版完畢。每輯三百餘頁，售價每輯300元。

金剛經宗通：三界唯心，萬法唯識，是成佛之修證內容，是諸地菩薩之所修；般若則是成佛之道（實證三界唯心、萬法唯識）的入門，若未證悟實相般若，即無成佛之可能，必將永在外門廣行菩薩六度，永在凡夫位中。然而實相般若的發起，全賴實證萬法的眞相；若欲證知萬法的眞相，則必須探究萬法之所從來，則須實證自心如來—金剛心如來藏，然後現觀這個金剛心的金剛性、眞實性、如如性、清淨性、涅槃性、能生萬法的自性性、本住性，名爲證眞如；進而現觀三界六道唯是此金剛心所成，人間萬法須藉八識心王和合運作方能現起。如是實證《華嚴經》的「三界唯心、萬法唯識」以後，由此等現觀而發起實相般若智慧，繼續進修第十住位的如幻觀、第十行位的陽焰觀、第十迴向位的如夢觀，再生起增上意樂而勇發十無盡願，方能滿足三賢位的實證，轉入初地；自知成佛之道而無偏倚，從此按部就班、次第進修乃至成佛。第八識自心如來是般若智慧之所依，般若智慧的修證則要從實證金剛心自心如來開始；《金剛經》則是解說自心如來之經典，是一切三賢位菩薩所應進修之實相般若經典。這一套書，是將平實導師宣講的《金剛經宗通》內容，整理成文字而流通之；書中所說義理，迥異古今諸家依文解義之說，指出大乘見道方向與理路，有益於禪宗學人求開悟見道，及轉入內門廣修六度萬行，已於2013年9月出版完畢，總共9輯，每輯約三百餘頁，售價各250元。

霧峰無霧—給哥哥的信：本書作者藉兄弟之間信件往來論義，略述佛法大義；並以多篇短文辨義，舉出釋印順對佛法的無量誤解證據，並一一給予簡單而清晰的辨正，令人一讀即知。久讀、多讀之後即能認清楚釋印順的六識論見解，與眞實佛法之牴觸是多麼嚴重；於是在久讀、多讀之後，於不知不覺之間提升了對佛法的極深入理解，正知正見就在不知不覺間建立起來了。當三乘佛法的正知見建立起來之後，對於三乘菩提的見道條件便將隨之具足，於是聲聞解脫道的見道也就水到渠成；接著大乘見道的因緣也將次第成熟，未來自然也會有親見大乘菩提之道的因緣，悟入大乘實相般若也將自然成功，自能通達般若系列諸經而成實義菩薩。作者居住於南投縣霧峰鄉，自喻見道之後不復再見霧峰之霧，故鄉原野美景一一明見，於是立此書名爲《霧峰無霧》；讀者若欲撥霧見月，可以此書爲緣。游宗明 老師著，已於2015年出版，售價250元。

霧峰無霧——第二輯——救護佛子向正道：本書作者藉釋印順著作中之各種錯謬法義提出辨正，以詳實的文義一一提出理論上及實證上之解析，列舉釋印順對佛法的無量誤解證據，藉此教導佛門大師與學人釐清佛法義理，遠離岐途轉入正道，然後知所進修，久之便能見道明心而入大乘勝義僧數。被釋印順誤導的大師與學人極多，很難救轉，是故作者大發悲心深入解說其錯謬之所在，佐以各種義理辨正而令讀者在不知不覺之間轉歸正道。如是久讀之後欲得斷身見、證初果，即不爲難事；乃至久之亦得大乘見道而得證眞如，脫離空有二邊而住中道，實相般若智慧生起，於佛法不再茫然，漸漸亦知悟後進修之道。屆此之時，對於大乘般若等深妙法之迷雲暗霧亦將一掃而空，生命及宇宙萬物之故鄉原野美景一一明見，是故本書仍名《霧峰無霧》，爲第二輯；讀者若欲撥雲見日、離霧見月，可以此書爲緣。游宗明 老師著，已於2019年出版，售價250元。

空行母——性別、身分定位，以及藏傳佛教：本書作者爲蘇格蘭哲學家，因爲嚮往佛教深妙的哲學內涵，於是進入當年盛行於歐美的假藏傳佛教密宗，擔任卡盧仁波切的翻譯工作多年以後，被邀請成爲卡盧的空行母（又名佛母、明妃），開始了她在密宗裡的實修過程；後來發覺在密宗雙身法中的修行，其實無法使自己成佛，也發覺密宗對女性岐視而處處貶抑，並剝奪女性在雙身法中擔任一半角色時應有的身分定位。當她發覺自己只是雙身法中被喇嘛利用的工具，沒有獲得絲毫應有的尊重與基本定位時，發現了密宗的父權社會控制女性的本質；於是作者傷心地離開了卡盧仁波切與密宗，但是卻被恐嚇不許講出她在密宗裡的經歷，也不許她說出自己對密宗的教義與教制下對女性剝削的本質，否則將被咒殺死亡。後來她去加拿大定居，十餘年後方才擺脫這個恐嚇陰影，下定決心將親身經歷的實情及觀察到的事實寫下來並且出版，公諸於世。出版之後，她被流亡的達賴集團人士大力攻訐，誣指她爲精神狀態失常、說謊……等。但有智之士並未被達賴集團的政治操作及各國政府政治運作吹捧達賴的表相所欺，使她的書銷售無阻而又再版。正智出版社鑑於作者此書是親身經歷的事實，所說具有針對「藏傳佛教」而作學術研究的價值，也有使人認清假藏傳佛教剝削佛母、明妃的男性本位實質，因此洽請作者同意中譯而出版於華人地區。珍妮·坎貝爾女士著，呂艾倫 中譯，每冊250元。

假藏傳佛教的神話——性、謊言、喇嘛教：本書編著者是由一首名為「阿姊鼓」的歌曲為緣起，展開了序幕，揭開假藏傳佛教—喇嘛教—的神祕面紗。其重點是蒐集、摘錄網路上質疑「喇嘛教」的帖子，以揭穿「假藏傳佛教的神話」為主題，串聯成書，並附加彩色插圖以及說明，讓讀者們瞭解西藏密宗及相關人事如何被操作為「神話」的過程，以及神話背後的眞相。作者：張正玄教授。售價200元。

達賴真面目——玩盡天下女人：假使您不想戴綠帽子，請記得詳細閱讀此書；假使您不想讓好朋友戴綠帽子，請您將此書介紹給您的好朋友。假使您想保護家中的女性，也想要保護好朋友的女眷，請記得將此書送給家中的女性和好友的女眷都來閱讀。本書為印刷精美的大本彩色中英對照精裝本，為您揭開達賴喇嘛的眞面目，內容精彩不容錯過，為利益社會大眾，特別以優惠價格嘉惠所有讀者。編著者：白志偉等。大開版雪銅紙彩色精裝本。售價800元。

喇嘛性世界——揭開假藏傳佛教譚崔瑜伽的面紗：這個世界中的喇嘛，號稱來自世外桃源的香格里拉，穿著或紅或黃的喇嘛長袍，散布於我們的身邊傳教灌頂，吸引了無數的人嚮往學習；這些喇嘛虔誠地為大眾祈福，手中拿著寶杵（金剛）與寶鈴（蓮花），口中唸著咒語：「唵・嘛呢・叭咪・吽……」，咒語的意思是說：「我至誠歸命金剛杵上的寶珠伸向蓮花寶穴之中」！「喇嘛性世界」是什麼樣的「世界」呢？本書將為您呈現喇嘛世界的面貌。當您發現眞相以後，您將會唸：「噢！喇嘛・性・世界，譚崔性交嘛！」作者：張善思、呂艾倫。售價200元。

末代達賴—性交教主的悲歌：簡介從藏傳僞佛教（喇嘛教）的修行核心—性力派男女雙修，探討達賴喇嘛及藏傳僞佛教的修行內涵。書中引用外國知名學者著作、世界各地新聞報導，包含：歷代達賴喇嘛的祕史、達賴六世修雙身法的事蹟，以及《時輪續》中的性交灌頂儀式……等；達賴喇嘛書中開示的雙修法、達賴喇嘛的黑暗政治手段；達賴喇嘛所領導的寺院爆發喇嘛性侵兒童；新聞報導《西藏生死書》作者索甲仁波切性侵女信徒、澳洲喇嘛秋達公開道歉、美國最大假藏傳佛教組織領導人邱陽創巴仁波切的性氾濫；等等事件背後眞相的揭露。作者：張善思、呂艾倫、辛燕。售價250元。

黯淡的達賴—失去光彩的諾貝爾和平獎：本書舉出很多證據與論述，詳述達賴喇嘛不爲世人所知的一面，顯示達賴喇嘛並不是眞正的和平使者，而是假借諾貝爾和平獎的光環來欺騙世人；透過本書的說明與舉證，讀者可以更清楚的瞭解，達賴喇嘛是結合暴力、黑暗、淫欲於喇嘛教裡的集團首領，其政治行爲與宗教主張，早已讓諾貝爾和平獎的光環染污了。本書由財團法人正覺教育基金會寫作、編輯，由正覺出版社印行，每冊250元。

第七意識與第八意識？——穿越時空「超意識」：「三界唯心，萬法唯識」是佛教中應該實證的聖教，也是《華嚴經》中明載而可以實證的法界實相。唯心者，三界一切境界、一切諸法唯是一心所成就，即是每一個有情的第八識如來藏，不是意識心。唯識者，即是人類各各都具足的八識心王——眼識、耳鼻舌身意識、意根、阿賴耶識，第八阿賴耶識又名如來藏，人類五陰相應的萬法，莫不由八識心王共同運作而成就，故說萬法唯識。依聖教量及現量、比量，都可以證明意識是二法因緣生，是由第八識藉意根與法塵二法為因緣而出生，又是夜夜斷滅不存之生滅心，即無可能反過來出生第七識意根、第八識如來藏，當知不可能從生滅性的意識心中，細分出恆審思量的第七識意根，更無可能細分出恆而不審的第八識如來藏。本書是將演講內容整理成文字，細說如是內容，並已在〈正覺電子報〉連載完畢，今彙集成書以廣流通，欲幫助佛門有緣人斷除意識我見，跳脫於識陰之外而取證聲聞初果；嗣後修學禪宗時即得不墮外道神我之中，得以求證第八識金剛心而發起般若實智。平實導師 述，每冊300元。

童女迦葉考——論呂凱文〈佛教輪迴思想的論述分析〉之謬：童女迦葉是佛世率領五百大比丘遊行於人間的歷史事實，是以童貞行而依止菩薩戒弘化於人間的大菩薩，不依別解脫戒（聲聞戒）來弘化於人間。這是大乘佛教與聲聞佛教同時存在於佛世的歷史明證，證明大乘佛教不是從聲聞法中分裂出來的部派佛教的產物，卻是聲聞佛教分裂出來的部派佛教聲聞凡夫僧所不樂見的史實；於是古今聲聞法中的凡夫都欲加以扭曲而作詭說，更是末法時代高聲大呼「大乘非佛說」的六識論聲聞凡夫極力想要扭曲的佛教史實之一，於是想方設法扭曲迦葉菩薩為聲聞僧，以及扭曲迦葉童女為比丘僧等荒謬不實之論著便陸續出現，古時聲聞僧寫作的《分別功德論》是最具體之事例，現代之代表作則是呂凱文先生的〈佛教輪迴思想的論述分析〉論文。鑑於如是假藉學術考證以籠罩大眾之不實謬論，未來仍將繼續造作及流竄於佛教界，繼續扼殺大乘佛教學人法身慧命，必須舉證辨正之，遂成此書。平實導師 著，每冊180元。

人間佛教—實證者必定不悖三乘菩提：「大乘非佛說」的講法似乎流傳已久，卻只是日本人企圖擺脫中國正統佛教的影響，而在明治維新時期才開始提出來的說法；台灣佛教、大陸佛教的淺學無智之人，由於未曾實證佛法而迷信日本人錯誤的學術考證，錯認爲這些別有用心的日本佛學考證的講法爲天竺佛教的眞實歷史；甚至還有更激進的反對佛教者提出「**釋迦牟尼佛並非眞實存在，只是後人捏造的假歷史人物**」，竟然也有少數佛教徒願意跟著「學術」的假光環而信受不疑，亦導致部分台灣佛教界人士，造作了反對中國大乘佛教而推崇南洋小乘佛教的行爲，使台灣佛教的信仰者難以檢擇，亦導致一般大陸人士開始轉入基督教的盲目迷信中。在這些佛教及外教人士之中，也就有一分人根據此邪說而大聲主張「大乘非佛說」的謬論，這些人以「人間佛教」的名義來抵制中國正統佛教，公然宣稱中國的大乘佛教是由聲聞部派佛教的凡夫僧所創造出來的。這樣的說法流傳於台灣及大陸佛教界凡夫僧之中已久，卻非眞正的佛教歷史中曾經發生過的事，只是繼承六識論的聲聞法中凡夫僧，以及別有居心的日本佛教界，依自己的意識境界立場，純憑臆想而編造出來的妄想說法，卻已經影響許多無智之凡夫僧俗信受不移。本書則是從佛教的經藏法義實質及實證的現量內涵本質立論，證明大乘佛法本是佛說，是從《阿含正義》尚未說過的不同面向來討論「人間佛教」的議題，證明「大乘眞佛說」。閱讀本書可以斷除六識論邪見，迴入三乘菩提正道發起實證的因緣；也能斷除禪宗學人學禪時普遍存在之錯誤知見，對於建立參禪時的正知見有很深的著墨。平實導師　述，內文488頁，全書528頁，定價400元。

實相經宗通：學佛之目的在於實證一切法界背後之實相，禪宗稱之爲本來面目或本地風光，佛菩提道中稱之爲實相法界；此實相法界即是金剛藏，又名佛法之祕密藏，即是能生有情五陰、十八界及宇宙萬有（山河大地、諸天、三惡道世間）的第八識如來藏，又名阿賴耶識心，即是禪宗祖師所說的眞如心，此心即是三界萬有背後的實相。證得此第八識心時，自能瞭解般若諸經中隱說的種種密意，即得發起實相般若——實相智慧。每見學佛人修學佛法二十年後仍對實相般若茫然無知，亦不知如何入門，茫無所趣；更因不知三乘菩提的互異互同，是故越是久學者對佛法越覺茫然，都肇因於尚未瞭解佛法的全貌，亦未瞭解佛法的修證內容即是第八識心所致。本書對於修學佛法者所應實證的實相境界提出明確解析，並提示趣入佛菩提道的入手處，有心親證實相般若的佛法實修者，宜詳讀之，於佛菩提道之實證即有下手處。平實導師述著，共八輯，已於2016年出版完畢，每輯成本價250元。

真心告訴您（一）——達賴喇嘛在幹什麼？這是一本報導篇章的選集，更是「破邪顯正」的暮鼓晨鐘。「破邪」是戳破假象，說明達賴喇嘛及其所率領的密宗四大派法王、喇嘛們，弘傳的佛法是仿冒的佛法；他們是假藏傳佛教，是坦特羅（譚崔性交）外道法和藏地崇奉鬼神的苯教混合成的「喇嘛教」，推廣的是以所謂「無上瑜伽」的男女雙身法冒充佛法的假佛教，詐財騙色誤導眾生，常常造成信徒家庭破碎、家中兒少失怙的嚴重後果。「顯正」是揭櫫眞相，指出眞正的藏傳佛教只有一個，就是覺囊巴，傳的是 釋迦牟尼佛演繹的第八識如來藏妙法，稱爲他空見大中觀。正覺教育基金會即以此古今輝映的如來藏正法正知見，在眞心新聞網中逐次報導出來，將箇中原委「眞心告訴您」，如今結集成書，與想要知道密宗眞相的您分享。售價250元。

中觀金鑑——詳述應成派中觀的起源與其破法本質：學佛人往往迷於中觀學派之不同學說，被應成派與自續派所迷惑；修學般若中觀二十年後自以為實證般若中觀了，卻仍不曾入門，甫聞實證般若中觀者之所說，則茫無所知，迷惑不解；隨後信心盡失，不知如何實證佛法；凡此，皆因惑於這二派中觀學說所致。自續派中觀所說同於常見，以意識境界立為第八識如來藏之境界，應成派所說則同於斷見，但又同立意識為常住法，故亦具足斷常二見。今者孫正德老師有鑑於此，乃將起源於密宗的應成派中觀學說，追本溯源，詳考其來源之外，亦一一舉證其立論內容，詳加辨正，令密宗雙身法祖師以識陰境界而造之應成派中觀學說本質，詳細呈現於學人眼前，令其維護雙身法之目的無所遁形。若欲遠離密宗此二大派中觀謬說，欲於三乘菩提有所進道者，允宜具足閱讀並細加思惟，反覆讀之以後將可捨棄邪道返歸正道，則於般若之實證即有可能，證後自能現觀如來藏之中道境界而成就中觀。本書分上、中、下三冊，每冊250元，已全部出版完畢。

法華經講義：此書為平實導師始從2009/7/21演述至2014/1/14之講經錄音整理所成。世尊一代時教，總分五時三教，即是華嚴時、聲聞緣覺教、般若教、種智唯識教、法華時；依此五時三教區分為藏、通、別、圓四教。本經是最後一時的圓教經典，圓滿收攝一切法教於本經中，是故最後的圓教聖訓中，特地指出無有三乘菩提，其實唯有一佛乘；皆因眾生愚迷故，方便區分為三乘菩提以助眾生證道。世尊於此經中特地說明如來示現於人間的唯一大事因緣，便是為有緣眾生「開、示、悟、入」諸佛的所知所見——第八識如來藏妙真如心，並於諸品中隱說「妙法蓮花」如來藏心的密意。然因此經所說甚深難解，真義隱晦，古來難得有人能窺堂奧；平實導師以知如是密意故，特為末法佛門四眾演述《妙法蓮華經》中各品蘊含之密意，使古來未曾被古德註解出來的「此經」密意，如實顯示於當代學人眼前。乃至〈藥王菩薩本事品〉、〈妙音菩薩品〉、〈觀世音菩薩普門品〉、〈普賢菩薩勸發品〉中的微細密意，亦皆一併詳述之，可謂開前人所未曾言之密意，示前人所未見之妙法。最後乃至以〈法華大義〉而總其成，全經妙旨貫通始終，而依佛旨圓攝於一心如來藏妙心，厥為曠古未有之大說也。平實導師述，共有25輯，已於2019/05/31出版完畢。每輯300元。

西藏「活佛轉世」制度——附佛、造神、世俗法：歷來關於喇嘛教活佛轉世的研究，多針對歷史及文化兩部分，於其所以成立的理論基礎，較少系統化的探討。尤其是此制度是否依據「佛法」而施設？是否合乎佛法眞實義？現有的文獻大多含糊其詞，或人云亦云，不曾有明確的闡釋與如實的見解。因此本文先從活佛轉世的由來，探索此制度的起源、背景與功能，並進而從活佛的尋訪與認證之過程，發掘活佛轉世的特徵，以確認「活佛轉世」在佛法中應具足何種果德。定價150元。

真心告訴您（二）——達賴喇嘛是佛教僧侶嗎？補祝達賴喇嘛八十大壽：這是一本針對當今達賴喇嘛所領導的喇嘛教，冒用佛教名相、於師徒間或師兄姊間，實修男女邪淫，而從佛法三乘菩提的現量與聖教量，揭發其謊言與邪術，證明達賴及其喇嘛教是仿冒佛教的外道，是「假藏傳佛教」。藏密四大派教義雖有「八識論」與「六識論」的表面差異，然其實修之內容，皆共許「無上瑜伽」四部灌頂爲究竟「成佛」之法門，也就是共以男女雙修之邪淫法爲「即身成佛」之密要，雖美其名曰「欲貪爲道」之「金剛乘」，並誇稱其成就超越於（應身佛）釋迦牟尼佛所傳之顯教般若乘之上；然詳考其理論，則或以意識離念時之粗細心爲第八識如來藏，或以中脈裡的明點爲第八識如來藏，或如宗喀巴與達賴堅決主張第六意識爲常恆不變之眞心者，分別墮於外道之常見與斷見中；全然違背　佛說能生五蘊之如來藏的實質。售價300元。

涅槃—解說四種涅槃之實證及內涵：眞正學佛之人，首要即是見道，由見道故方有涅槃之實證，證涅槃者方能出生死，但涅槃有四種：二乘聖者的有餘涅槃、無餘涅槃，以及大乘聖者的本來自性清淨涅槃、佛地的無住處涅槃。大乘聖者實證本來自性清淨涅槃，入地前再取證二乘涅槃，然後起惑潤生捨離二乘涅槃，繼續進修而在七地心前斷盡三界愛之習氣種子，依七地無生法忍之具足而證得念念入滅盡定；八地後進斷異熟生死，直至妙覺地下生人間成佛，具足四種涅槃，方是眞正成佛。此理古來少人言，以致誤會涅槃正理者比比皆是，今於此書中廣說四種涅槃、如何實證之理、實證前應有之條件，實屬本世紀佛教界極重要之著作，令人對涅槃有正確無訛之認識，然後可以依之實行而得實證。本書共有上下二冊，每冊各四百餘頁，對涅槃詳加解說，每冊各350元。

佛藏經講義：本經說明爲何佛菩提難以實證之原因，都因往昔無數阿僧祇劫前的邪見，引生此世求證時之業障而難以實證。即以諸法實相詳細解說，繼之以念佛品、念法品、念僧品，說明諸佛與法之實質；然後以淨戒品之說明，期待佛弟子四眾堅持清淨戒而轉化心性，並以往古品的實例說明歷代學佛人在實證上的業障由來，教導四眾務必滅除邪見轉入正見中，不再造作謗法及謗賢聖之大惡業，以免未來世尋求實證之時被業障所障；然後以了戒品的說明和囑累品的付囑，期望末法時代的佛門四眾弟子皆能清淨知見而得以實證。平實導師於此經中有極深入的解說，總共21輯，已於2022/11/30出版完畢，每輯三百餘頁，售價300元。

大法鼓經講義：本經解說佛法的總成：法、非法。由開解法、非法二義，說明了義佛法與世間戲論法的差異，指出佛法實證之標的即是法——第八識如來藏；並顯示實證後的智慧，如實擊大法鼓、演深妙法，演說如來祕密教法，非二乘定性及諸凡夫所能得聞，唯有具足菩薩性者方能得聞。正聞之後即得依於　世尊大願而拔除邪見，入於正法而得實證；深解不了義經之方便說，亦能實解了義經所說之眞實義，得以證法——如來藏，而得發起根本無分別智，乃至進修而發起後得無分別智；並堅持布施及受持清淨戒而轉化心性，得以現觀眞我眞法如來藏之各種層面。此爲第一義諦聖教，並授記末法最後餘八十年時，一切世間樂見離車童子以七地證量而示現爲凡夫身，將繼續護持此經所說正法。平實導師於此經中有極深入的解說，總共六輯，每輯300元，於2023/01/30開始每二個月發行一輯。

成唯識論釋：本論係大唐玄奘菩薩揉合當時天竺十大論師的說法加以辨正而著成，攝盡佛門證悟菩薩及部派佛教聲聞凡夫論師對佛法的論述，並函蓋當時天竺諸大外道對生命實相的錯誤論述加以辨正，是由玄奘大師依據無生法忍證量加以評論確定而成爲此論。平實導師弘法初期即已依於證量略講過一次，歷時大約四年，當時正覺同修會規模尚小，聞法成員亦多尚未證悟，是故並未整理成書；如今正覺同修會中的證悟同修已超過六百人，鑑於此論在護持正法、實證佛法及悟後進修上的重要性，已於2022年初重講，並已經預先註釋完畢編輯成書，名爲《成唯識論釋》，總共十輯，每輯目次41頁、序文7頁、每輯內文多達四百餘頁，並將原本13級字縮小爲12級字編排，以增加其內容；於增上班宣講時的內容將會更詳細於書中所說，涉及佛法密意的詳細內容只於增上班中宣講，於書中皆依佛誡隱覆密意而說，然已足夠所有學人藉此一窺佛法堂奧而進入正道、免入岐途。重新判教後編成的〈目次〉已經詳盡判定論中諸段句義，用供學人參考；是故讀者閱完此論之釋，即可深解成佛之道的正確內涵。本書總共十輯，預定每一輯內容講述完畢時即予出版，第一輯於2023年五月底出版，然後每七至十個月出版下一輯，每輯定價400元。

不退轉法輪經講義：世尊弘法有五時三教之別，分爲藏、通、別、圓四教之理，本經是大乘般若期前的通教經典，所說之大乘般若正理與所證解脫果，通於二乘解脫道，佛法智慧則通大乘般若，皆屬大乘般若與解脫甚深之理，故其所證解脫果位通於二乘法教；而其中所說第八識無分別法之正理，即是世尊降生人間的唯一大事因緣。如是第八識能仁而且寂靜，恆順衆生於生死之中從無乖違，識體中所藏之本來無漏性的有爲法以及眞如涅槃境界，皆能助益學人最後成就佛道；此謂釋迦意爲能仁，牟尼意爲寂靜，此第八識即名釋迦牟尼，釋迦牟尼即是能仁寂靜的第八識眞如；若有人聽聞如是第八識常住、如來不滅之正理，信受奉行之人皆有大乘實證之因緣，永得不退於成佛之道，是故聽聞釋迦牟尼名號而解其義者，皆得不退轉於無上正等正覺，未來世中必有實證之因緣。如是深妙經典，已由平實導師詳述圓滿並整理成書，預定於《大法鼓經講義》發行圓滿之後接著梓行，每二個月發行一輯，總共十輯，每輯300元。

解深密經講義：本經是所有尋求大乘見道及悟後欲入地者所應詳讀串習的三經之一，即是《楞伽經》、《解深密經》、《楞嚴經》三經中的一經，亦可作爲見道眞假的自我印證依據。此經是 世尊晚年第三轉法輪時，宣說地上菩薩所應熏修之無生法忍唯識正義經典；經中總說眞見道位所見的智慧總相，兼及相見道位所應熏修的七眞如等法；亦開示入地應修之十地眞如等義理，乃是大乘一切種智增上慧學，以阿陀那識—如來藏—阿賴耶識爲成佛之道的主體。禪宗之證悟者，若欲修證初地無生法忍乃至八地無生法忍者，必須修學《楞伽經、解深密經、楞嚴經》所說之八識心王一切種智。此三經所說正法，方是眞正成佛之道；印順法師否定第八識如來藏之後所說萬法緣起性空之法，墮於六識論中而著作的《成佛之道》，乃宗本於密宗宗喀巴六識論邪思而寫成的邪見，是以誤會後之二乘解脫道取代大乘眞正成佛之道，承襲自古天竺部派佛教聲聞凡夫論師的邪見，尚且不符二乘解脫道正理，亦已墮於斷滅見及常見中，所說全屬臆想所得的外道見，不符本經、諸經中佛所說的正義。平實導師曾於本會郭故理事長往生時，於喪宅中從**首七**開始宣講此經，於每一七起各宣講三小時，至**十七**而快速略講圓滿，作爲郭老之往生後的佛事功德，迴向郭老早證八地、速返娑婆住持正法。茲爲今時後世學人故，已經開始重講《解深密經》，以淺顯之語句講畢後，將會整理成文並梓行流通，用供證悟者進道；亦令諸方未悟者，據此經中佛語正義修正邪見，依之速能入道。平實導師述著，全書輯數未定，每輯三百餘頁，將於未來重講完畢後逐輯陸續出版。

阿含經講記——小乘解脫道之修證：數百年來，南傳佛法所說證果之不實，所說解脫道之虛妄，所弘解脫道法義之世俗化，皆已少人知之；阿含解脫道從南洋傳入台灣與大陸之後，所說法義虛謬之事，亦復少人知之；今時台灣全島印順系統之法師居士，多不知南傳佛法數百年來所說解脫道之義理已然偏斜、已然世俗化、已非眞正之二乘解脫正道，猶極力推崇與弘揚。彼等南傳佛法近代所謂之證果者皆非眞實證果者，譬如阿迦曼、葛印卡、帕奧禪師、一行禪師……等人，悉皆未斷我見故。近年更有台灣南部大願法師，高抬南傳佛法之二乘修證行門爲「捷徑究竟解脫之道」者，然而南傳佛法縱使眞修實證，得成阿羅漢，至高唯是二乘菩提解脫之道，絕非究竟解脫，無餘涅槃中之實際尚未得證故，法界之實相尚未了知故，習氣種子待除故，一切種智未實證故，焉得謂爲「究竟解脫」？即使南傳佛法近代眞有實證之阿羅漢，尚且不及三賢位中之七住明心菩薩本來自性清淨涅槃智慧境界，則不能知此賢位菩薩所證之無餘涅槃實際，仍非大乘佛法中之見道者，何況彼等普未實證聲聞果乃至未斷我見之人？謬充證果已屬逾越，更何況是誤會二乘菩提之後，以未斷我見之凡夫知見所說之二乘菩提解脫偏斜法道，焉可高抬爲「究竟解脫」？而且自稱「捷徑之道」？又妄言解脫之道即是成佛之道，完全否定般若實智、否定三乘菩提所依之如來藏心體，此理大大不通也！平實導師爲令修學二乘菩提欲證解脫果者，普得迴入二乘菩提正見、正道中，是故選錄四阿含諸經中，對於二乘解脫道法義有具足圓滿說明之經典，預定未來十年內將會加以詳細講解，令學佛人得以了知二乘解脫道之修證理路與行門，庶免被人誤導之後，未證言證，梵行未立，干犯道禁自稱阿羅漢或成佛，成大妄語，欲升反墮。本書首重斷除我見，以助行者斷除我見而實證初果爲著眼之目標，若能根據此書內容，配合平實導師所著《識蘊眞義》《阿含正義》內涵而作實地觀行，實證初果非爲難事，行者可以藉此三書自行確認聲聞初果爲實際可得現觀成就之事。此書中除依二乘經典所說加以宣示外，亦依斷除我見等之證量，及大乘法中道種智之證量，對於意識心之體性加以細述，令諸二乘學人必定得斷我見、常見，免除三縛結之繫縛。次則宣示斷除我執之理，欲令升進而得薄貪瞋痴，乃至斷五下分結…等。平實導師將擇期講述，然後整理成書。共二冊，每冊三百餘頁。每輯300元。

總經銷：聯合發行股份有限公司

231 新北市新店區寶橋路 235 巷 6 弄 6 號 4F

Tel.02－2917-8022（代表號） Fax.02－2915-6275（代表號）

零售：1.**全台連鎖經銷書局：**

三民書局、誠品書局、何嘉仁書店

敦煌書店、紀伊國屋、金石堂書局、建宏書局

諾貝爾圖書城、墊腳石圖書文化廣場

2.**台北市：**佛化人生 **大安區**羅斯福路 3 段 325 號 6 樓之 4　台電大樓對面

3.**新北市：**春大地書店 **蘆洲區**中正路 117 號

4.**桃園市：**御書堂 **龍潭區**中正路 123 號

5.**新竹市：**大學書局 **東區**建功路 10 號

6.**台中市：**瑞成書局 **東區**雙十路 1 段 4 之 33 號

佛教詠春書局 **南屯區**永春東路 884 號

文春書店 **霧峰區**中正路 1087 號

7.**彰化市：**心泉佛教文化中心 南瑤路 286 號

8.**高雄市：**政大書城 **前鎮區**中華五路 789 號 2 樓（高雄夢時代店）

明儀書局 **三民區**明福街 2 號

青年書局 **苓雅區**青年一路 141 號

9.**台東市：**東普佛教文物流通處 博愛路 282 號

10.**其餘鄉鎮市經銷書局：**請電詢總經銷**聯合**公司。

11.**大陸地區請洽：**

香港：樂文書店

銅鑼灣店 :香港銅鑼灣駱克道 506 號 2 樓

電話 : (852) 2881 1150 email: luckwinbs@gmail.com

廈門：廈門外圖臺灣書店有限公司

地址：廈門市思明區湖濱南路809 號 廈門外圖書城3 樓 郵編：361004

電話：0592-5061658（臺灣地區請撥打 86-592-5061658）

E-mail：JKB118＠188.COM

12.**美國：世界日報圖書部：**紐約圖書部　電話 7187468889#6262

洛杉磯圖書部　電話 3232616972#202

13.**國內外地區網路購書：**

正智出版社 書香園地 http://books.enlighten.org.tw/

（書籍簡介、經銷書局可直接聯結下列網路書局購書）

三民 網路書局 http://www.sanmin.com.tw

誠品 網路書局 http://www.eslitebooks.com

博客來 網路書局　http://www.books.com.tw
金石堂 網路書局　http://www.kingstone.com.tw
聯合 網路書局　http:// www.nh.com.tw

附註：1.請儘量向各經銷書局購買：郵政劃撥需要八天才能寄到（本公司在您劃撥後第四天才能接到劃撥單，次日寄出後第二天您才能收到書籍，此六天中可能會遇到週休二日，是故共需八天才能收到書籍）若想要早日收到書籍者，請劃撥完畢後，將劃撥收據貼在紙上，旁邊寫上您的姓名、住址、郵區、電話、買書詳細內容，直接傳眞到本公司 02-28344822，並來電 02-28316727、28327495 確認是否已收到您的傳眞，即可提前收到書籍。 2.因台灣每月皆有五十餘種宗教類書籍上架，書局書架空間有限，故唯有新書方有機會上架，通常每次只能有一本新書上架；本公司出版新書，大多上架不久便已售出，若書局未再叫貨補充者，書架上即無新書陳列，則請直接向書局櫃台訂購。 3.若書局不便代購時，可於晚上共修時間向正覺同修會各共修處請購（共修時間及地點，詳閱**共修現況表**。每年例行年假期間請勿前往請書，年假期間請見共修現況表）。 4.郵購：郵政劃撥帳號 19068241。 5.正覺同修會會員購書都以八折計價（戶籍台北市者爲一般會員，外縣市爲護持會員）都可獲得優待，欲一次購買全部書籍者，可以考慮入會，節省書費。入會費一千元（第一年初加入時才需要繳），年費二千元。**6.尚未出版之書籍，請勿預先郵寄書款與本公司，謝謝您！** 7.若欲一次購齊本公司書籍，或同時取得正覺同修會贈閱之全部書籍者，請於正覺同修會共修時間，親到各共修處請購及索取；**台北市讀者**請洽：103 台北市承德路三段 267 號 10 樓（捷運淡水線 圓山站旁）請書時間：週一至週五爲 18.00~21.00，第一、三、五週週六爲 10.00~21.00，雙週之週六爲 10.00~18.00 請購處專線電話：25957295-分機 14（於請書時間方有人接聽）。

敬告大陸讀者：

大陸讀者購書、索書捷徑（尚未在大陸出版的書籍，以下二個途徑都可以購得，電子書另包括結緣書籍）：

1.廈門外國圖書公司：廈門市思明區湖濱南路 809 號 廈門外圖書城 3F
郵編：361004　電話：0592-5061658　網址：http://www.xibc.com.cn/

2.電子書：正智出版社有限公司及正覺同修會在台灣印行的各種局版書、結緣書，已有『**正覺電子書**』陸續上線中，提供讀者於手機、平板電腦上購書、下載、閱讀正智出版社、正覺同修會及正覺教育基金會所出版之電子書，詳細訊息敬請參閱『正覺電子書』專頁：http://books.enlighten.org.tw/ebook

關於平實導師的書訊，請上網查閱：

成佛之道　http://www.a202.idv.tw

正智出版社 書香園地　http://books.enlighten.org.tw/

中國網採訪佛教正覺同修會、正覺教育基金會訊息：

http://foundation.enlighten.org.tw/newsflash/20150817_1

http://video.enlighten.org.tw/zh-CN/visit_category/visit10

★ 正智出版社有限公司售書之稅後盈餘，全部捐助財團法人正覺寺籌備處、佛教正覺同修會、正覺教育基金會，供作弘法及購建道場之用；懇請諸方大德支持，功德無量。

★ 聲　明 ★

本社於 2015/01/01 開始調整本目錄中部分書籍之售價，以因應各項成本的持續增加。

＊ 喇嘛教修外道雙身法、墮識陰境界，非佛教 ＊

＊ 弘揚如來藏他空見的覺囊派才是真正藏傳佛教 ＊

售後服務—換書啓事（免附回郵） 2017/12/05

《楞伽經詳解》第三輯初版免費調換新書啓事：茲因 平實導師弘法早期尚未回復往世全部證量，有些法義接受他人的說法，寫書當時並未察覺而有二處（同一種法義）跟著誤說，如今發現已將之修正。茲爲顧及讀者權益，已開始免費調換新書；敬請所有讀者將以前所購第三輯（不論第幾刷），攜回或寄回本公司免費換新；郵寄者之回郵由本公司負擔，不需寄來郵票。因此而造成讀者閱讀、以及換書的不便，在此向所有讀者致上萬分的歉意，祈請讀者大眾見諒！

《楞嚴經講記》第 14 輯初版首刷本免費調換新書啓事：本講記第 14 輯出版前因 平實導師諸事繁忙，未將之重新閱讀而只改正校對時發現的錯別字，故未能發覺十年前所說法義有部分錯誤，於第 15 輯付印前重閱時才發覺第 14 輯中有部分錯誤尚未改正。今已重新審閱修改並已重印完成，煩請所有讀者將以前所購第 14 輯初版首刷本，寄回本公司免費換新（初版二刷本無錯誤），本公司將於寄回新書時同時附上您寄書來換新時的郵資，並在此向所有讀者致上最誠懇的歉意。

《心經密意》初版書免費調換二版新書啓事：本書係演講錄音整理成書，講時因時間所限，省略部分段落未講。後於再版時補寫增加 13 頁，維持原價流通之。茲爲顧及初版讀者權益，自 2003/9/30 開始免費調換新書，原有初版一刷、二刷書籍，皆可寄來本公司換書。

《宗門法眼》已經增寫改版爲 464 頁新書，2008 年 6 月中旬出版。讀者原有初版之第一刷、第二刷書本，都可以寄回本公司免費調換改版新書。改版後之公案及錯悟事例維持不變，但將內容加以增說，較改版前更具有廣度與深度，將更能助益讀者參究實相。

換書者**免附回郵**，亦無截止期限；舊書請寄：111 台北郵政 73-151 號信箱 或 103 台北市承德路三段 267 號 10 樓 正智出版社有限公司。舊書若有塗鴨、殘缺、破損者，仍可換取新書；但缺頁之舊書至少應仍有五分之三頁數，方可換書。所有讀者不必顧念本公司是否有盈餘之問題，都請踴躍寄來換書；本公司成立之目的不是營利，只要能眞實利益學人，即已達到成立及運作之目的。若以郵寄方式換書者，免附回郵；並於寄回新書時，由本公司附上您寄來書籍時耗用的郵資。造成您不便之處，再次致上萬分的歉意。

正智出版社有限公司 啓

換書及道歉公告

《法華經講義》第十三輯初版免費調換新書啓事：本書因謄稿、印製等相關人員作業疏失，導致該書中的經文及內文用字將「**親近**」誤植成「清淨」。茲爲顧及讀者權益，自 2017/8/30 開始免費調換新書；敬請所有讀者將以前所購第十三輯初版首刷及二刷本，攜回或寄回本公司免費換新，或請自行更正其中的錯誤之處；郵寄者之回郵由本公司負擔，不需寄來郵票。同時對因此而造成讀者閱讀、以及換書的困擾及不便，在此向所有讀者致上最誠懇的歉意，祈請讀者大眾見諒！錯誤更正說明如下：

一、第 256 頁第 10 行~第 14 行：【就是先要具備「**法親近處**」、「**眾生親近處**」；法**親近**處就是在實相之法有所實證，如果在實相法上有所實證，他在二乘菩提中自然也能有所實證，以這個作爲第一個**親近**處——第一個基礎。然後還要有第二個基礎，就是瞭解應該如何善待眾生；對於眾生不要有排斥或者是貪取之心，平等觀待而攝受、親近一切有情。以這兩個**親近**處作爲基礎，來實行其他三個安樂行法。】。

二、第 268 頁第 13 行：【具足了那兩個「**親近處**」，使你能夠在末法時代，如實而圓滿的演述《法華經》時，那麼你作這個夢，它就是如理作意的，完全符合邏輯去完成這個過程，就表示你那個晚上，在那短短的一場夢中，已經度了不少眾生了。

《大法鼓經講義》第一輯初版免費調換新書啓事：本書因校對相關人員作業疏失錯失別字，導致該書中的內文 255 頁倒數 5 行有二字錯植而無發現，乃「『**智慧**』的滅除不容易」應更正爲「『**煩惱**』的滅除不容易」。茲爲顧及讀者權益，自 2023/2/15 開始免費調換新書，或請自行更正其中的錯誤之處；敬請所有讀者將以前所購第一輯初版首刷及二刷本，攜回或寄回本公司免費換新；郵寄者之回郵由本公司負擔，不需寄來郵票。同時對因此而造成讀者閱讀、以及換書的困擾及不便，在此向所有讀者致上最誠懇的歉意，祈請讀者大眾見諒！

正智出版社有限公司 敬啓

國家圖書館出版品預行編目(CIP) 資料

大法鼓經講義. 第三輯／平實導師述著. --初版.--
臺北市：正智出版社有限公司, 2023.05　面；　公分

ISBN 978-626-96703-2-1（第一輯；平裝）
ISBN 978-626-96703-5-2（第二輯；平裝）
ISBN 978-626-96703-8-3（第三輯；平裝）

1.CST：法華部

221.5　　112005762

大法鼓經講義——第三輯

著述者：平實導師
音文轉換：鄭瑞卿 劉夢瓚
校對：章乃鈞 孫淑貞 陳介源 王美伶 張善思
出版者：**正智出版社**有限公司
電話：○二 28327495　28316727（白天）
傳眞：○二 28344822
111 台北郵政 73-151 號信箱
郵政劃撥帳號：一九○六八二四一
正覺講堂：總機○二 25957295（夜間）
總經銷：聯合發行股份有限公司
231 新北市新店區寶橋路 235 巷 6 弄 6 號 4 樓
電話：○二 29178022（代表號）
傳眞：○二 29156275
初版首刷：二○二三年五月三十日　二千冊
定價：三○○元